介護実習指導者テキスト

改訂2版

公益社団法人 日本介護福祉士会　編

社会福祉法人　全国社会福祉協議会

改訂にあたって

　平成19(2007)年の介護福祉士養成カリキュラムの見直しにともない、実習施設の要件とともに実習指導者の要件も見直され、実習指導者講習会が義務付けられました。それから10年を経て、平成29(2017)年度に介護福祉士養成課程の更なるカリキュラム改正が行われ、平成30(2018)年度を周知期間とし、令和元(2019)年度より順次、新カリキュラムが導入されることとなりました。

　この改正において、介護実習科目について、新たに「教育内容に含むべき事項」及び「留意点」が示されました。新カリキュラムの「教育内容に含むべき事項」及び「留意点」を踏まえた介護実習を実施するためには、実習指導者をはじめとする関係者がこの内容を正しく理解するとともに、養成校と施設・事業者が適切に連携することが求められます。

　介護ニーズが多様化・高度化していくなかで、介護福祉士は「中核人材」「介護職チームのリーダー」といった役割が求められる時代となりました。従来から求められている専門性はもちろんのこと、さらなる知識・技術の高度化や、リーダーシップやフォロワーシップといったマネジメント力も求められています。これらは、まずは養成校における学習で基本的なことを学び、そして実習施設における現場実習の場で、実習指導者の指導の下に展開させることで実感を得ながら身につけていくことになります。そのためには、実習指導者は今般見直されたカリキュラムについてしっかりと理解したうえで、実習マニュアルおよび介護方法のマニュアルの整備による指導方法の統一化、全職員に対する情報の共有化に取り組む必要があるといえるでしょう。学生にとっては、担当する実習指導者をはじめ、実習中に出会う介護職員が、いわばめざすべき存在となり得るわけです。そういった存在になり得る者としての自覚をふまえ、介護実習のねらいをしっかり把握し、指導者自らも研鑽を怠ることなく、未来の介護福祉士たちに適切な指導を行っていただきたいと思います。

　この改訂テキストでは、介護の基本と実習指導者に対する期待、実習指導の理論と実際、実習指導の方法と展開、実習スーパービジョンの意義と活用および学生理解、介護過程の理論と指導方法、多職種連携および地域における生活支援の実践と指導方法など、指導者として学ぶべきことが盛り込まれています。

　本テキスト並びに、実習指導者講習会を通じて、学生にとってより良い実習となりますこと、さらには自施設の介護サービスの質の向上につながりますことを祈念いたします。

令和2(2020)年5月

公益社団法人日本介護福祉士会

会　長　　石　本　淳　也

Contents
目 次

改訂にあたって

第1章　介護の基本と実習指導者に対する期待　　1

第1節　**介護の概要** ……………………………………… 2
　　1　目的・目標 ……………………………………… 2
　　2　介護を必要とする人々の理解 ………………… 5
　　3　介護技術の可能性 ……………………………… 7

第2節　**介護福祉士に求められること** …………… 11
　　1　社会福祉士及び介護福祉士法の理解 ………… 11
　　2　求められる介護福祉士像 ……………………… 16
　　3　介護福祉士としての職業倫理 ………………… 20
　　4　日本介護福祉士会の使命と主な事業 ………… 25

第3節　**介護に関する法・制度と介護福祉士** ……… 29
　　1　社会福祉法と介護福祉士の役割 ……………… 29
　　2　介護保険法と介護福祉士の役割 ……………… 32
　　3　障害者総合支援法と介護福祉士の役割 ……… 37
　　4　関連する法・制度と介護福祉士の役割 ……… 40

第4節　**主体的な学習者を育てるために** …………… 44
　　1　教育・介護・学習の本質 ……………………… 44
　　2　成人教育と介護福祉実習 ……………………… 45
　　3　生涯学習と自己教育力 ………………………… 47
　　4　キャリアアップと生涯研修制度等 …………… 49

第5節　**実習指導者に対する期待** ………………… 52
　　1　主体性を育て、自立を支援する ……………… 52
　　2　支持的風土をつくる …………………………… 53
　　3　総合能力を高める ……………………………… 55
　　4　「ケアする人」をケアする …………………… 56
　　5　信頼関係を築く ………………………………… 58
　　6　介護技術を究める ……………………………… 59
　　7　生涯学習者を育てる …………………………… 60

第2章　実習指導の理論と実際　　63

第1節　介護実習の意義と目的 …………………………………… 64
　　1　成人教育としての実習（学びの場の意義） …………… 64
　　2　施設・事業所の社会的使命（実習受け入れの意義） …… 66
　　3　新任職員への展開 ……………………………………… 68

第2節　養成カリキュラムにおける介護実習のねらいと位置付け … 70
　　1　介護福祉士養成カリキュラムの目的と実習の位置付け　70
　　2　介護福祉士養成カリキュラムにおける介護実習の
　　　位置付け …………………………………………………… 73
　　3　実習施設の要件Ⅰ、Ⅱの理解と対応する実習内容 …… 75
　　4　実習指導者、教員の要件 ……………………………… 79

第3節　実習指導者の役割 ………………………………………… 85
　　1　実習施設がおさえるべき新しく加わった教育内容の
　　　三つのねらい …………………………………………… 85
　　2　実習指導者に求められること ………………………… 86
　　3　実習生への指導をチームにおける効果的な人材育成・
　　　自己研鑽につなげる …………………………………… 87
　　4　実習指導者が留意すべきこと ………………………… 87
　　5　介護という仕事の魅力と楽しさを伝える …………… 88

第4節　実習指導における課題への対応〜介護福祉士養成施設との
　　　連携・共通理解の形成 ………………………………… 89
　　1　受け入れ施設・事業所の役割 ………………………… 89
　　2　介護福祉士を育てるための実習体制 ………………… 89
　　3　実習生の情報把握と権利擁護 ………………………… 91
　　4　利用者への説明 ………………………………………… 92
　　5　養成校との契約 ………………………………………… 95
　　6　介護実習に関わる共通理解のために ………………… 98

第3章　実習指導の方法と展開　　101

第1節　実習受け入れの準備 ……………………………………… 102
　　1　施設内における事前準備 ……………………………… 102
　　2　実習受け入れ計画とマニュアル ……………………… 104

第2節　個人情報保護等の対応 …………………………………… 110
　　1　利用者に対して ………………………………………… 110
　　2　実習生に対して ………………………………………… 114

第3節　実習指導の流れ ……………………………………………… 116
　　1　事前オリエンテーション ……………………………… 116
　　2　実習指導の展開 ………………………………………… 118
　　3　カンファレンス ………………………………………… 120
　　4　事後指導（実習反省会） ……………………………… 121
　　5　実習評価 ………………………………………………… 123
　　6　トラブルへの対応 ……………………………………… 126
　　7　実習指導マニュアル …………………………………… 127

第4節　施設・事業所の実習指導の特徴 ………………………… 136
　　1　高齢者施設 ……………………………………………… 136
　　2　身体障害児・者施設 …………………………………… 138
　　3　知的障害児・者施設 …………………………………… 141
　　4　精神障害者施設・事業所 ……………………………… 144
　　5　居宅サービス …………………………………………… 146
　　6　小規模多機能型居宅介護、認知症対応型共同生活介護
　　　　（グループホーム） …………………………………… 149

第5節　実習指導計画の作成と展開 ……………………………… 152
　　1　実習指導計画の意義 …………………………………… 152
　　2　実習指導計画における指導目標 ……………………… 153
　　3　実習指導計画の作成例 ………………………………… 155
　　4　実習記録への対応 ……………………………………… 157

第6節　実習指導のポイント ……………………………………… 159
　　1　実習生の不安に対応する ……………………………… 159
　　2　理由を説明する ………………………………………… 159
　　3　経験を知識（言葉）につなげる ……………………… 160
　　4　まとめ …………………………………………………… 161

第4章　実習スーパービジョンの意義と活用および学生理解　163

第1節　実習におけるスーパービジョン ………………………… 164
　　1　実習スーパービジョンの構造と機能 ……………… 164
　　2　実習スーパービジョンの展開方法 ………………… 168

第2節　学生の理解とスーパービジョン ………………………… 172
　　1　多様な学生への理解と対応（実習指導者の悩み）…… 172
　　2　実習日誌の指導と学生への対応 …………………… 174
　　3　事例を通して対応を考える ………………………… 184

第5章　介護過程の理論と指導方法　193

第1節　介護過程の意義と目的 …………………………………… 194
　　1　介護過程とは ………………………………………… 194
　　2　介護過程の意義と目的 ……………………………… 195
　　3　介護過程の展開 ……………………………………… 197

第2節　介護過程の展開方法 ……………………………………… 199
　　1　介護過程とケアマネジメントの関係性 …………… 199
　　2　施設・事業所における介護職が行う介護過程とは … 200
　　3　アセスメントとは …………………………………… 201
　　4　個別介護計画の立案 ………………………………… 207
　　5　実施 …………………………………………………… 208
　　6　評価・修正 …………………………………………… 209
　　7　チームの形成と実践 ………………………………… 209
　　8　事例を通して介護過程を理解する ………………… 210
　　　　　　紙上事例①　栗平さん
　　　　　　紙上事例②　高幡さん
　　9　実習における介護過程の展開とその指導 ………… 230

第6章　多職種協働および地域における生活支援の実践と指導方法　233

第1節　多職種協働の実践の意義と目的 …………………… 234
　　　1　多職種協働の実践 ……………………………… 234
　　　2　介護を取り巻く多職種 ………………………… 234
　　　3　多職種協働で介護を行う意義 ………………… 235

第2節　多職種協働の実践方法と実習生への指導 ………… 236
　　　1　実習前の準備 …………………………………… 236
　　　2　多職種協働の実践のための実習生への指導 ………… 237

第3節　地域における生活支援の実践の意義と目的 ……… 240
　　　1　地域とは ………………………………………… 240
　　　2　地域における生活支援の意義と目的 ………… 240

第4節　地域における生活支援の実践と実習生への指導 ………… 242
　　　1　実習前の準備 …………………………………… 242
　　　2　地域で生活をする人という視点で利用者を
　　　　理解する ………………………………………… 242
　　　3　地域における社会資源としての実習施設の役割を
　　　　理解する ………………………………………… 244

資料編 ………………………………………………………… 247

第 1 章

介護の基本と実習指導者に対する期待

第1章 介護の基本と実習指導者に対する期待

学習の内容

　本章では、介護に対する理解を深め、介護福祉士に求められる職業倫理や介護実践を支える人間観・ケア観・介護観等を探るとともに、実習指導者として理解しておくべき指導の視点・あり方を学びます。

・第1節では、介護の目的・目標、介護を必要とする人々の理解など、介護福祉士としてもつべき基本的視座について学びます。
・第2節では、介護福祉士の定義や資格取得の動向、求められる介護福祉士像などを解説します。また、職業倫理についても理解を深めます。
・第3節では、介護福祉士が知っておくべき介護に関連する法・制度について解説をします。
・第4節では、介護福祉士として学びを続けることの重要性を理解し、実習指導者としての指導のあり方を学習します。

第1節 介護の概要

1 目的・目標

　介護保険制度の改正や障害者総合支援法の制定により、自立支援・尊厳の保持・共生社会の実現の観点から、介護を必要とする人々の多様な価値観や暮らしを尊重し、ニーズに応えるサービスがいっそう求められるようになりました。

（1）QOLの向上

　介護の目的は、介護を必要とする人々が、自分の能力を活用しながら自分らしく尊厳をもって生きられるように、QOL（Quality of Life：生命、生活、人生の質）の向上を図ることにあります。人生の質（自分らしく生きる）の向上をめざし、医療に関わる人々はいのちの質を高めることに、介護や福祉に関わる人は生活の質を高めることに焦点をあてながら、その役割を果たすことになります。

　このQOLの向上に必要なものとして、利用者の主体性があげられます。利用者の自己選択・自己決定を尊重すること、安心していられる場所をつくること、自由にふるまうことのできるあたたかな人間的交流を行うことの3条件は、生活上の困難さを抱えている人が、人の手をかりながら自分の望む生活を実現させるための必須条件といえます。

（2）尊厳を支える

　社会福祉基礎構造改革において、個人が人としての尊厳をもって、家庭や地域のなかで、その人らしい自立した生活が送れるよう支えることを社会福祉の理念としました。急速な高齢化が進行し、高齢者世帯の数が増加するなかで、介護課題に的確に対応し、長寿を心から喜べる社会、安心して子どもを産み育てられる社会、違いを受け入れ助け合う社会、みんなで参加して共につくる福祉社会を創造することが求められています。

　共に生き、手をさしのべ支えあう社会、一人ひとりがかけがえのない個人として尊重される社会、誰もが自立の心と社会保障の絆（連帯）、思いやりの心の重要性を理解し、それぞれの能力を生かして、各人にふさわしい生き方が選択できる社会が求められています。

（3）自立を支援する

　病気や老化による障害に悩む人々は、働けなくなった自分、役割を果たせなくなった自分に存在感をなくしたり、生きる意欲を低下させてしまうことがあります。他人や子どもには迷惑をかけたくないと願いながらも、家族に依存せざるを得ない自分に絶望したり、他人の世話を受けるのは恥だといった意識からサービスを拒否することもあります。

　介護を必要とする人々が人生の最期まで自分らしく生きるには、本人の心情を理解し支える多様な人々の存在が欠かせません。家族、ボランティア、地域の介護力は大きな影響を与えることになります。

　介護福祉士は、介護実践を通して人間の計り知れない可能性を引き出すことができます。利用者や家族の自尊感情を高め、問題や課題を解決する力を強化することもできます。主体的に生きる力、自分らしく力強く生きる力を高め、その人が成長すること、自己実現することを助けることができる専門家でもあります。介護を必要とする高齢者や障害者が、受苦のために社会的な不利益を被ることがなく、誇りと生きがいをもって生活できるように、自立を支援する必要があります。

　近年、自立と依存の共存が大切だといわれるようになりました。人間が自立していくためには、それにふさわしい依存を体験する必要があると指摘されています。人間は誰でも、よりよく生きることを願い、より成長していこうとする潜在力をもっていますが、それが発揮されるためには、それにふさわしい場が必要です。自分一人の力で課題に向かうのではなく、他人の力も借りながら自分の望む生活を実現させる力が必要です。その基盤になるのがありのままの自分でいても脅かされることのない居場所です。

　私たちは、介護を必要とする人々が「人の手を借りながら頑張って生活する

自分」を受け入れ、自信を取り戻すことができるように、支援し続ける必要があります。自分らしさを表現できるあたたかい場をいかにしてつくり出していくかが自立支援の鍵になっています。

（4）自己実現を助ける

　ミルトン・メイヤロフ（Milton Mayeroff）は、「ケアの本質」の冒頭において、「一人の人格をケアするとは、最も深い意味で、その人が成長すること、自己実現することをたすけることである。」と述べています。利用者の存在を認め、成長しようと努力している存在として尊重すること、そしてまた自分はその人にとって必要であると感じ、さらに利用者の成長したいという欲求に応えることによって成長するのを助けるというものです。

　人間は自己実現を求めて生きています。自分らしくよく生きたい、誰かのために役立つ存在でありたいと願い、その可能性を実現してやまぬ傾向をもっています。しかし、介護を必要とする人々は、病気や障害、生活環境の変化や社会構造の変化、経済的な問題や人間関係を築く困難さ等から、自己実現しづらい状況におかれています。

　したがって、介護福祉士は、実践力を高め、介護を必要とする人々の個別・具体的ニーズに応える役割を担うことになります。また、保健・医療・福祉に関わる複雑で高度なニーズに対して、多職種とのチームケアを実践することが不可欠となります。

（5）福祉社会の創造

　社会福祉の基本理念とされる共生が、現代のケアの思想として倫理学者や社会学者の注目を浴びてきています。家族社会学の立場からは老年期の社会学に関して、「気遣い（Caring）社会」を工業化社会を超えるものとして提唱しています。

　この地域福祉を含めた福祉社会の構築のためには、公的な社会保障だけでは不十分であり、ボランタリズムの育成が必要です。特に日本社会では、家族や他人に迷惑をかけたくない、世話を受けるのは恥だとする声が聞かれます。お互いに弱さをみせ、助けを求め支えあう文化をはぐくむことが急務になっています。

①いのちのケア

　川本隆史は「共生の事実と規範」（講座「差別の社会学」第4巻『共生の方（かた）へ』弘文堂）のなかで、ケアという概念に触発されて、それを社会一般の倫理にできないかと考えました。男性中心の「正義の倫理」に対して、女性の

倫理の基になる配慮から、「ケアの倫理」を導き出し、「いのちのケア」にまで高めています。

「一人ひとりのかけがえのない「いのち」を尊重するのは、まともな社会の最低条件ですが、個々のいのちはバラバラに生きているのでなく、お互いに支えあっています。そして、いのちの営みを続けていくためには、呼吸や栄養物に始まるたくさんの必要、ニーズを満たしていかなければなりません。そうしたいのちの支えあい、ニーズに応える営みを＜いのちのケア＞と呼んでみたいのです。」[1)]

こうした「介護」「世話」「配慮」をひとまとめにしたケアとボランタリズムとが結びつくことにより、困っている人や状況を放っておけないという「共感」に基づく参加や関与などの新しい社会福祉の理念が生まれています。

②共生社会のボランタリズム

堀田力は『共生社会への道〜超高齢化日本のボランティア〜』のなかで、「今は、みんなが共に生きなければならない。一人ひとりの生命が大切なのです。そういう、共生社会への道を開いていかなければならない」[2)]と述べています。この、高齢者も子どもも障害者もケアの対象となるすべての人が、共に生きていく社会が共生社会であり、ノーマライゼーションやインテグレーションの福祉思想に裏づけられたものです。

多様な日常生活を支えるちょっとした援助や精神的なケアは、家族や友人・ボランティアなどによる支えあいの組織化（ネットワーク化）によってなされ、癒され、満たされることが多いものです。

共生社会では人のもつ「共感」に根ざした、自発性に基づくボランタリズムが必要条件となりますが、共生は人を育み生きる意欲を引き出すものであり、政治や経済だけでは解決のできないものです。みんなが、少しずつみんなのためになることをする相互扶助と、それに基づく心のふれあいは喜びであり、自己の存在を肯定させてくれるものです。この営みは人間にとって最も基本的な活動です。

2　介護を必要とする人々の理解

（1）ケアの本質

「ケアの倫理」は、人間存在の「傷つきやすさ」に基づきます。ここから「ケアの人間学」が形づくられます。その人間学に基礎を置き、介護福祉の実習指導がなされることになります。このときに注意すべきことは、「他者へのケア」とともに「自己へのケア」もきちんと配慮しておくことです。M. メイヤロフ

やM.フーコ（Michel Foucault）のケア学における偉大さは、「他者へのケア」とともに「自己へのケア」の両面からケアを指摘したことです。

さらに、医学ケア、看護ケア、教育上のケア、福祉におけるケアによって、ケアされる人が自己実現に向かうばかりでなく、ケアするその人も変化し、成長を遂げることを強調しています。

（2）支えあって生きる人々

森岡正博らは社会福祉の原理である「ケア」を「支え」と呼び、自律した「個人」がお互いに契約を結んで社会を構成していくという近代市民社会の原理に疑いを投げかけています。それに加えて、完全には自律できにくい人間同士がお互いに「支えあって」いくという形の社会原理の可能性を探ろうとしています。「他からささえられてはじめて生活でき、自己決定できるような人間こそが、将来の高齢福祉社会を構成する基本的な人間なのではないか。そういう人間たちが、お互いにささえあうことで、社会は運営されてゆくのではないか。そして、そのような社会では、『他からささえられ、他をささえてゆく』ことこそが『人間』の本質だとみなされてゆくのではないか。」[3]と指摘しています。

（3）人間の本質・可能性

ウイーデンバック（Ernestine Wiedenbach）は人間の本質について、四つの仮説を示しています。

① 人間は、それぞれ自己を維持し保持する手段を自己の内部に発展させる独自の潜在能力を賦与されているものである。

② 人間は基本的には自己決定と自立の方向に努力するものであり、自己の有能性と潜在能力を最大限に有効に活用しようと欲するだけでなく、さらに自己の責任も果たそうとする。

③ 自己を知ることと、自己を受容することとは、一個人としての統合性と自己価値の形成にとって欠くことのできないものである。

④ その個人が何を行うにせよ、その人がそれを行っているその瞬間においては、その人の最高の分別が示されているものである。

このような、叡智を知ることにより、介護福祉士の人間観は大きく開かれ、支援の方向性を見出すことができます。この人間の本質を実際に適用する際に最も重要なのは、人間存在の尊厳・価値・自立心及び個性の尊重です。私たちがこれを認めるか否かによって、介護の機能を果たす「方法」は大きく影響されることになります。

介護福祉士は介護を必要とする人々が、人生に自信と誇りがもてるように、自立を助ける専門職です。そしてまた、介護の本質である「可能性に対する信

頼と支えあいによる自立支援」は、要介護者ばかりではなく、家族や地域、介護福祉士が「自立＝主人公」として生きることの取り組みにほかなりません。

3　介護技術の可能性

（1）質の高い介護サービスを提供する

　介護という仕事には、介護する者の人間性によって介護の質が左右されてしまうといった特質があります。それだけに、自分の行動に責任がもてるようになるための専門的な知識と状況を判断する力、自分の判断を左右するものの見方や考え方を、一貫性のあるものに鍛えていかなければなりません。

　また、自分の介護観や人間観等は介護技術を通して表現されます。今、目の前に介護を必要とする人々がいて、その人たちの役に立ちたいと願う介護福祉士が、「今、ここで」介護を展開していくことになります。その過程は、利用者と私たちが共に成長する過程そのものであり、そうした実感があるからこそ、介護に意味を見出し、主体的に取り組む自分を育てることができるのです。

　質の高い介護は、利用者に感動や喜びを与えます。その体験は一方で介護福祉士を揺り動かす原動力にもなります。感動は人を思う優しさがなければ生まれないし、努力なしでは育ちません。誰かの助けを必要とするその時、傍にいてあたたかく見守り、必要な手助けをすることで、利用者もまたゆとりを取り戻し、生活課題に挑戦することができるのだと思われます。

（2）生活の質を高め家族の絆を保つ

　私たちはその時どきの感情に左右されながら、優しくなったり、厳しくなったりしている自分に気がつくことがあります。状況判断に自信がもてずに、弱気になったり逃げてしまうことがあります。しかし、自分の未熟さに気づき、省察し乗り越えていかなければ、自分の行動に責任をもつ介護はなし得ません。

　阿部志郎は「優しさこそ、21世紀を豊かにするキーワードの一つに違いない。優しさを育て広げていくことが大切な課題だと思う。」と語っています。要介護者や家族が潜在能力を発揮し、社会との関係を維持しながら、主体的に生活できるように社会的に支援する必要があります。これは個人が安心して成熟社会の恩恵を享受し、生活の質を高めるという点でも、また、家族がその絆を保つ上でも、不可欠な課題です。

（3）生きる希望や喜びを伝える

　阿部謹也は『学問と世間』（岩波新書）のなかで教養について「教養とは自分が社会の中でどのような位置にあり、社会のために何ができるかを知ってい

る状態、あるいはそれを知ろうと努力している状態である」[4]と規定しています。また、フッサール（Edmund Husserl）の「生活世界」の概念を援用し、かつての教養が文字や読書を中心としていたのに対して、生活世界の教養は非言語系の知を中心とするものであることを示唆しています。腕を使った仕事、手足の動作、全身の運動などや知覚、触覚、言葉などがコミュニケーションの媒体となるだろうというものです。

　介護の現場は「生活世界」です。理想と現実の間で悩み、苦しみながらも人生を生きています。その人生や社会の現実を担おうとするのが、介護福祉士です。「生活世界」を支えるのは困難に満ちたものですが、苦悩している人を放置できない「共感」の心情により介護が支えられています。私たちは介護行為を通して、社会への貢献を果たすことができます。介護技術の修得により、人と人とのつながりを平和に維持し、生きる希望や喜びを伝える役割を担っています。介護技術の学習そのものが教養的な学習なのです。

（4）深い満足と豊かさを生み出す

　職業倫理は、そのあるべき行為に達するための指針を示すものです。介護に従事する者の職業倫理は、人間の「弱さ」と深く関係しています。人間には人のために尽くしたり、困っている人を助けようとする「支えの本性」が備わっている一方で、他人を犠牲にしてでも自己の経済面や生存の欲望を満たそうとする「自己利益の本性」も備わっています。弱さを支えたいと思う一方で、弱みにつけ込みやすいという特性があるために、高い職業倫理が求められるのです。その指針は、利用者と介護従事者の双方の心に、深い満足と豊かさを与えるものでなければなりません。

　介護技術は人を育みそだてるケアの倫理に基づきます。その介護過程は一方的な自己犠牲ではなく、利用者・介護従事者相互に成長する場になります。その意味で介護の仕事は介護者の自己実現の機会にもなるのです。日々仕事で何を大切にしているかという介護観は、その人の人柄の表れでもあります。介護従事者自身が介護行為を通して人間に対する理解を深めることができます。そのことが、介護従事者の介護観の成長を促すのです。

　また、どんな介護従事者でありたいと思っているのかによって介護の目標が明確化されます。日々の介護支援を通して介護技術の経験を積むことより、その目標に近づくことができるのです。

　介護実践では、日々自己の介護行為を振り返る省察が重要です。介護を必要とする人々はあなたの介護に満足をしているか（ニーズの充足）、生命や生活、人生の質を向上させ得たか（QOLの向上）、人生の危機を自尊心や自信を育てる方向に向けられたか、これらの自己省察によって自己の課題を見出し、自己

学習能力を向上させ、誰かのために役立つ自分を育てるのです。

（5）専門職や非専門職を問わず、人との関係を確立する

　家族に委ねられていた介護を、地域の人々とともに実践するということは、一人ひとりのかけがえのない命・生活・人生を尊重することであり、世間体や家族の呪縛を超えた豊かなまちづくりに参加することにほかなりません。

　介護従事者は地域住民が介護に参加し、21世紀にふさわしい福祉社会を創造できるように、そしてまた、要介護者や介護従事者が、すすんで介護サービスやインフォーマルなサポートを選択できるように、さまざまな人々に協力と連携を求めることが必要です。

（6）科学の知・臨床の知

　近代科学の反省から、「弱さの哲学」が唱えられています。介護は本質的に「弱さ」を支援する行為であり、この弱さの哲学は、「臨床の知」として中村雄二郎によって論じられています。

　人間の弱さは、受苦、痛み、病などに表れ、介護現場で日々接するものですが、このような受け身の知は、＜パトスの知＞といわれます。人間の強さを前提とする近代科学の知が蔑視して排除してきたものです。「科学の知」が冷ややかなまなざしの視覚の知であるのに対して、「パトスの知」は身体的、体性感覚的な知であるといわれます。これは、介護技術があたたかいこころから出る共感による身体的な相互行為に基づくのに対応しています。

（7）介護技術とアート（癒しの術）

　介護技術は他者への共感性と、人をいとおしむこころから生まれたものであり、きわめて人間的なものです。多様な人々の生き様に寄り添いながら、生きる喜びや希望を引き出し応えようとするものでもあります。この実現のための道具は自分の「身」であり、熟練された技と人間的な豊かさによって、尊厳を支え自立を支援する介護を展開することが可能になります。

　介護福祉士は、複雑高度な生活課題をもつ人々、多様な価値観や生活文化、ライフスタイル等、生活背景の異なる人々の理解に努めながら、望む暮らしを支えています。自己選択・自己決定による利用者本位の生き方ができるようにと願い、介護技術を駆使して自立を支援しています。利用者とともにあり、希望を伝え、自分の生き方に自信や誇りがもてるように支援する営みは極めて専門性の高い活動であり、アートであるといっても過言ではありません。

　技術（technique）の本来の言葉はギリシャ語のテクネーですが、テクネーはヒポクラテスのいう癒しの術（アート）を意味します。介護技術はこのテク

ネーがもっていた本来の意味を回復させる力を秘めています。介護実習は、現代の癒しの術である介護技術を習得する重要な体験になります。中村は人間のパトスとしての属性である受苦を経験した者は、人間についての認識を深めることができるとし、「経験と技術＝アート」と表しています。介護実習の目標を示しているともいえます。

≪引用文献≫
1)　川本隆史「共生の事実と規範」　講座「差別の社会学」第 4 巻『共生の方（かた）へ』弘文堂、1997年、50頁
2)　堀田力『共生社会への道』（NHK 人間大学）NHK 出版、1997年、「はじめに」
3)　森岡正博編著『「ささえあい」の人間学』法蔵館、1994年、19～20頁
4)　阿部謹也『学問と世間』岩波書店、2001年、124頁

第2節　介護福祉士に求められること

1　社会福祉士及び介護福祉士法の理解

　介護福祉士の誕生の背景には、わが国の急速な高齢社会の進展があります。また、わが国の高齢社会を特徴づけるものとしては、昭和30〜40年代の高度経済成長による社会構造の変化についても十分な理解が求められます。

　人口が地方から都市に集中し、その結果、地方の人口減少と同時に家族規模の縮小（核家族化）がすすみました。また、あわせて、家庭電化製品の普及により女性の社会進出を促すきっかけにもなりました。この頃から高齢者世帯やひとり暮らしの高齢者世帯が増加し、今まで家族で行われていた「家族介護」についても困難な状況が出てきました。この急速な家族介護力の低下は深刻な状況として「介護の社会化」が重要課題となってきました。そのような社会背景のなか、介護福祉士が国家資格として誕生しました。

　「社会福祉士及び介護福祉士法」は、昭和62(1987)年5月26日（法律第30号）制定翌年、昭和63(1988)年施行、名称独占の国家資格として創設されました。長寿社会に向かってのマンパワーの資質の向上と在宅介護の拡大、シルバーサービスの育成等が背景となって、福祉サービスの業務の適正化と介護従事者の資質の向上を図ることを目的としたものであり、介護福祉士をその中核的な役割を担うものとして位置づけました。

　介護福祉士が国家資格となり20年が経過し、その間に、わが国の高齢化はさらにすすみました。医療の発展や健康寿命の伸展により「身体ケア」を中心とした介護のあり方に加え認知症高齢者の「認知症ケア」が重要課題となってきました。また、これまでの「施設介護」中心から「在宅介護」へと住み慣れた地域で暮らせる幅広いニーズに対応した介護サービスの体系づくりが必要になりました。

　平成12(2000)年介護保険の導入により、これまで行われた福祉サービスが措置制度から契約制度に移行しました。「自己選択」「自己決定」「利用者本位」を重視した、より個別性の高いケアが求められるようになりました。サービスの量から質への転換が図られたのです。障害分野では、平成15(2003)年支援費制度、平成17(2005)年障害者自立支援法により、障害種別のサービスの壁を取り払い一元化しました。その後、本法律は、平成25(2013)年「障害者の日常生活及び社会生活を総合的に支援するための法律（障害者総合支援法）」と改められ施行されました。さらに平成30(2018)年に改正をされ、障害者および障害

児の地域社会への参加を促し共生を実現するための多様なニーズに対応すべく方策がとられています。

　また、介護従事者として、利用者の尊厳を支える今後の介護ニーズに対応するために、平成19(2007)年12月5日「社会福祉士及び介護福祉士法」の改正が行われ、「定義規定の見直し」「義務規定の見直し」「資格取得方法の見直し」がなされました。

（1）介護福祉士の定義

　従来、「社会福祉士及び介護福祉士法」の定義第2条2において、介護福祉士の行う「介護」は「入浴・排せつ・食事その他の介護」と定義されていました。しかし、介護保険制度の導入や障害者自立支援法の制定等により、認知症の介護など従来の身体介護にとどまらない新たな介護サービスへの対応が求められるようになりました。身体介護だけでは対応しきれない介護・福祉ニーズの多様化・高度化に対応するために業務内容を「心身の状況に応じた介護」に改めました。

> 第2条2
>
> 　この法律において「介護福祉士」とは、第42条第1項の登録を受け、介護福祉士の名称を用いて、専門的知識及び技術をもつて、身体上又は精神上の障害があることにより日常生活を営むのに支障がある者につき心身の状況に応じた介護（喀痰吸引その他のその者が日常生活を営むのに必要な行為であって、医師の指示の下に行われるもの（厚生労働省令で定めるものに限る。以下「喀痰吸引等」という。）を含む。）を行い、並びにその者及びその介護者に対して介護に関する指導を行うこと（以下「介護等」という。）を業とする者をいう。

（2）介護福祉士の義務規定

　「個人の尊厳の保持」「自立支援」「認知症等の心身の状況に応じた介護」「他のサービス関係者との連携」「資格取得後の自己研鑽」等について新たに規定するなど義務規定を見直しました。

　介護福祉士の義務規定は、「社会福祉士及び介護福祉士法」において第4章に記されており、①信用失墜行為の禁止、②秘密保持義務、③連携、④名称の使用制限等が従来から規定されていました。しかし、介護保険法、障害者自立支援法などの施行にともない、福祉サービスを提供していくにあたり、認知症介護など多様なニーズに対応しなければならなくなりました。もはや、医療関

係者との連携だけでは、利用者の心身の状況に応じた介護の提供が十分にできなくなってきました。そこで、福祉サービス関係者との連携を図ることも重要になってきました。また、介護福祉士資格取得者に対して、介護を取り巻く社会や制度など環境の変化や介護技術の進歩等に対応するために、生涯を通して自己研鑽、知識、技術の向上に努めることを責務とする資質向上の責務と、誠実義務が新たに追加されました。

（信用失墜行為の禁止）
第45条　社会福祉士又は介護福祉士は、社会福祉士又は介護福祉士の信用を傷つけるような行為をしてはならない。
（秘密保持義務）
第46条　社会福祉士又は介護福祉士は、正当な理由がなく、その業務に関して知り得た人の秘密を漏らしてはならない。社会福祉士又は介護福祉士でなくなつた後においても、同様とする。
（連携）
第47条
2　介護福祉士は、その業務を行うに当たつては、その担当する者に、認知症（介護保険法（平成9年法律第123号）第5条の2に規定する認知症をいう。）であること等の心身の状況その他の状況に応じて、福祉サービス等が総合的かつ適切に提供されるよう、福祉サービス関係者等との連携を保たなければならない。
（資質向上の責務）
第47条の2　社会福祉士又は介護福祉士は、社会福祉及び介護を取り巻く環境の変化による業務の内容の変化に適応するため、相談援助又は介護等に関する知識及び技能の向上に努めなければならない。
（誠実義務）
第44条の2　社会福祉士及び介護福祉士は、その担当する者が個人の尊厳を保持し、その有する能力及び適性に応じ自立した日常生活を営むことができるよう、常にその者の立場に立つて、誠実にその業務を行わなければならない。

（3）資格取得方法の見直し

　介護福祉士の資質向上を図るために、すべての者は一定の教育プロセスを経たのちに国家試験を受験するという形で、平成19(2007)年度に「社会福祉士及び介護福祉士法」の改正で介護福祉士の資格取得方法を一元化することになりました。それまで、「介護福祉士養成施設卒業者」は、登録すると介護福祉士

の国家資格が取得できましたが、この見直しでは、新たに国家試験（筆記試験）の受験が必要になったのです。

　また、「福祉系高校」については、教科目・時間数だけでなく新たに教員要件、教科目の内容等にも基準が課せられ、文部科学大臣・厚生労働大臣の指導監督に服する仕組みとなりました。実務経験ルートの見直しにあたっては、3年以上の実務経験に加え、新たに実務者研修（6月研修）が義務づけられ国家試験を受験する仕組みになりました。

　以上の見直しは、平成24(2012)年度国家試験から実施予定でしたが、「医療的ケア」の実施や、介護福祉士をめざす人が身近な地域で働きながら学ぶことができる仕組みをつくるために一定の期間を要することから、介護保険法等一部改正法（「介護サービスの基盤強化ための介護保険法等の一部を改正する法律」平成23年法律第72号）により、実施が平成27(2015)年度に延期されました。教育機関においては、平成27年度国家試験から「医療的ケア」が追加されることから、対象となる入学生について教育カリキュラムの変更を行うこととなりました。

図1-1　介護福祉士の資格取得方法

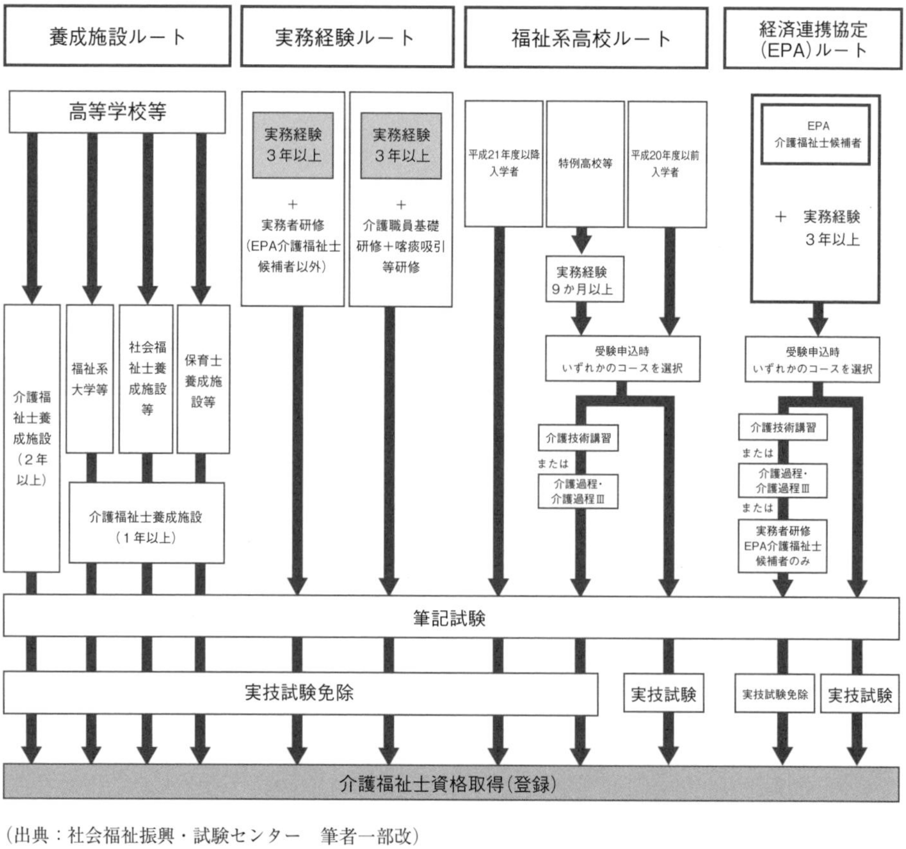

（出典：社会福祉振興・試験センター　筆者一部改）

　しかしこの流れは、平成26(2014)年6月の「社会福祉士及び介護福祉士法」の改正で、今後さらに介護人材確保が困難になる状況を踏まえ、介護福祉士の取得方法の一元化が1年延期され、介護総合確保推進法の成立とともに、平成28(2015)年度に実施予定となりました。この決議は平成26(2014)年8月の福祉人材確保対策検討会の「中間整理メモ」において、養成施設ルートについては、中長期的対応とあわせて議論が必要であるとして、平成28(2015)年度からの国家試験義務づけを延期する方向性が提示されていました。

　養成施設ルートの国家試験義務づけについては、平成29(2017)年度から導入されましたが、経過措置として、令和3(2021)年度末までの養成施設卒業者について、卒業から5年間、暫定的に介護福祉士資格を付与することとされ、5年以内に国家試験に合格すること、または、介護等の実務を5年間続けて従事することで、その後も引き続き介護福祉士資格を保持することができるとされました。そして更に、令和2年の通常国会において「地域共生社会の実現のための社会福祉法等の一部を改正する法律」が成立し、当該措置がさらに5年間(令和8年度卒業者まで)延長されたところです。

　この結果、令和9(2027)年度卒業者から国家試験に合格することが必須条件となり、あわせて、養成施設卒業者の国家試験不合格者、未受験者は、当分の間「准介護福祉士」[注釈1]の資格が付与されることとなりました。

　このような資格取得ルートの度重なる変更には、深刻な介護人材不足の影響や外国人留学生の資格取得の実情が背景にあります。今後も質の高い人材育成の必要性と合わせて資格取得ルートの一元化が課題となっているといえます。

≪参考文献≫

厚生労働省、第23回社会保障審議会福祉部会令和元年11月11日資料2「介護福祉士養成施設卒業生に対する国家試験の義務付けについて」、2019年、P1～3

受験資格(資格取得ルート図)、公益財団法人社会福祉振興・試験センター　www.sssc.or.jp/kaigo/shikaku/route.html　2021年8月23日取得

厚生労働省、地域共生社会の実現にむけて新たな障害保健福祉施策を講ずるための関係法律に関する法律の概要　http://www.mhlw.go.jp/seisakunitsuite/bunya/hukushi_kaigo/shougaishahukushi/sougoushien/dl/sougoushien-01.pdf　2020年3月10日取得

厚生労働省、障害者の日常生活及び社会生活を総合的に支援するための法律及び児童福祉法の一部を改正する法律(概要)　https://www.mhlw.go.jp/file/05-Shingikai-12601000-Seisakutoukatsukan-Sanjikanshitsu_Shakaihoshoutantou/0000128863.pd　2020年3月10日取得

厚生労働省、第201回国会(令和2年常会)提出法律案、地域共生社会の実現のための社会福祉法等の一部を改正する法律案(令和2年3月6日提出)概要　https://www.mhlw.go.jp/stf/topics/bukyoku/soumu/houritu/201.html　2020年3月10日取得

介護福祉士の国家資格取得方法見直しの議論、公益社団法人日本介護福祉士会ニュース、Vol.155（5-6）2020年

注釈１：平成19（2007）年社会福祉士及び介護福祉士法の改正
「准介護福祉士」
　　第２条　第40条第２項第一号から第３号までのいずれかに該当するものであって、介護福祉士でないものは、当分の間、准介護福祉士（付則第４条第１項の登録を受け、准介護福祉士の名称を用いて、介護福祉の技術的援助及び助言を受けて、専門的知識及び技術をもって、介護等（喀痰吸引等を除く）を業とする者をいう。とされている。

2 求められる介護福祉士像

（１）平成18（2006）年に定義された「求められる介護福祉士像」

　「求められる介護福祉士象」が初めて示されたのは平成18（2006）年７月に「介護福祉士のあり方及びその養成プロセスの見直しに関する検討会」が作成した報告書でした。その報告書では、「求められるサービス」として、以下の５点があげられています。

　１）これからの社会においては、障害の有無や年齢にかかわらず個人が尊厳をもった暮らしを確保することが重要であり、介護においては利用者一人ひとりに個性や生活リズムを尊重した介護（個別ケア）の実践が必要とされている。

　２）認知症の増加をはじめとして、知的障害者、精神障害者、発達障害のある者への対応など、従来の身体介護だけでは対応できないニーズが増大しており、入浴、排泄、食事が中心と考えられていた介護から、心理、社会的なケアのニーズも踏まえた全人的なアプローチが求められている。

　３）介護予防から看取りまでの幅広い介護ニーズへの対応には、他職種とのチームケアが不可欠であることから、医療や看護、リハビリテーションや心理などの他領域についても基本的な理解が必要とされている。

　４）また、利用者保護や尊厳の保持などの観点から、利用者や家族、チームに対してわかりやすい説明や円滑なコミュニケーションができる能力が求められている。また、情報の共有の観点からも、適切に記録・記述できることや、適切に記録を管理することも求められている。

　５）このように、介護福祉士制度が昭和63（1988）年に創設されてから約18年が経過し、その間の福祉・介護をめぐる状況の変化は大きく、以上の介護ニーズの変化にあわせた人材養成が求められている。

　前項の求められる介護サービスの内容を踏まえて、「求められる介護福祉士像」が示されました。示された像の前文には、「介護福祉士を取り巻く状況で

図1－2　平成18(2006)年に定義された「求められる介護福祉士像」

資格取得時の到達目標
1. 他者に共感でき、相手の立場に立って考えられる姿勢を身につける
2. あらゆる介護場面に共通する基礎的な介護の知識・技術を習得する
3. 介護実践の根拠を理解する
4. 介護を必要とする人の潜在能力を引き出し、活用・発揮させることの意義について理解できる
5. 利用者本位のサービスを提供するため、多職種協働によるチームアプローチの必要性を理解できる
6. 介護に関する社会保障の制度、施策についての基本的理解ができる
7. 他の職種の役割を理解し、チームに参画する能力を養う
8. 利用者ができるだけなじみのある環境で日常的な生活が送れるよう、利用者ひとりひとりの生活している状態を的確に把握し、自立支援に資するサービスを総合的、計画的に提供できる能力を身につける
9. 円滑なコミュニケーションの取り方の基本を身につける
10. 的確な記録・記述の方法を身につける
11. 人権擁護の視点、職業倫理を身につける

介護を必要とする幅広い利用者に対する基本的な介護を提供できる

資格取得時の介護福祉士

＜求められる介護福祉士像＞
①尊厳を支えるケアの実践
②現場で必要とされる実践能力
③自立支援を重視し、これからの介護ニーズ、政策にも対応できる
④施設・地域（在宅）を通じた汎用性のある能力
⑤心理的・社会的支援の重視
⑥予防からリハビリテーション、看取りまで、利用者の状態の変化に対応できる
⑦多職種協働によるチームケア
⑧一人でも基本的な対応ができる
⑨「個別ケア」の実践
⑩利用者・家族。チームに対するコミュニケーション能力や的確な記録・記述力
⑪関連領域の基本的な理解
⑫高い倫理性の保持

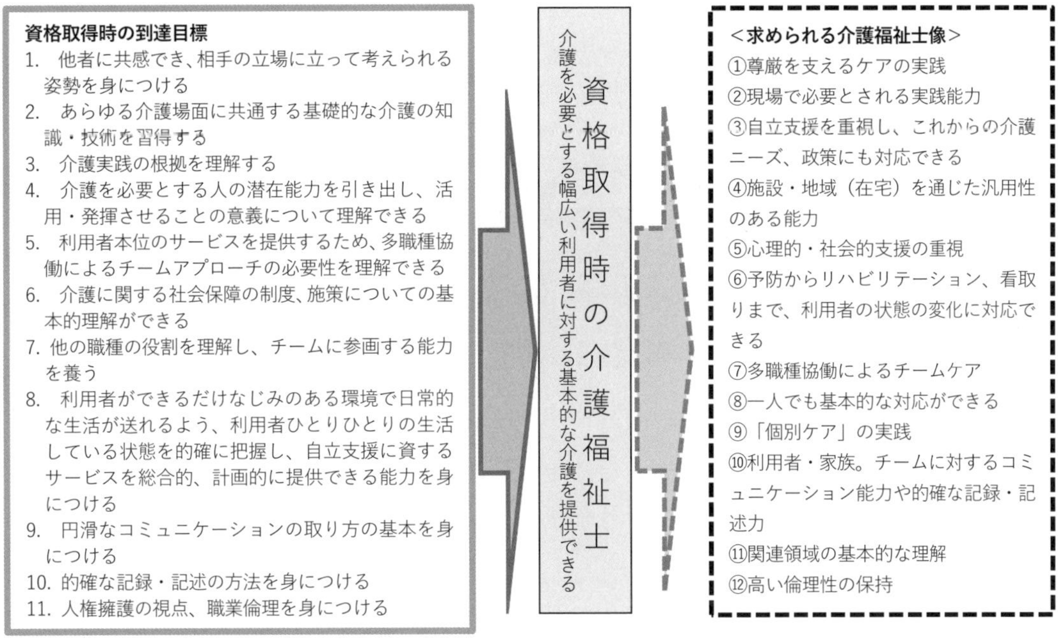

述べた介護福祉士制度創設以降の変化とこれからの介護ニーズに対応し、介護サービスにおける中心的役割を担える人材として、次のような人材養成における目標が考えられる」と書かれています。

「求められる介護福祉士像」は介護サービスにおける中心的な役割を担える人材として介護福祉士を育成するという内容でした。この目標に向かって、平成19(2007)年には、介護福祉士養成教育課程も大きく改訂されました。新しい介護福祉士養成課程は、介護が実践の技術であることを踏まえ3領域となりました。

　○その基盤となる教養や倫理的態度の涵養に資する「人間と社会」
　○「尊厳の保持」「自立支援」の考え方を踏まえ、生活を支えるための「介護」
　○多職種協働や適切な介護の提供に必要な根拠としての「こころとからだのしくみ」

この内容を示すと**図1－3**となります。しかし、介護福祉士養成教育を修了してすぐに「求められる介護福祉士像」の示す内容に到達できるはずがありません。「求められる介護福祉士像」に至る過程として、養成教育卒業時の到達目標も同時に示されました。その意味では、非常に丁寧な議論が行われたのだと思われます。

図1−3　介護福祉士養成課程の三領域

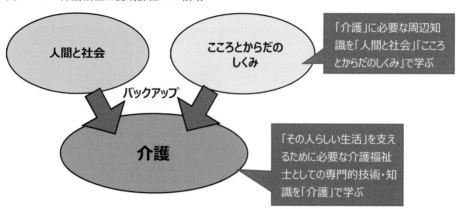

　求められる介護福祉士像に向かうには以下の二つの課題がありました。
1）資格取得時の到達目標を達成するための学習を養成施設が実施しているの
　か
2）資格取得時から「求められる介護福祉士像」を深化させる道筋（研修等）
　が示されていない
　一点めの担保として、日本介護福祉士養成施設協会が独自に実施する卒業時
共通試験がありますが、より深い学びを担保するための教育力を高めていくこ
とが望まれます。
　二点めの担保として、日本介護福祉士会が定める生涯研修体系があります。
この生涯研修体系は、今般の教育課程の見直しの前に整理されたものですが、
新たな「求められる介護福祉士像」にも対応した内容となっているといえます。
しかし、それで十分であるとはいえず、示された「求められる介護福祉士像」
を深化させるための現場経験や研修を積み上げる道筋を明確に示されることが
望まれます。

（2）平成29（2017）年に示された「求められる介護福祉士像」

　平成29（2017）年9月の第11回社会保障審議会福祉部会福祉人材確保専門委員
会で新しい「求められる介護福祉士像（案）」が示されました。その内容が**図
1−4**です。
　「高い倫理性」をベースとして、「地域の中で施設・在宅にかかわらず、本人
が望む生活を支えることができる」、「自立的に介護過程の展開ができる」、「介
護職の中で中核的な役割を担う」といった点が特徴的だと考えられます。
　平成19（2007）年度のカリキュラム改正時の「求められる介護福祉士像」は介
護サービスにおける中心的役割を担える人材として想定されたものです。今回
の改正では、介護職のなかで中核的な役割を担う存在としての介護福祉士です。

図1－4　平成29（2017）年に示された「求められる介護福祉士像」

＜資格取得時の到達目標＞	＜求められる介護福祉士像＞
1．尊厳を支えるケアの実践 2．現場で必要とされる実践能力 3．自立支援を重視し、これからの介護ニーズ、政策にも対応できる 4．施設・地域（在宅）を通じた汎用性のある能力 5．心理的・社会的支援の重視 6．予防からリハビリテーション、看取りまで、利用者の状態の変化に対応できる 7．多職種協働によるチームケア 8．一人でも基本的な対応ができる 9．「個別ケア」の実践 10．利用者・家族。チームに対するコミュニケーション能力や的確な記録・記述力 11．関連領域の基本的な理解 12．高い倫理性の保持	1．尊厳と自立を支えるケアを実践する 2．専門職として自律的に介護過程の展開ができる 3．身体的な支援だけでなく、心理的・社会的支援も展開できる 4．介護ニーズの複雑化・多様化・高度化に対応し、本人や家族等のエンパワメントを重視した支援ができる 5．QOL（生活の質）の維持・向上の視点を持って、介護予防からリハビリテーション、看取りまで、対象者の状態の変化に対応できる 6．地域の中で、施設・在宅にかかわらず、本人が望む生活を支えることができる 7．関連領域の基本的なことを理解し、多職種協働によるチームケアを実践する 8．本人や家族、チームに対するコミュニケーションや、的確な記録・記述ができる 9．制度を理解しつつ、地域や社会のニーズに対応できる 10．介護職の中で中核的な役割を担う

社会状況や人々の意識や移り変わり、制度改正など

高い倫理性の保持

リーダーとしての介護福祉士像からサブリーダとしての介護福祉士像に転換が図られたとも見える内容です。

　今回の改訂の基礎となっているのが、平成29（2017）年10月に社会保障審議会福祉部会福祉人材確保専門委員会が公表した「介護人材に求められる機能の明確化とキャリアパスの実現に向けて」という報告書です。この報告書では、介護人材のキャリアパスを**図1－5**のように示しています。

　この図からわかるように、入門的研修を導入し、介護人材の裾野を広げつつ、キャリアパスを明確にし、介護人材がその能力に合わせてキャリアを積むことができる体制を確立しようとしています。そのなかで介護福祉士をどの位置付けにするのかを考えた内容だと思います。介護職チームのリーダーには介護福祉士がすぐになれるわけではありません。一定のキャリアを積んで初めてリーダーとなることが明示されました。介護福祉士はリーダーの下で介護職のチームづくり（マネジメント）をする役割が与えられたのだと考えられます。そのために、今回の「求められる介護福祉士像」は介護職チームのマネジメント、個々の利用者に対する介護職チームの目標を明確にし、実施する介護過程の展開、地域の中で利用者の意思を尊重し、地域の中で利用者の生活を支えることが明確に示された内容となっているのです。

介護人材のキャリアパス全体像（イメージ）

キャリアパス実現に向けた対応

現場での実践課程

養成課程

更なる専門知識等の修得に向けた現場での研修プログラムの導入

チームリーダーとして必要な知識等の修得に向けた現場での研修プログラムの導入

養成カリキュラムの強化

参入機会の提供に向けた対応

入門的研修の導入

介護実践の専門職
⇒高度な知識・技術を要するケアの提供

マネジメント職
⇒管理職や施設長

※認知症ケアやターミナルケア、サービスマネジメントや組織マネジメントなど、分野ごとに修得できる研修プログラムをイメージ

一定のキャリアを積んだ（知識・技術を修得した）介護福祉士

介護福祉士

一定程度の知識・技術を身につけた介護職

知識・技術をそれほど有していない介護職

チーム内の介護職に対する指導・教育・フォロー

・チームケアにおける提供する介護の質の向上

・人材の定着の促進

就業していない女性　　他業種　　若者　　障害者　　中高年齢者

(出典：社会保障審議会福祉部会福祉人材確保専門委員会「介護人材に求められる機能の明確化とキャリアパスの実現に向けて」平成29(2017)年10月より)

3　介護福祉士としての職業倫理

（1）介護福祉士としての倫理の必要性

　介護福祉士というのは、その人らしい暮らしの実現に向けて、利用者とともにその解決方法を実行していく専門職であり、他の専門職と同様に、専門的な知識、技術のみならず、高い倫理観を含めて人間性が問われる職種であるといえます。

　また、介護福祉士は、援助が必要な人たちに対して、人間としての尊厳を保障するために、自立した生活が送れるように援助する立場にありますが、時には、利用者に接するさまざまな場面において困難な判断が求められることもあります。そのときには、公正、公平、正義などから照らし合わせて自分の行動を律することが大切になってきます。そうした行為を介護福祉士が一人ひとり行うことによって、社会からの期待に応える職業として確立していくものになります。日頃から実践のなかで、介護福祉士にとって必要な倫理とは何かを常に問いかけていくことも重要です。

　介護福祉士は人の生命や生活に関わる職業であり、自分の関わり方一つで相手の生活、人生に大きな影響力をもっている職業です。したがって、介護福祉士は人の生活に関わる重要な専門職であることを常に意識し、自らの行動を律することが重要であり、そのためには他の専門職同様に高い倫理が求められるということを理解することが大切です。

　日本介護福祉士会の倫理綱領は、介護の専門職としての倫理であり、介護福祉士のみならず、すべての介護従事者に通じる倫理です。

（2）日本介護福祉士会倫理綱領

①前文（ノーマライゼーションの実現をめざして）

　介護保険制度や社会福祉基礎構造の理念は、個人が人としての尊厳をもって、地域のなかで、障害の有無や年齢に関わらず、その人らしい安心できる生活が送れるように自立を支援することです。これからの介護サービスは、このような理念に基づき国民一人ひとりが、その人らしく生活していけるよう、利用者個々のニーズに対応したサービスを提供し、その自立を支援することです。

　介護サービスは、特定の高齢者や社会的弱者といわれている人たちだけがそのサービスを受ける立場ではなく、誰もが介護・福祉サービスを受けられるようになり、そのサービスは公平・公正なものであり、一定の質が保たれたものでなければなりません。

　前文においては「介護福祉ニーズを有する全ての人々が、住み慣れた地域において安心して老いることができ、そして暮らし続けていくことのできる社会の実現を願っています」と明記しています。高齢者や障害者が地域のなかで尊厳をもって生活ができるように支援していくというものです。ノーマライゼーションの実現を目指したものであり、これは介護福祉士としての基本的な姿勢を表しています。

＜第1項「利用者本位と自立支援」＞

　介護福祉士は利用者本位と自立支援を常に念頭においた介護サービスの提供を行うものであり、介護を行うときの大切な介護の理念として掲げています。

　利用者本位の介護を提供するためには、利用者の自己決定を何よりも尊重することが大切です。しかし、実際には介護サービスの提供場面においては、ともすれば、介護者主導で行われることがまだまだあります。たとえば、着替えのときに服の選択ができず自分の好みではない服を着せられるなど、ともすれば介護者側からの一方通行的なサービスになることもしばしばあります。

　施設・在宅問わず、生活の主体者はあくまで利用者です。そして、一人ひとりの利用者の生活習慣や生活形態もさまざまです。介護者はそのことを念頭に

おいて、利用者のニーズにあわせて介護を提供することが大切です。そのためには、一人ひとりのアセスメントを適切に行い、個別介護計画の作成など介護過程を踏まえて介護することが必要になります。

どのような生活を送りたいかを決めるのは利用者であり、介護者はあくまでも、利用者の生活を支援することを忘れずに、さまざまな日常生活の介護場面において、利用者からの自己決定を待つことが大切です。そのことが人権の尊重につながる介護になります。なお、身体的だけではなく精神的にも真の自立支援をめざすことが大切です。

＜第2項「専門的サービスの提供」＞

介護サービスの質の向上が求められているなか、介護福祉士は常に専門職として自己研鑽を継続し、資質の向上に努め、自分の行ったサービスが常に最善のものになるように介護サービスに対して責任を明確にすることが必要です。

介護福祉士は人の生命や生活に関わる職業であり、人に対しての大きな影響力をもっている職業です。したがって、どのような状況においても冷静に判断し、自らの行動を律することが大切です。また、自分が行うサービスに対して責任をもつことが必要であり、そのためには、日々努力をして、自分の知識・技術・倫理感を高めることが必要になります。

＜第3項「プライバシーの保護」＞

サービス利用者も新しい世代の高齢者へと変わりつつあり、介護サービス利用に対しての権利意識も強くなってきています。契約によるサービス利用においては、利用者保護の観点からも大切であり、利用者が適切にサービスを利用できるように情報の提供、利用者の権利擁護、サービスの第三者評価などがいっそう重要になってきています。

介護従事者も情報提供者となりうるわけですから、情報の提供については公平・中立の立場に立って、必要な情報をわかりやすく与えることも大切な役割です。

なお、介護従事者は同時に、施設、在宅問わず、利用者や家族の情報を知りうる立場にもあります。特に気をつけることは、介護従事者や事業者は業務上知り得た情報や家族の秘密などをみだりに漏らさないことです。もし、その知り得た情報をむやみに漏らすようなことがあれば、その介護従事者や事業者は家族や利用者からだけではなく社会からも信用を失うことになります。

特に、介護の仕事は相手との信頼関係の上に成り立つ業務ですから、利用者や家族の信頼を裏切らないためにも、知り得たプライバシーを漏らしてはいけません。この倫理項目は法律でも規定されており、平成17（2005）年からは個人情報保護法も施行され、特に大切な倫理といえます。

＜第4項「総合的サービスの提供と連携・協力」＞

　高齢者や障害者の生活を支えているのは介護福祉士だけではありません。特に、介護ニーズを有する者は医療ニーズもあわせもつ場合が多く、医師、看護師、理学療法士などの医療関係者との連携が求められます。また、医療や介護のみならず、福祉サービスを含めたさまざまな生活支援サービスが、その人の生活にあわせて切れめなく継続的に提供されることが必要です。したがって、生活を支えている福祉関係職、行政、ボランティアなどさまざまな関係職種との連携・協力も必要になってきます。

　このように、介護の仕事においては他職種との協働が求められるなか、ますます関連職種との連携が重要になり、介護福祉士も関連専門職と協働するために、他の専門職の専門的な役割などに対する理解が必要であるとともに、チームをマネジメントしていく能力も兼ね備えておく必要があります。

＜第5項「利用者ニーズの代弁」＞

　介護福祉士は利用者の一番近くにいる専門職として常に利用者の気持ちを察し、その期待に応えることも大切です。コミュニケーションが十分活用できない方や自分の言いたいことが言えなかったりする方に対しては、精神的な支援とともにそのニーズをくみ取り、周りに対して代弁していくことが大切な役割です。そのためには日頃の観察が重要であり、洞察力を養うことが必要です。

＜第6項「地域福祉の推進」＞

　今後、ますます地域福祉の推進が求められるなか、介護福祉士は、職場だけでその役割や専門性を発揮するだけにとどまらずに、自分が生活する地域において、介護相談に応じたり、介護技術を教授したり、ボランティア活動での貢献、地域のなかでネットワークを構築するなど介護福祉士がもっている専門性を役立てて、社会的な貢献を行うことがますます重要となってきます。それにより、介護福祉士の社会的評価が高まることはいうまでもありません。

＜第7項「後継者の育成」＞

　介護の質を高めるためには、自分自身の自己研鑽により質を高める努力が必要です。今後は、介護の専門職として生涯学習に取り組むことも必要になってきます。あわせて、すべての人が将来にわたりよりよい介護が受けられるようにするためには、これから介護従事者をめざす人たちの教育も重要になってきます。そのために自らが指導力を高め、後輩育成に力を注ぐことは介護福祉士制度の発展のためにも、国民の介護サービスの向上のためにも重要なことです。

　介護福祉士が社会から信頼される職業として確立するためには、以上の倫理綱領を遵守し、日々専門職として自己研鑽を行っていくことが何より大切なことです。

②日本介護福祉士会倫理綱領　掲載

倫　理　綱　領

日本介護福祉士会倫理綱領

1995年11月17日宣言

前文

　私たち介護福祉士は、介護福祉ニーズを有するすべての人々が、住み慣れた地域において安心して老いることができ、そして暮らし続けていくことのできる社会の実現を願っています。

　そのため、私たち日本介護福祉士会は、一人ひとりの心豊かな暮らしを支える介護福祉の専門職として、ここに倫理綱領を定め、自らの専門的知識・技術及び倫理的自覚をもって最善の介護福祉サービスの提供に努めます。

（利用者本位、自立支援）

　1．介護福祉士はすべての人々の基本的人権を擁護し、一人ひとりの住民が心豊かな暮らしと老後が送れるよう利用者本位の立場から自己決定を最大限尊重し、自立に向けた介護福祉サービスを提供していきます。

（専門的サービスの提供）

　2．介護福祉士は、常に専門的知識・技術の研鑽に励むとともに、豊かな感性と的確な判断力を培い、深い洞察力をもって専門的サービスの提供に努めます。

　　　また、介護福祉士は、介護福祉サービスの質的向上に努め、自己の実施した介護福祉サービスについては、常に専門職としての責任を負います。

（プライバシーの保護）

　3．介護福祉士は、プライバシーを保護するため、職務上知り得た個人の情報を守ります。

（総合的サービスの提供と積極的な連携、協力）

　4．介護福祉士は、利用者に最適なサービスを総合的に提供していくため、福祉、医療、保健その他関連する業務に従事する者と積極的な連携を図り、協力して行動します。

（利用者ニーズの代弁）

　5．介護福祉士は、暮らしを支える視点から利用者の真のニーズを受けとめ、それを代弁していくことも重要な役割であると確認したうえ

で、考え、行動します。

（地域福祉の推進）

　6．介護福祉士は、地域において生じる介護問題を解決していくために、専門職として常に積極的な態度で住民と接し、介護問題に対する深い理解が得られるよう努めるとともに、その介護力の強化に協力していきます。

（後継者の育成）

　7．介護福祉士は、すべての人々が将来にわたり安心して質の高い介護を受ける権利を享受できるよう、介護福祉士に関する教育水準の向上と後継者の育成に力を注ぎます。

4　日本介護福祉士会の使命と主な事業

（1）専門職能団体がもつ機能と役割

　昭和62（1987）年に「社会福祉士及び介護福祉士法」が制定され20年以上が経過し、介護福祉士の登録者数は平成27（2015）年2月において約129万人に達しました。

　この間、介護保険制度の施行および障害者自立支援法の施行など介護福祉を取り巻く環境は大きく変わりました。今後は、近年における介護の理念や概念の変化、介護対象者のニーズの多様化などにともない介護の現場では質の高い介護サービスが求められるようになり、介護福祉士の養成が量から質へと転換する方向にあります。

　また、平成19（2007）年12月には「社会福祉士及び介護福祉士法」が一部改正され、介護福祉士の資格取得方法の一元化、介護福祉士の定義規定、義務規定の見直しや教育内容およびカリキュラムの見直しなどにより、より資質の高い介護福祉士の養成が求められるようになりました。

　なお、介護福祉士の国家資格は、「幅広い利用者に対する基本的な介護を有する資格」と位置付けていることから、さらに、重度の認知症や障害等の分野について、より専門的な対応ができる人材を育成していくことが求められています。さらに、人材確保と資質の向上の観点からは資格取得後のOJTのほか、生涯にわたって自己研鑽し、介護の専門的な能力開発とキャリアアップへの支援の必要性がますます重要となります。

　このように介護福祉士の資質の向上や介護労働の質の向上が求められてきているなか、一方では介護福祉士としての専門性や介護労働に対する評価が十分

とはいえない状況から介護現場における人材不足など、介護福祉士を取り巻く状況における課題もあります。これらの課題を解決していくためには介護の仕事をさらに魅力ある職業として確立することが必要です。

　それは私たち介護福祉士が担っていくことであり、介護の専門性の確立や待遇面の向上、社会的評価の向上に向けての取り組みを介護福祉士自らが行っていかなければなりません。平成23(2011)年11月の「社会福祉士及び介護福祉士法」の改正においては、義務規定に「資格取得後も社会福祉・介護を取り巻く環境の変化に適応するため、知識・技術の向上に努めなければならない」と明記されています。介護・福祉現場で実践活動を行う専門職従事者は、一定の資格を取得したことで、その地位に甘んじることは許されないといっても過言ではありません。専門職従事者としての実践のなかで自らの専門性と職業倫理を高め、自己成長を継続していかなければなりません。

　このように、専門職として自らの生涯学習の取り組みを体系的に行い、職業倫理を高め、同一職種の身分保障、専門性の追究および相互研鑽などを目的とする組織が職能団体です。自らが自主的に参加し、共に研鑽する姿勢が専門職には求められています。

（2）介護の専門職能団体としての日本介護福祉士会

①日本介護福祉士会設立までの経過

　日本介護福祉士会は平成6(1994)年2月12日に、介護福祉士の職業倫理の向上、介護福祉士に関する専門的教育および研究を通してその専門性を高め、介護福祉士の資質の向上と介護に関する知識・技術の普及を図り、もって国民の福祉の増進に寄与することを目的として設立された介護福祉士の全国的な職能団体です。

　全国組織設立に至る前は、平成元(1989)年7月に全国で初めて香川県において、職能団体「香川県介護福祉士会」が設立されました。その後、徐々に他県でも職能団体の設立がはじまり、それぞれ独自に研修会などをはじめとするさまざまな活動が行われてきました。そして、平成5(1993)年に、これまで設立された各県の代表者が一同に集まり、全国組織設立の必要性を共通認識し、設立準備会を経て介護福祉士の職能団体「日本介護福祉士会」が誕生しました。

　設立当初は、設立準備中も含め、全国で24県の支部からのスタートでしたが、その後、全国研修会などの開催をはじめとしてさまざまな事業を行うとともに会員数を増やして平成11(1999)年には47都道府県すべてに支部が設立されました。そして、平成12(2000)年6月に社団法人化されました。

　平成7(1995)年には資格を有するすべての者がめざすべき専門性と職業倫理を明文化し、日本介護福祉士会倫理綱領を宣言しました。介護福祉士は知識・

技術の習得だけでなく対象者が人間である以上、介護福祉士自身が豊かな人間として成長し、あたたかい心で利用者の人権を守っていくという基本的な心構えが必要です。

　また、介護の専門性を確立することも職能団体としての使命であり、学術研究活動として平成15(2003)年に日本介護学会を設立し、毎年1回、研究発表の場となる学術集会を開催しています。なお、会員の実践・研究業績を広く周知し、それを生かすために介護の学術専門誌「介護福祉士」の発行も年2回行っています。

②日本介護福祉士会の主な事業

a．各種研修に関する事業及び生涯研修体系

　近年、介護福祉士を取り巻く状況は大きく変わり、その変化に対応するため、常に学習することが求められています。また、今後はどのような専門的知識、経験を有しているかということとともに、サービス管理の責任および組織や事業管理、チームリーダーとしての能力、後輩への指導能力等が求められる時代です。

　このような資格取得後の継続的な教育の充実などの取り組みについて、職能団体にその責務が求められています。専門職は、養成段階において、完成された専門職となるのではなく、絶えず成長していかなければならないのです。したがって、介護福祉士が生涯にわたって継続的な成長を成し遂げるためには生涯研修制度の確立が必要になります。

　そのため、日本介護福祉士会としては、介護福祉士を一生の仕事として働き続けていこうとする人のために、生涯にわたって自己研鑽し、介護の専門的な能力開発とキャリアアップに応じた生涯研修体系の確立に向けた取り組みを行っているところです（詳細は49頁「キャリアアップと生涯研修制度」に記載）。

b．広報・普及啓発に関する事業

　広報事業としては、介護福祉士に必要な最新の福祉・介護の動向や本会および各支部の研修会情報などを伝えるために、機関紙『日本介護福祉士会ニュース』を定期発行し、会員に配布しています。また、各種研修用テキストの発行、その他出版物の発行、ホームページによる情報提供、および地域福祉の推進として介護の日、老人週間に全国一斉介護相談等を行い国民に対する介護の普及啓発活動なども行っています。

c．調査研究に関する事業

　介護福祉士に求められる専門性を高め、資格制度の充実発展に資するために「介護福祉士の就労実態と専門性の意識に関する調査」、「専門介護福祉士に関する調査」「介護保険制度に関する調査」等をはじめとして、介護福祉士制度

の向上や介護福祉士の資質の向上に資するためのさまざまな調査研究を行っています。

d．その他の事業

その他、介護支援専門員養成および国家試験対策など後輩育成事業、公益活動として平成7（1995）年の阪神・淡路大震災、平成16（2004）年の新潟中越地震、平成23（2011）年の東日本大震災などにおいて、介護福祉士の専門性や役割を発揮することとして避難所におけるボランティア活動や義援金の寄付など社会的な貢献活動にも取り組んでいます。

また、介護の専門職としては日本より先に誕生したドイツの老人介護福祉士（アルテン・フレーガー）との交流を行い、介護の専門性を深めることとして、平成14（2002）年にはドイツの老人介護従事者連盟（DBVA）、平成15（2003）年にはベルリンの看護従事者連盟を訪問し、介護従事者同士の国際交流を行い、お互いの国における介護に関する制度などについて学び合い、両国の今後の介護の発展に役立つための交流を行ってきました。さらに、日本の介護の発展のために、介護福祉士制度や介護保険制度など介護福祉士に関わる国の制度に対する政策提言にも取り組んでいます。

第3節　介護に関する法・制度と介護福祉士

1　社会福祉法と介護福祉士の役割

　ここでは、「社会福祉法の概要」と「社会福祉法における介護福祉士の役割」についてみていきましょう。

（1）社会福祉法の概要

①社会福祉法の制定の経緯

　社会福祉法は、昭和26（1951）年に「社会福祉事業法」として制定されてから、社会福祉事業や社会福祉法人などの社会福祉に関する実施体制・組織などの制度に関しては、ほとんど改正は行われてきませんでした。しかし、今日の少子高齢社会の到来などの社会情勢を踏まえて、平成11（1999）年に厚生省（現：厚生労働省）は、福祉ニーズの多様化や増大が見込まれるため、社会福祉事業法の改正が必要だとして、「社会福祉基礎構造改革について（社会福祉事業法等改正法案大綱骨子）」を発表しています。そのなかで、社会福祉の理念として、個人が尊厳をもって、その人らしい自立した生活が送れるように支えることを示すとともに、改革の方向性を次のように明確にしています。

　①　個人の自立を基本として、その選択を尊重した制度の確立をすること。
　②　質の高い福祉サービスの充実を図ること。
　③　地域での生活を総合的に支援するために、地域福祉の充実を図ること。

　このような「社会福祉基礎構造改革について（社会福祉事業法等改正法案大綱骨子）」（以下「社会福祉基礎構造改革」とする。）を基にして、平成12（2000）年に「社会福祉の増進のための社会福祉事業法等の一部を改正する等の法律」が成立しました。そして、同年6月に「社会福祉事業法」が改正され、法名称も「社会福祉法」と改められ、施行されたのです。

②社会福祉法の目的と基本理念などについて

　ここでは、社会福祉法の基本である［目的］、［福祉サービス基本的理念］、［地域福祉の推進］の三つの具体的な法律の内容をみていきますが、介護福祉士としての規範といえるものです。

　　［目的］

　　　平成12（2000）年に改正された社会福祉法の第1条の目的で、「社会福祉を目的とする事業の全分野における共通的基本事項を定め、社会福祉を目

的とする他の法律と相まって、福祉サービスの利用者の利益の保護及び地域における社会福祉（以下「地域福祉」という。）の推進を図るとともに、社会福祉事業の公明かつ適正な実施の確保及び社会福祉を目的とする事業の健全な発達を図り、もって社会福祉の増進に資すること」と定めています。

　このように社会福祉法の目的では、社会福祉の基礎構造として、社会福祉を目的とする全分野の事業の共通的基本事項を定め、その共通構造を基本としたうえで、福祉六法など各福祉法のそれぞれの分野の対象者を支援することになります。

[福祉サービスの基本的理念]

　平成12（2000）年の改正で福祉サービスの基本的理念が第3条で示されています。そのなかで「福祉サービスは、個人の尊厳の保持を旨とし、その内容は、福祉サービス利用者が心身ともに健やかに育成され、又はその有する能力に応じ自立した日常生活を営むことができるように支援するものとして、良質かつ適切なものでなければならない」としています。また、福祉サービスを提供する施設や事業者については、第5条で「その提供する多様な福祉サービスについて、利用者の意向を十分に尊重し、かつ、保健医療サービスその他の関連するサービスとの有機的な連携を図るよう創意工夫を行いつつ、これを総合的に提供することができるようにその事業の実施に努めなければならない」とされています。

[地域福祉の推進]

　平成12（2000）年の改正で、第4条に地域福祉の推進が示されています。そのなかで、「地域住民、社会福祉を目的とする事業を経営する者及び社会福祉に関する活動を行う者は、相互に協力し、福祉サービスを必要とする地域住民が地域社会を構成する一員として日常生活を営み、社会、経済、文化その他あらゆる分野の活動に参加する機会が与えられるように、地域福祉の推進に努めなければならない」ことを規定しています。

　平成29（2017）年の改正で、第4条に第2項が追加され、地域福祉の推進のために、地域住民などが抱える福祉、介護、保健医療などの地域生活課題を把握するとともに、支援関係機関などと連携し、課題などの解決を図ることに留意することが規定されました。

③社会福祉法の内容のポイント

社会福祉法では、以下の内容が定められています。

ａ．福祉サービスの基本理念と原則

ｂ．社会福祉事業

　　c．社会福祉に関する実施体制と組織——社会福祉審議会、福祉事務所、社
　　　　会福祉協議会、社会福祉法人、共同募金など
　　d．福祉サービスに関する事業——利用の援助、適切な利用、苦情解決、サー
　　　　ビスの質の向上・評価など
　　e．地域福祉の推進——地域福祉計画の策定など
　　f．社会福祉事業従事者の確保——福祉人材確保の基本指針の策定、福祉人
　　　　材センターなど

（2）社会福祉法における介護福祉士の役割

　介護福祉士にとって、社会福祉制度や社会保障制度などを十分に理解しなく
とも、日々の介護の業務に直接は影響がないと思ってはいませんか。介護福祉
士の業務は、社会福祉を基盤としているために、多くの社会福祉制度のサービ
スを提供しているので、さまざまな社会福祉制度と関わりをもっているのです。
　そこで、社会福祉制度の基盤をなしている社会福祉法と介護福祉士との関わ
りを整理すると、「介護福祉士の業務と位置づけの視点」、「利用者の自立的な
生活支援の視点」、「管理職としての視点」の三つの視点から捉えることができ
ます。

①介護福祉士の業務と位置付けの視点

　わが国の社会福祉制度は、さまざまな社会福祉の法律から成り立っています。
介護福祉士の資格制度を定めている「社会福祉士及び介護福祉士法」も社会福
祉制度の一つです。この社会福祉制度の基盤となっているのが社会福祉法です。
　（1）②「社会福祉法の目的と基本理念などについて」のところでも述べまし
たが、社会福祉法は、社会福祉を目的とする全分野の事業の共通的基本事項を
定めたうえで、各福祉法のそれぞれの分野の対象者を支援することになるとい
えます。このことからも理解できるように、介護福祉士の業務は社会福祉を基
盤としているので、社会福祉制度の動向によって介護福祉士の業務や位置付け
が変化していくことになるのです。介護福祉士として、さまざまな社会福祉制
度の動向を学び、よりよい介護サービスにつなげていかなければなりません。

②利用者の自立的な生活支援の視点

　介護福祉士に求められることの一つは、たとえ心身に障害がある場合でも、
その人らしい生活を可能なかぎり尊重して自立ができるように支援することで
す。そのためには日常生活のなかで、自立を促すことができるように、何をど
のように補えば可能なのかを見極め、不足している社会福祉制度におけるサー
ビスなどを補いながら、自立的な生活ができるように配慮し続けることが必要

です。

介護福祉士として、要援護高齢者や障害者の生活を支え、自立を支援するために欠かせない要望（デマンド）や課題を捉えることが求められています。

③管理職としての視点

今日、指定事業者のサービス提供責任者や、介護老人福祉施設などの管理職として従事する介護福祉士が増えています。

介護サービスの質の向上を図るためには、管理運営を定めている社会福祉制度や政策を理解するとともに、その動向を学んで活用しなければなりません。

2 介護保険法と介護福祉士の役割

ここでは、「介護保険法」と「介護保険法における介護福祉士の役割」についてみていきます。

（1）介護保険法

①介護保険法の概要

介護保険法の仕組みの全体像をみていくことにします。

全体像は**図1-7**に示した通りですが、介護保険法の第1条で「加齢（老化）による要介護状態」の要件を満たしていなければ、介護保険による保健医療サービスおよび福祉サービスを受けることができないことが特徴となっています。

a.「保険者」と「被保険者」

介護保険法では、「保険者」と「被保険者」で構成されています。

「保険者」は、保険を運営する者で、住民に身近な行政単位である特別区と市町村です。「被保険者」は、保険に加入し、保険料を負担している「第1号被保険者」と「第2号被保険者」です。第1号被保険者は、65歳以上の者で、第2号被保険者は、40歳以上65歳未満の者です。

介護保険サービスの利用者負担

平成29（2017）年の改正では、現役世代などの公平性の確保などの視点から、2割の負担者のなかで、所得の高い人たちを3割としました。なお、月額44,400円の負担の上限を設けました。この利用者負担は平成30（2018）年から実施されました。

b.介護保険の財源

介護保険では、利用者負担の1割を除いて、その財源の50%を保険料（第1号被保険者20%、第2号被保険者30%）で、残りの50%を税金などの公費（国25%、都道府県12.5%、特別区と市町村12.5%）で支えています。また、地域支

図1－6　介護保険料（第1号被保険者）の自己負担割合

所　得　区　分		自己負担割合
右の①②の両方を満たす方	①65歳以上で本人の合計所得金額が220万円以上 ②本人を含めた同一世帯の65歳以上の方の 　年金収入＋「その他の合計所得金額」が ◆1人の場合340万円以上 ◆2人以上の場合、合わせて463万円以上	3割
右の①②の両方を満たす方で3割負担とならない方	①65歳以上で本人の合計所得金額が160万円以上 ②本人を含めた同一世帯の65歳以上の方の 　年金収入＋「その他の合計所得金額」が ◆1人の場合280万円以上 ◆2人以上の場合、合わせて346万円以上	2割
2割負担、3割負担の対象とならない方 （64歳以下の方、本人の合計所得金額が160万円未満の方等）		1割

65歳以上の方の負担割合は、前年の所得に応じて、1割・2割・3割の3段階です。

（出典：東京都北区介護保険課「介護保険サービスの自己負担割合表」）

援事業のうち、「介護予防・日常生活支援総合事業」については第1号被保険者と第2号被保険者の保険料と公費、「包括的支援事業」については第1号被保険者と公費を財源として行われています。

ｃ．サービス申請の流れ

　サービスの申請から利用までの流れは、**図1－7**に示しましたが、サービスの提供を受けた場合は、利用料の1割を支払い、残りの9割ついては事業者が国民健康保険団体連合会を通し、特別区・市町村に請求して支払いを受けることになります。

②介護保険法の改正ポイント

　介護保険法は、平成12（2000）年4月の導入当初から、実際の運用状況に照らしながら"施行後5年を目途"に見直しを行うことを、法の附則の条文に位置付けています。また、改正法の施行後3年を目途にして、改正の成果を検証し所要の措置を講じることになっています。

　厚生労働省が公表している平成31（2019）年4月の暫定版による「介護保険事業状況報告書」によれば、要介護・要支援認定者数は、介護保険制度の施行当初の平成16（2004）年度4月末で218万人、平成28（2016）年度4月末で629万人、平成31（2019）年度4月末で659万人に増加しています。

　改革の流れのポイントは以下のようになっています。

　平成17（2005）年度の改正では、介護保険法の目的に、「尊厳の保持」が加えられるとともに、介護予防の仕組みを導入しました。また、小規模多機能居宅介護事業などの地域密着型サービスや地域支援事業を創設し、地域包括の土台となる仕組みがつくられました。

図1-7 介護保険の全体像

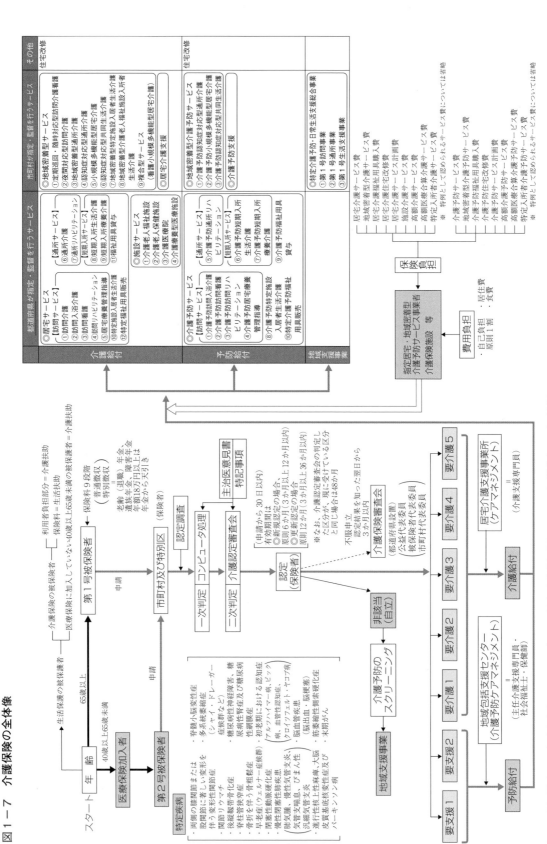

34

（出典：「介護福祉士国家試験受験ワークブック」2019（上）中央法規出版164～165頁（執筆者が一部改編））

　平成23（2011）年の改正では、**表1−1**のように、医療、介護、予防、住まい、生活支援サービスが切れ目なく提供される「地域包括ケアシステム」の実現に向けた取り組みを進めることとし、また、介護報酬改定が行われました。

　平成26（2014）年度の「介護保険制度報酬改定の概要（案）」では、**表1−2**のように、平成37（2025）年に向けて、医療、介護、予防、住まい、生活支援サービスを包括的に確保される「地域包括ケアシステム」の実現をめざし、平成26（2014）年度の改正の趣旨を踏まえて、「中重度の要介護者や認知症高齢者への対応の強化」や、「介護人材確保対策の推進」および「サービス評価の適正化と効率的なサービス提供体制の構築」といった基本的な考え方に基づいて行うものとしています。介護報酬改定については、**表1−2**とともに、賃金・物価の状況、介護事業者の経営状況などを踏まえて、全体で▲2.27％としています。

　平成29（2017）年度の改正では、要介護状態の重度化防止と地域共生社会の実現を図ることになりました。また、介護納付金への総報酬割の導入などが定められました。この改正では、介護医療院が創設され、この介護医療院においては、要介護者であって、主として長期にわたって療養が必要なものの世話を行う施設です。なお、介護療養型医療施設は、令和6（2024）年3月末まではその規定が継続されることになりました。ただし、新設は認められません。

　令和2（2020）年に介護保険法の改正「地域共生社会の実現のための社会福祉法等の一部を改正する法律」が行われました。この改正趣旨では、「地域共生社会の実現を図るため、地域住民の複雑化・複合化した支援ニーズに対応する包括的な福祉サービス提供体制を整備する観点から、市町村の包括的な支援体制の構築の支援、地域の特性に応じた認知症施策や介護サービス提供体制の整備等の推進、医療・介護のデータ基盤の整備の推進、介護人材確保及び業務効率化の取組の強化、社会福祉連携推進法人制度の創設等の所要の措置を講ずる」とし、具体的な改正では、「地域住民の複雑化・複合化した支援ニーズに対応する市町村の包括的な支援体制の構築の支援」や、「地域の特性に応じた認知症施策や介護サービス提供体制の整備等の推進」、「医療・介護のデータ基盤の整備の推進」、「介護人材確保及び業務効率化の取組の強化」等が進められることとなりました。

（2）介護保険法等における介護福祉士の役割

①介護保険法に定められた介護福祉士の位置付け

　昭和62（1987）年の「社会福祉士及び介護福祉士法」の制定により、介護の専門職として介護福祉士が位置付けられましたが、さらに、平成12（2000）年4月より施行された介護保険制度によって、訪問介護は「介護福祉士その他政令で定める者により行われる」と定められたことによって、介護の専門職としての

表1-1 介護サービスの基盤強化のための介護保険法等の一部を改正する法律の概要

> 高齢者が地域で自立した生活を営めるよう、医療、介護、予防、住まい、生活支援サービスが切れ目なく提供される「地域包括ケアシステム」の実現に向けた取組を進める。

1 医療と介護の連携の強化等
① 医療、介護、予防、住まい、生活支援サービスが連携した要介護者等への包括的な支援（地域包括ケア）を推進。
② 日常生活圏域ごとに地域ニーズや課題の把握を踏まえた介護保護事業計画を策定。
③ 単身・重度の要介護者等に対応できるよう、24時間対応の定期巡回・随時対応サービスや複合型サービスを創設。
④ 保険者の判断による予防給付と生活支援サービスの総合的な実施を可能とする。
⑤ 介護療養病床の廃止期限（平成24年3月末）を猶予。（新たな指定は行わない。）

2 介護人材の確保とサービスの質の向上
① 介護福祉士や一定の教育を受けた介護職員等によるたんの吸引等の実施を可能とする。
② 介護福祉士の資格取得方法の見直し（平成24年4月実施予定）を延期。
③ 介護事業所における労働法規の遵守を徹底、事業所指定の欠格要件及び取消要件に労働基準法等違反者を追加。
④ 公表前の調査実施の義務付け廃止など介護サービス情報公表制度の見直しを実施。

3 高齢者の住まいの整備等
○ 有料老人ホーム等における前払金の返還に関する利用者保護規定を追加。
※厚生労働省と国土交通省の連携によるサービス付き高齢者向け住宅の供給を促進（高齢者住まい法の改正）

4 認知症対策の推進
① 市民後見人の育成及び活用など、市町村における高齢者の権利擁護を推進。
② 市町村の介護保険事業計画において地域の実情に応じた認知症支援策を盛り込む。

5 保険者による主体的な取組の推進
① 介護保険事業計画と医療サービス、住まいに関する計画との調和を確保。
② 地域密着型サービスについて、公募・選考による指定を可能とする。

6 保険料の上昇の緩和
○ 各都道府県の財政安定化基金を取り崩し、介護保険料の軽減等に活用。

【施行日】 1⑤、2②については公布日施行。その他は平成24年4月1日施行。
（出典：第76回社会保障審議会介護給付費分科会資料（2011年6月16日））

表1-2 平成27年度介護報酬改定の基本的な考え方

1. 中重度の要介護者や認知症高齢者への対応の更なる強化
・地域包括ケアシステムの構築に向けた対応
・医療と介護の連携も含め、中重度の要介護者や認知症高齢者への支援強化等

2. 介護人材確保対策の推進
・介護人材は、地域包括ケアシステムの構築に不可欠な社会資源であり、その確保は最重要な課題
・介護人材の確保に当たっては、雇用管理の改善など事業者自らの意識改革や自主的な取組を推進するとともに、国、都道府県・市町村が役割を分担しつつ、それぞれが積極的に取り組む課題

3. サービス評価の適正化と効率的サービス提供体制の構築
・保険料と公費で支えられる介護保険制度の維持可能性を高め、限りある資源を有効に活用するためには、より効果的で効率的なサービスを提供

立場が明確化されたといえるでしょう。

②介護福祉士の役割

平成19（2007）年12月に改正された「社会福祉士及び介護福祉士法」は、たと

えば、今までは「入浴、排せつ、食事、その他の介護等」としていたところが「心身の状況に応じた介護」とあらためられました（第2条第2項）。このことは、寝たきり高齢者から認知症などを含めた高齢者を意識した個別ケアへと変更したことを示しています。また、平成18(2006)年4月に改正された「介護保険法」の第1条では、「個人の尊厳の保持」が盛り込まれました。

この現状を踏まえると、介護福祉士に何を求めているのでしょうか。平成19(2007)年に改正された「社会福祉士及び介護福祉士法」で、「求められる介護福祉士像」が示されました（19頁、図1－4参照）。この介護福祉士像の12項目が、介護福祉士に求められている到達目標です。

また地域包括ケアシステムの整備を捉えると、この地域包括ケアシステムの軸をなす「医療・介護連携」と「介護予防・生活支援」に着目すると、一人暮らしの高齢者等であっても、できる限り住み慣れた地域で暮らし続けられるように介護福祉士は、それぞれの活動する地域の社会資源の活用についても、考えられることが求められています。

3　障害者総合支援法と介護福祉士の役割

（1）障害者福祉と自立支援制度

障害者総合支援法（「障害者の日常生活及び社会生活を総合的に支援するための法律」）は、平成24(2012)年に制定され、平成25(2013)年（一部は平成26(2014)年）より施行されている、障害者福祉サービスを総合的に定めた法律であり、平成17(2005)年に制定され翌年より施行されていた「障害者自立支援法」の内容を一部改正のうえ名称を変更したものです。

ここでは、現在の障害者総合支援法にも基本的に引き継がれている障害者自立支援法の内容について説明し、次に障害者総合支援法へ名称変更した際の改正内容を説明します。

前身の障害者自立支援法は、平成16(2004)年に「障害者基本法」において「障害者の自立及び社会参加の支援」の理念がうたわれたことに基づいて、これを具体化するものとして制定されました。障害者基本法の理念は、昭和56(1981)年国連による「国際障害者年」のテーマであった「完全参加と平等」を踏まえて、障害のある人も地域で安心して暮らすことのできる地域社会の実現をめざすものです。

障害者福祉制度としては、これに先立つ平成15(2003)年に障害者サービスの提供方式を、従来の措置制度から契約制度へと変更する改革が実施され、障害者の権利を明確にする制度改革が行われています。

（2）先の障害者自立支援法の内容

①障害者自立支援法制定のねらい

障害者自立支援法制定のねらいは、以下の五つにまとめられます。

第1に、障害者の福祉サービスを「一元化」しました。これが最も大きな点ですが、従来は身体障害、知的障害、精神障害などの障害種別であったサービス体系を、障害種別に関係なく福祉サービスや公費負担医療サービスを共通の制度で提供する仕組みに変えました。

第2に、多くの障害者が求めている就労ニーズに応えるために、一般就労への移行支援事業なども創設し、就労支援を行います。

第3に、市町村が地域の実情に応じて障害者福祉に取り組み、身近な地域でサービスが受けられるように、学校の空き教室や空き店舗などの活用をめざします。

第4に、公平なサービス利用のための「手続きや基準の透明化、明確化」を図りました。また、各障害者の必要サービス量を6段階の「障害程度区分」で表し、ケアマネジメント制度を導入して、サービス提供の仕組みを整理しました。

第5に、必要な費用を皆で負担し支え合う仕組みをめざします。同法施行開始時には、いわゆる「応能負担」から「応益負担」制度へと転換し、定率1割の利用者負担となっていましたが、当事者などからの強い批判があがり、平成21（2009）年の見直しにより再び事実上の「応能負担」へと戻りました。また、国が在宅サービスを含めて必要な費用の一定部分を義務的に負担します。

②サービスの体系

障害者自立支援法に基づくサービスは大きく「自立支援給付」と「地域生活支援事業」の二つに分かれています。

「自立支援給付」は、さらに「介護給付」「訓練等給付」「自立支援医療」「補装具」などに分かれます。「介護給付」には居宅介護・行動援護・短期入所・施設入所支援・共同生活介護（ケアホーム）などのサービスが含まれ、在宅・施設での生活面のサービスが提供されます。「訓練等給付」では、自立訓練・就労移行支援・共同生活援助（グループホーム）などが含まれ、日常生活での自立と就労の支援サービスが提供されます。従来の制度では、障害種別および障害程度などによって選択できるサービスが限られていましたが、障害者自立支援法では入所施設サービスを昼の「日中活動事業」と夜の「居住支援事業」とに分けることにより、障害者一人ひとりのニーズにあわせて〈住まい〉と〈日中活動〉のさまざまな組み合わせを選べるようになっています。

「地域生活支援事業」は地方自治体が実施主体の事業です。障害者が充実し

た日常生活・社会生活を営むためのサービスを提供します。利用者に一番近い市町村では、相談支援事業・日常生活用具給付事業・地域活動支援センター運営事業・福祉ホーム事業などを実施します。また都道府県では、専門性の高い相談支援事業・広域的な支援事業・福祉ホーム事業などを実施します。利用者にとってニーズの高い相談事業を中心に、地域での生活をバックアップする体制づくりを行います。

　介護福祉士は、障害福祉サービスの提供でもその中心的な役割を果たします。とりわけ自立支援給付の介護給付サービスでは、生活介護・居宅介護などの日常生活を支えるサービスを提供すると同時に、外出をサポートする行動援護にも関わります。また施設入所支援・共同生活介護などの施設生活の場での介護サービスについても、介護福祉士がその中心となって担っていきます。

　医療職や相談職など他職種の職員と協働し、サービス提供チームの一員として、障害のある人々の日常生活の自立と社会生活の拡大を実現し、地域で安心して暮らせる社会の実現をめざします。

（3）障害者総合支援法の概要

　「障害者の日常生活及び社会生活を総合的に支援するための法律（障害者総合支援法）」の特徴は、大きく五つの視点からみることができます。

　まず、法に基づく日常生活・社会生活の支援が、共生社会を実現するため、社会参加の機会の確保及び地域社会における共生、社会的障壁の除去に資するよう、総合的かつ計画的に行われることが法律の基本理念として新たに掲げられました。

　二つめとして障害児・者の範囲について、障害者自立支援法では、たとえば身体障害者福祉法に示されている身体障害者の範囲から、難病患者等が障害福祉サービスの対象外となることがありましたが、障害者総合支援法では、平成25（2013）年より難病患者も適用対象に追加されました。また発達障害者は既に平成22（2010）年に対象障害者に含まれることが明示されています。

　三つめとして、これまでの「障害程度区分」について、障害の多様な特性その他の心身の状態に応じて必要とされる標準的な支援の度合いを総合的に示す「障害支援区分」にあらためられました。

　四つめとして、障害者に対する支援の拡大等について、①重度訪問介護の対象拡大（対象範囲は厚生労働省令で定められたもの）、②共同生活介護（ケアホーム）の共同生活援助（グループホーム）への一元化、③地域移行支援の対象拡大、④地域生活支援事業の追加（障害者に対する理解を深めるための研修や啓発を行う事業、意思疎通支援を行う者を養成する事業等）の内容が加わりました。

五つめとして、サービス基盤の計画的整備があげられます。具体的には、①障害福祉サービス等の提供体制の確保に係る目標に関する事項および地域生活支援事業の実施に関する事項についての障害福祉計画の策定、②基本方針・障害福祉計画に関する定期的な検証と見直しを法定化、③市町村に対して、障害福祉計画を作成するにあたって、障害者等のニーズ把握等を行うことを努力義務化、④自立支援協議会の名称について、地域の実情に応じて定められるよう弾力化するとともに、当事者や家族の参画を明確化、となっています。

　障害者総合支援法に定められたサービスを提供する施設・事業所では、多くの介護福祉士がその業務を担っています。介護保険制度のサービス提供を中心とした高齢者福祉分野と並んで、障害者の自立支援をめざす障害者総合支援法関連の障害児・者福祉分野は、介護福祉士が活躍する二つの大きな分野です。

　そして障害者福祉を巡っても、その法・制度は短期間のうちに制度の改正・新設がなされ、目まぐるしく変化・発展しています。介護福祉士をめざす学生は、障害者関係の実習に取り組むにあたっては、障害者総合支援法の成立過程や内容の要点をしっかりと事前学習する必要があります。そして実習を通じて、利用者の生活やニーズを理解し、それを実現するために提供されている種々のサービスが実際にはどのように提供されているのかを学びます。

4　関連する法・制度と介護福祉士の役割

　介護を必要とする人は、要介護状態となる原因であるさまざまな障害・疾病のために、日常生活において多様なニーズをもっており、さまざまなサービスを必要としています。そのようなニーズに応えるための法制度がいくつか制定されていますが、なかでも重要なのがサービス利用者の権利を守るための法制度です。ここでは、介護サービス利用者の権利・人権を擁護するための法制度等をいくつかみていきます。

（1）成年後見制度
　成年後見制度は法律的には民法に規定された制度です。この制度の目的は、認知症や知的障害等により理解力・判断力等が低下した人について、本人の法律上の権利を守り不利益を被らないようにすることです。かつて「禁治産制度」と呼ばれていた制度ですが、平成12（2000）年に現行の「成年後見制度」へと改正されました。

　成年後見制度が扱うのは、預貯金などの管理（財産管理）と、生活上で問題となる種々の契約など（身上監護、身上保護ともいう）の二つの分野です。

　この制度では、本人の判断能力の程度によって、大きく二つに分かれていま

す。判断能力がかなり低下して、現状で他者の援助が必要な場合には〈法定後見制度〉が、また現状では判断能力はあるが将来を見越してあらかじめ後見契約を行う〈任意後見制度〉が、それぞれ利用できます。

　法定後見制度では、家庭裁判所から後見人・保佐人・補助人が選ばれ、以下の援助を行います。第1に、本人に代わって契約などを行います。第2に、本人の法律行為に同意を与えます。第3に、本人が行った不利益を被るような法律行為を取り消します。これらの行為によって、後見人等は本人の利益・権利を守ります。

　法定後見制度では、本人の判断能力の程度によって、次の三つの類型があります。精神上の障害が重く、判断能力を常に欠く場合には〈後見〉の、判断能力が著しく不十分な場合には〈保佐〉の、判断能力が不十分ではあるが〈保佐〉まで至らない者は〈補助〉の、それぞれの援助を受けることができます。

　平成12(2000)年に制度が開始された当初は約1万人だった利用者は、平成30(2018)年には約22万人に増加しています。基本的には財産管理が目的だということもあり、後見人等に就く人は当初家族が約8割でしたが、近年、弁護士・司法書士の司法関係者や福祉分野の社会福祉士が後見人等に指名されることも増えており、平成30(2018)年には約7割となっています。成年後見制度は、潜在的なニーズの割に利用率が低いと言われており、今後手続きの簡素化・経費の軽減等を図ることによって利用が増加することが期待されています。そのため、平成28(2016)年には成年後見制度の利用の促進に関する法律（成年後見制度利用促進法）が制定され、翌平成29(2017)年には成年後見制度利用促進基本計画が閣議決定されて、条件整備が進められています。

（2）日常生活自立支援事業

　先にみた成年後見制度がもっぱら資産等の保全を目的としているのに対して、社会福祉法に基づく日常生活自立支援事業では、文字どおり日常生活にともなって発生するさまざまな金銭管理や、福祉サービス利用にともなう契約等について援助します。

　利用者は、精神障害者、知的障害者、認知症の高齢者など、判断能力が不十分な人です。これらの人々が地域において自立した生活を送ることを目的として、日常生活のさまざまな場面で援助サービスを実施する制度です。

　日常生活自立支援事業は、平成11(1999)年から開始された地域福祉権利擁護事業が平成19(2007)年に名称変更したものです。事業の実施主体は都道府県社会福祉協議会および指定都市社会福祉協議会であり、各市町村の社会福祉協議会には業務を行う窓口が設置され、利用申請の相談を行っています。

　この事業で受けることのできるサービスは、介護保険等福祉サービスの利用

のための援助、サービスに関わる苦情解決制度の利用のための援助、アパート貸借の契約のための援助、住民票の届出等の行政手続きに関わる援助、年金証書・預貯金通帳の預かりサービスなどです。

　介護職は、認知症等により判断力の低下した利用者やその家族に対して、その状態やニーズを的確に把握して、成年後見制度や日常生活自立支援事業等について情報提供し、必要なサービスを受けられるように支援する必要があります。

（3）高齢者虐待防止法、児童虐待防止法、障害者虐待防止法

　平成18（2006）年から施行されている高齢者虐待の防止、高齢者の養護者に対する支援等に関する法律（以下「高齢者虐待防止法」という。）は、近年増加しているといわれている高齢者に対する虐待を防ぐとともに、高齢者の養護者に対する支援をめざしたものです。高齢者に対する虐待は、多くの場合、対象となる高齢者は要介護状態で極めて弱い立場にあり、他方虐待行為を行うのはその介護者です。そして、なかでも介護家族による虐待が多いのが実態です。

　高齢者虐待の深刻化の背景には、要介護高齢者のなかでも認知症高齢者が増え、家族による介護がいっそう困難になると同時に、本人には拒否したり意思表示する力が弱まっていることにより虐待のエスカレートを誘発しやすいこと、家族員数の減少により、とりわけ介護に携わる家族には相当な介護ストレスがかかり、そのイライラのはけ口が要介護高齢者等に向けられやすいこと、などがあげられます。

　高齢者虐待には、身体的虐待・精神的虐待・性的虐待・経済的虐待・介護放棄等があり、いずれも高齢者に対する著しい権利侵害です。また虐待が継続しエスカレートした場合には高齢者が死亡することもあり、その発見・防止が重要な課題となっています。そのため、この制度には、虐待発見者には市町村への通報義務が規定されています。法律の眼目は、虐待した犯人を処罰することではなく、虐待行為をせざるを得ないところまで精神的心理的に追い詰められている介護者・介護家族の存在を早期に発見し、適切な支援を行うことによって介護負担を軽減し、介護ストレスを軽減し、もって高齢者介護を継続できる環境をつくり出すところにあります。

　高齢者虐待防止法は、高齢者の在宅介護がその多くを家族に依拠しなければならない現状において、家族・養護者の介護負担を軽減し、ひいては高齢者の権利を擁護するための法制度の一つです。

　児童については平成12（2000）年に児童虐待の防止等に関する法律（以下「児童虐待防止法」という。）が制定されています。児童についても残念ながら虐待行為が後を絶たないなかで、児童虐待の防止に関する国・地方自治体の責務

を明確にし、また国民には高齢者虐待防止法と同様に、発見者には通報を義務づけており、児童虐待防止の推進をめざしています。

さらに障害のある人についても、平成23(2011)年6月に、障害者の虐待防止、障害者の養護者に対する支援等に関する法律が公布され、平成24(2012)年10月より施行されました。

介護サービスの提供、とりわけ身体介護に携わる介護職は、種々の虐待に気づきやすい立場にあります。虐待の事実を把握した場合は、ただちに関連諸機関に連絡し、連携して虐待防止に努める必要があります。

（4）バリアフリー新法と障害者差別解消法

障害のある人・高齢者・幼児を連れた母親等、社会生活のなかで段差や階段等によって移動に困難を来たす人々を援助し、誰もが円滑に街中や公共施設を通過し訪れることができるような環境を整備する目的で制定されたのが通称「バリアフリー新法」(「高齢者、障害者等の移動等の円滑化の促進に関する法律」平成18(2006)年制定）です。

これは従来から施行されていた二つの法律、すなわち交通機関のバリアフリー促進のための「交通バリアフリー法」(「高齢者、身体障害者等の公共交通機関を利用した移動の円滑化の促進に関する法律」平成12(2000)年制定）と、「ハートビル法」(「高齢者、身体障害者等が円滑に利用できる特定建築物の建築の促進に関する法律」平成6(1994)年制定）を統合し、公共的な施設と交通機関を一体的にバリアフリー化することをめざすものです。

バリアフリー新法は平成30(2018)年に以下のように一部改正されています。第一に基本理念として、共生社会の実現・社会的障壁の除去の二つが定められました。第二に公共交通事業者によるハード・ソフト両面の一体的な計画的取り組みの推進が、また第三にバリアフリーのまちづくりに向けた地域における取り組み強化がそれぞれ定められました。

障害者福祉制度ではありませんが、障害者を含む共生社会を実現するための動向として、平成25(2013)年に「障害を理由とする差別の解消の促進に関する法律」（障害者差別解消法）の制定があります。同法では、行政機関及び事業者に対して不当な差別的取扱を禁止し、障害者に対して合理的配慮をすべきことを義務づけています。この法律は、平成18(2006)年に国連で採択された「障害者の権利に関する条約」（障害者権利条約）で定める要件をわが国でも実現するために制定されたものです。同条約は、わが国では平成19(2007)年に政府が署名し、平成25(2013)年に国会で批准されています。

1 教育・介護・学習の本質

　介護実習や介護福祉教育を実践してきたなかで、次第に確信となったことがあります。それは、ケアの本質と教育の本質はかなり近く、介護実習についても同じことがいえるということです。「ケアの本質」については、介護や医療の分野以外では、あまり関心をもたれなかったように思います。しかし、誰もが介護を必要とする状態になり、時代精神を敏感に感じとる倫理学者や哲学者によって、ケアの「臨床」が研究の対象になっています。

　この「臨床」は医学的なものよりも、介護福祉的な意味合いに近いものであり、老いや障害など逃れることのできない受動性を注視するものですが、その人間観は介護福祉教育で求めていたものに近いものです。介護福祉教育に携わる者としても、「臨床」を自己成長の場とし大切にする必要があります。臨床は人間理解を深める宝の山なのです。

　もともと「ケアの倫理」や「利用者中心」の考えは、介護福祉で育んできた価値観でしたが、それを、「共生」社会のバックボーンになりうると見透したのは慧眼です。「ケアの倫理」のアプローチは、ジェンダーの視点を超えることで「いのちのケア」や「ささえあいの人間学」へと深化されていきました。「ケアの倫理」が人間観や社会理念へと展開され、人間や社会が「ケアの本質」により基礎づけられることがわかりました。

　一方、教育の本質も人間の可能性をはぐくみ引き出すことです。この立場は「ケアの本質＝ケアする者とケアされる者が相互に変容・成長し自己実現をはかること」と同じです。教える者と学ぶ者が、相互に変容するというのは、成人教育学で明確に示されたことであり、相互変容型学習として理論化されています。まさに介護実習教育そのものです。

　また、「自己教育力」や「自己学習力」が以前から注目されてきました。自己実現や自己成長の手段として中心的な要素となっており、成人教育理論に自己主導型学習というモデルがつくられています。

　自己教育力を高めるためには、その教育風土と人間関係が重要な要素になります。たとえば、準拠集団や支持的風土がその促進要因であり、「ケアの倫理」や「ささえあいの人間学」そのものです。このように、相互変容や自己教育力の本質が「ケアの倫理」と密接に結びつくのは、成人教育を待ってはじめて成就するのです。その具体例の一つが介護実習教育なのです。

2　成人教育と介護福祉実習

（1）成人教育学とは

　成人教育学「アンドラゴジー」は、成人の学習を援助する科学と技術として提起されたものであり、語源はギリシャ語で、教育学の意味で用いられるペダゴジーが「子ども」(paid)と「指導する」(agogos)の合成語なのに対して、「成人」(andos)と「指導する」(agogos)を合成してつくられた言葉です。生涯教育の一環として成人期に焦点を絞った人間形成の科学です。

　アンドラゴジーの特徴として、次の二つをあげています。

　①　知識は、学習者が環境から受動的に受け取るものでなく、学習者によって能動的に構築するものである。

　②　学習は、その人の経験世界に関する解釈、統合、変形の相互的なプロセスである。

　介護福祉実習は、人間理解の洞察を含む生涯学習に必要な成人教育学であるといえます。

（2）成人教育学の前提

　「学習者」としての成人の特徴として、次の五つをあげています。

　①　過去の知識・経験を、学習にもち込む存在である。

　②　確立した「認識枠組」の上に、学習に取り組む存在である。

　③　「意味をもった全体」として、物事を理解する存在である。

　④　学習において自己主導性（自己決定性）を志向する存在である。

　⑤　学習場面で自信がなく、自分の能力を過小評価する傾向のある存在である。

　この特徴は、介護実習の指導で成人の学習者を対象にしたときにもあてはまります。成人の学習を「自己を広げ成長させる機会」として捉えています。

（3）成人学習理論

　自己主導型学習・自己決定学習と認識変容学習があります。ここで注目すべきことは、介護実習の相互変容のプロセスが明確に成人学習理論として形成されてきていることです。認識変容学習での大人の学習の特徴は「形を変えていく＝変容していく」(transforming)ことにあります。「認識変容学習」とは、自己を批判的に振り返る学習プロセスであり、（振り返る）行為を「省察」reflection と呼んで重視しています。[1]

　「気づき」と「問い直し」、そして、行動変容に至るプロセスが人間的成熟を

もたらすというものです。介護実習の経験の積み重ねが、人間的な成熟につながることは、従来から介護福祉の現場でいわれてきたことでもあります。

（4）成人教育学の基本原理（諸前提と学習モデル）

　成人教育者を、ソーシャルワーカーやカウンセラーなど、人間関係に関わる広範囲な人々も含めるとする考えがあります。ノールズ（Makeolm S. Knowles）のアンドラゴジー論では、自己概念、過去の経験、学習へのレディネス、学習の導入、学習動機が設定されています。

① 自己概念――人間は成熟するにつれて、その自己概念が、依存的人格の自己概念から、自己主導性をもった人間の自己概念へと変わっていく。

② 過去の経験――成人は、経験を蓄積させていくが、その経験こそが、学習のゆたかなリソースになる。

③ 学習へのレディネス――成人の学習へのレディネスは、その成人の社会的役割をめぐる発達課題に密接に関わるものである。

④ 学習の導入――成人は学習において、教科中心的というより、より問題解決中心的である。

⑤ 学習動機――成人は、外的要因よりむしろ内的要因によって学習への動機づけを得る。

　アンドラゴジーでは自己概念が強まり、ゆたかな経験をふまえ、自己の発達課題により学習へのレディネスが形成され、問題解決的な手法がとられるといわれます。また、ノールズは体験に基づき教育者の役割が、学習内容の伝達者から学習促進者（ファシリテイター：facilitator）へと変化することを指摘しています。

（5）実習指導者（学習援助者）の役割

①自己主導型学習における学習援助

　学習者自身が「自ら学ぶ」ことを援助し、そのための環境づくりに取り組むことが求められます。期待される機能としては、学習をやりやすくするファシリテイター、リソース提供者、学習マネジャー、モデルなどがあげられます。

②自己決定・相互変革型学習における学習援助

　自己決定とともに、学習者と教育者の相互関係を変容し共生をめざします。社会変革をも視野に入れた成人教育理論を背景にしており、期待される機能としては、忠実な友人であり、助言者であるメンター、共同探求者、改革者、省察的実践者、研究者があげられています。

　成人教育者には、個人レベルから、ミクロ・マクロレベルでの「生活世界」

を省察・変革できるような社会的・集団的なエンパワメントが期待されています。

3　生涯学習と自己教育力

（1）学習者中心の学習観

　介護福祉士が、その知識・技術の専門性を身につけるのは、体験学習を中心にした生涯学習によるものです。介護福祉の実践能力を身につけるには、養成期間中の学習を基に、長い期間の卒後教育が必要になります。対人援助の仕事には、人間についての深い洞察や理解が必要です。人間、特に高齢者の場合は、障害や病気の現れ方も多種多様です。また一人ひとりの生活歴を背負った人々に対して、それぞれの生き方を尊重する理解が必要であり、日々の体験を積み重ねて利用者に対してあるレベルの洞察力を得るようになるには、かなりの年月の生涯学習を必要とします。

　生涯学習は、昭和40（1965）年のユネスコ第3回成人教育推進国際委員会で、P.ラングラン（Paul Lengrand）が提起して以来、本格的に展開されてきましたが、体系的な理念としては、昭和56（1981）年に中央教育審議会が「生涯教育について」を答申しています。その後、臨時教育審議会も生涯学習体系への移行を答申し、平成2（1990）年には「生涯学習の振興のための施策の推進体制等の整備に関する法律」も制定されました。

　これは、教育概念の転換であると同時に、人生観、人間観、学習観の根本的転換といわれます。人間の生涯を「連続的な生涯」ととらえ直し、一生涯「学び続ける」という学習者中心の学習観への転換を図っています。

　人生80年時代の高齢化社会と、急激に変化する高度情報社会のもとで、どのように生きるかは、これまで人類が直面しなかった課題であり、この人間の生涯発達を統合的に援助する必要から生まれたものなのです。その形成すべき学習態度は主体的に学び続けるということです。その主体的に学び続ける能力のことを「自己教育力」あるいは「自己学習能力」と呼んでいます。したがって、介護福祉士の教育の目標の一つは「自己教育力」を育成する学習環境と、主体的な学習者を育てることにあります。

（2）「自己評価」と「他者評価」

　肥田野は自己評価の意義について「自己教育力は主体的に学ぶ意欲・態度・能力を総合した概念で、これを養うには、(1)学習への意欲を高め、(2)学習の仕方を習得し、(3)生涯にわたって学習を主体的に続ける意志形成をすることが必要であるとされている。このような自己教育を推進する原動力は自己統制

の力、これを正しく発展させるためには自己評価能力を欠くことができないであろう。」[2]とし、教育評価の主体はあくまでも自己評価であり、それを補うものとして他者評価を位置付けています。

　教員や実習指導者、仲間による評価は自己を客観視するうえで欠かせないものであり、他者からの評価を謙虚に受け入れる能力が求められます。

（3）自己教育力の心理的側面

①自己教育力の要素

　自己教育力あるいは自己学習能力には認知的側面と情意的側面があります。この認知的側面は学習の仕方です。学習意欲に関わる情意的側面には三つあります。好奇心、独立達成傾向と、自己効力感です。ここでいう自己効力感とは、効力期待（行動に対する期待）をもっていると自覚したときに生じる自信のようなものであり、メタ認知（知っていることを知っている）は認知活動についての知識と制御の両方を含めた言葉です。

　そして、自己教育力と生涯学習に関して、両者（認知的側面と情意的側面）が統合され、一体化されたものが自己学習能力です。

②自己教育力の情動的側面と無力感

　自己教育力の情動的側面とは内発的学習意欲をつくり出すものです。内発的学習意欲をつくり出すものには、知的好奇心、達成動機づけと原因帰属、自己強化と自己効力があります。どのようにすれば自信をもたせることができるかが課題となります。これは、本人自身の学習態度も重要ですが、無力感をすでにもっている学習者には、それのみで解決できるものではなく、学習者の人間関係やその属する集団、社会的な環境等に解決の鍵があります。

③自己教育力の育成と体験学習

　介護福祉士にとっても、体験学習は実習経験として大切な要素です。

　体験学習の効用は、①能動的な場が与えられれば目標を追求し、解決していこうとする積極的な態度や意欲をもつことができる、②問題を発見し追求することを通して問題解決能力を育てることができる、③体験学習と教室での学習をうまく結びつけることによって、実感をともなった理解を深めることが可能となる、ということです。つまり、学習で身につけた事柄を自分たちの身近な生活に役立たせることによって、学ぶことの価値を実感することができます。

　主体的に実習に取り組み、実習課題を解きほぐし個々の問題の解決を原理原則に照らして図ります。そのためには、最低限度の原理原則が示されているか、根拠となる情報を身につけている必要があります。

④「自分自身の気づき」と「ふり省(かえ)り」からの発展

体験学習によって育つ能力のうち「自分自身への気づき」は最も重視すべきものです。学習者は活動のなかで自分らしさを表現できたとき、大きな喜びを感じることができ、自分自身の価値を認めることができるでしょう。言い換えれば、「頑張った自分」を実感することが「よりよい自分」の発見につながり、それが「自分自身への気づき」を強めていくのであり、自己教育のプロセスそのものになります。

介護福祉士の能力の向上が期待できる重要な場が、実習体験の場であり、ここでいう体験学習です。論語に「我、日に三度我が身を省みる」という言葉があります。自分の考えや見方と利用者の反応について、一日のなかで何度もその結果を吟味するプロセスを数年でも続けるならば、理論と実践の幅を縮めることができるのではないかというものです。この介護福祉実践への振り返りと、自分自身への気づきを大切にすることが、多くの発見につながるのです。

日々の積み重ねを、普遍的な範例に練りあげることが重要です。その範例を介護福祉士同士で共有する仕組みが、「ささえあい」のシステム化の一歩になります。ここに介護福祉士の自己教育力の向上が、福祉コミュニティの主体形成と連なる点があります。

4 キャリアアップと生涯研修制度等

（1）キャリアアップ

介護分野には今後ますます多様な人材の参入が見込まれるなかで、介護福祉士には中核的な役割が求められていること、また一定のキャリアを積んだ介護福祉士にはチームのリーダーとしての役割が求められていることはこれまでに述べてきました。

厚生労働省の社会保障審議会福祉部会福祉人材確保専門委員会が平成29(2017)年10月にとりまとめた報告書では「介護分野に参入した全ての人材がキャリアアップをめざす必要はないものの、介護福祉士の資格取得やさらなる専門性の向上をめざす人材について、意欲・能力に応じてキャリアアップ」を図っていくことが重要であるとされています。

図1-8は介護人材のキャリアパス全体像から見る介護福祉士の役割と公益社団法人日本介護福祉士会（以下「日本介護福祉士会」という。）による生涯研修体系です。意欲・能力に応じて、このようにキャリアアップし、その役割を担うには、観察力、判断力、業務遂行力、多職種連携力、人材およびサービスのマネジメント力など多様な能力が必要となります。

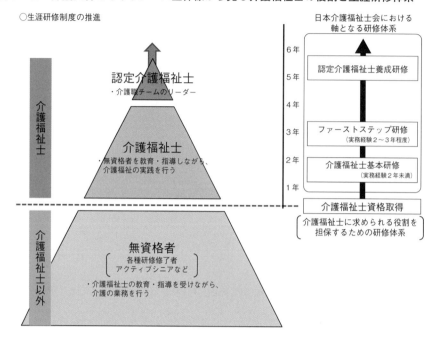

図1-8　介護人材のキャリアパス全体像から見る介護福祉士の役割と生涯研修体系

（2）生涯研修制度

　日本介護福祉士会の倫理綱領には、「専門的サービスの提供」がうたわれており「介護福祉士は、常に専門的知識・技術の研鑽に励むとともに、豊かな感性と的確な判断力を培い、深い洞察力をもって専門的サービスの提供に努めます。」とされています。日本介護福祉士会は**図1-8**で示した研修体系を軸として、介護福祉士資格取得後のさまざまな教育を都道府県介護福祉士会と連携して実施しています。

①介護福祉士基本研修（資格取得後～実務経験2年未満）

　介護職チームの中核として、根拠に基づく質の高い介護福祉の実践ができる介護福祉士の育成を目的としています。

②ファーストステップ研修（実務経験2年～3年程度）

　小規模の介護職チームのマネジメントや、初任者等の指導ができる介護福祉士の育成を目的としています。

③認定介護福祉士養成研修（実務経験5年以上＊一部科目に非該当あり）

　小規模な介護職チームのリーダーを取りまとめるリーダーとして、マネジメントや地域における機関間連携の促進等を図ることができる介護福祉士の育成を目的としています。

（3）その他の研修

　日本介護福祉士会では、職能的研修として④⑤、介護福祉士に求められる役

割を担保するための研修として⑥⑦⑧、その他⑨⑩の研修を実施しています。

④サービス提供責任者研修

　質の担保されたサービス提供責任者の育成を目的としています。

⑤介護福祉士実習指導者講習会

　介護福祉士養成課程における介護実習をより効果的なものとするため、質の担保された実習指導者を育成することを目的としています。

⑥多職種連携等に関する研修会

　多職種のなかで介護福祉の視点から適切に発信できる力を醸成することを目的としています。

⑦介護過程の展開力を強化する研修会

　介護過程の展開力を醸成することを目的としています。

⑧リーダー研修

　研修講師を務めるリーダーを育成することを目的としています。介護福祉士基本研修、ファーストステップ研修、サービス提供責任者研修等の講師を養成しています。

⑨地域共生社会における介護福祉士の役割に関する研修

　国がめざす地域共生社会の理解とともに、高齢者だけでなく障害のある方に対する支援について知見のある介護福祉士の育成を目的としています。

⑩災害ボランティア基本研修

　災害時に行政等からの支援要請に適切に対応できる災害時のボランティアを養成することを目的としています。

（4）学術研究

　日本介護学会をはじめとする学会へ参加したり、専門誌「介護福祉士」などを読むことで、介護分野の実践・研究業績を知ることができます。また、日頃の介護の実践を振り返り、検証したものを、学会や専門誌で発表することは、介護の質と介護福祉士の社会的評価を向上させることにつながります。

第5節 実習指導者に対する期待

1 主体性を育て、自立を支援する

（1）主体性を育てる介護教育と実習指導

　介護実習は主体的な学習者を育てる貴重な体験になります。実習指導者は実習生の成長の可能性を信頼し、時間を共有する過程のなかでその基盤をつくり、実感としてわかるものを積み重ねていく必要があります。

　専任教員は講義や演習において多様な体験を準備し、専門的な知識や技術の習熟、問題解決の方法の理解と向上を図るための支援をしなければなりません。自己の可能性に挑戦し、自信を積み重ねていくことのできる人的、物的環境を整える必要があります。

（2）居場所の創造

　実習生がその可能性を発揮し、自分に自信と誇りがもてるようになるためには、主体的に学びつづける意思と自由で安心できる環境、教員や実習指導者、仲間とのあたたかい関係が重要になります。「自分一人の力」で課題に向かうのではなく、「教師や仲間の力も借りながら」自分の望む人生を実現させる能力が必要であり、その基盤になるのがありのままの自分でいても脅かされることのない居場所です。

　河合隼雄は「心の病んでいる子どもたちが本当にほしいのは、心のこもった世話であり、心から休める居場所と、自由が許される環境、そしてあたたかい目で常に見守っている人がそこに存在するという実感が重要である」と語っています。病み傷つき苦悩する人々が自ら立ち直ろうとする動きがこれらによって活性化されてくるというものです。

　学生が、「頑張って実習する自分」を実感し、自信を取り戻すことができるように、生活に役立つ多様な体験の場を準備する必要があります。自分らしさを表現できる場をいかにしてつくり出していくかが主体的な学習者を育てる鍵になっています。

　相田みつをは「ただいるだけで」という詩の中で、

「あなたがそこに　ただいるだけで　その場の空気が　あかるくなる
　あなたがそこに　ただいるだけで　みんなのこころが　やすらぐ
　そんなあなたに　わたしもなりたい」[3]

と表現しています。

ホッとさせることのできる専門職、心優しくあたたかい専門職の存在は、自分の存在感すらも認めてくれます。介護の原点は、利用者が自分らしく生きられる場所をいかに創造するかにあるといえるでしょう。介護福祉士との関わりそのものが「居場所」にふさわしいものであるように、配慮する必要があります。

2　支持的風土をつくる

　自己教育力を高める要因や、無気力な学生に主体性をもたせる要因は、人間関係やグループ等社会的な面に潜んでいます。ここでは教育を社会学的な方向から捉えた「準拠集団」と、集団風土における「支持的風土」の学習への効果、その支持的風土づくりについて紹介します。

（1）準拠集団

　介護実習は義務教育のような強制的な所属集団としてスタートします。しかし、その教育が有効にはたらくには「準拠集団」に変容することが望ましいといわれています。「準拠集団」とは、ある人がその集団の一員になりたいとあこがれている集団です。あるいは、その人と同じ見方、考え方、感じ方をする人々の集まりであり、この所属集団が準拠集団になる条件としては、①わかる（知的認識）、②うまくなる（技術習得）、③よくなる（道徳的態度）、④楽しい（解放感）、⑤認められる（承認）、⑥役に立つ（貢献）、といった満足を得ることが必要です。

（2）支持的風土

　集団風土とは、集団の凝集性、モラール（意欲）、集団構造、指導性などを含んだ集団の全体としての雰囲気であり、明るい、居心地がよい、落ち着いたなどのイメージで示されます。この集団風土を、集団メンバーの信頼関係に基づいて、「支持的風土」と「防衛的風土」に区別しています。この「支持的風土」とは、
　　①　仲間としては、自信と信頼がみえる。集団に適応しているという自信に
　　　満ち、メンバーへの肯定的な感情をもっている。
　　②　組織としては、寛容と相互扶助がみられる。組織と役割が流動的である。
　　③　目標追求に関しては、自発と多様が多い。追求の方法は正直、率直、開
　　　放的、上下左右のコミュニケーションが多く、積極的参加がみられる。
というものです。
　これに対して「防衛的風土」とは、

① 仲間としてはおそれや不信がみられる。枝葉末節にこだわり、かばい合う徒党がせめぎあい、やたらに同調性がみえる。
② 組織としては、統制と服従が強調される。統制に対しては敵対心にあふれ、主導権争いがみえる。
③ 目標追求に関しては、操作と策略が多い。秘密主義であり、上から下へのコミュニケーションで、参加度が低く画一的な評価が多い。

というものであり、学習効果に大きな違いをもたらします。

支持的な風土の集団では、

① 感情移入とカタルシス(浄化)——他人の発言や問題を、その身になって聞ける。また、問題を出した側には、一種の心の浄化が起こる。
② 自律性——ここでは他人の目を心配することなく、自信をもって自ら考え、自らの責任においてやろうとする。
③ 客観的な知覚——ここでの判断は、集団の圧力におびえたり、不安で曇った目でみたりすることはない。大胆にみることができる。
④ 創造的思考——積極的な態度によって、しきたりや周囲にとらわれることなく、個性的・多角的に考え、はみ出しは尊重さえされる。
⑤ 協調と調和——メンバーの間には、相互扶助的で、ことさら「団結」が強調されなくとも、一人ひとりの個性を大事にする仲間意識、つまり「調和」が生まれる。

しかし、このような支持的風土は一朝一夕にできるものではなく、学習者が以下のような態度をもつ必要があります。

① 相手の発言や行為について、相手の身になって、相手の立場に立って考える。
② どんな考えもバカにしたり、笑ったりしない。「はみ出し」を特に大事にしていく。
③ 相手の発言や行為に、どこかよいところはないか必死で探す。
④ 「ありがとう」(感謝)、「ごめん」(謝罪)、「よかったね」(共感)、「おいで」(勧誘)といった言葉を育てる。

また、実習指導者は、「学習者の発言や行為のよいところをみつけ、ほめる」「学習者の失敗や間違いに対して、励ます」「支持的風土を破壊するような学習者の言動は、厳しく叱る」「多角的な評価を心がけ、画一的な評価を避ける」等といった努力が必要となります。

技能の習得は基本的には「まねび」の方法であり、従来、このような経験のない学習者は大きな戸惑いを感じるものであり、精神的な圧迫を抱えることになります。その結果、学習者に防衛的態度をとらせてしまうのではないかと思われます。学習者が、利用者や指導者とよい関係を形成できるように、周りの

人間は心を砕く必要があります。新しい未知の集団に学習者が属することになり、ともすれば「防衛的」になりがちな風土を、実習指導者や周りの心配りで、「支持的風土」に変えていくことが求められています。

3　総合能力を高める

介護福祉士養成教育課程の見直しにあたって、期待される介護福祉士像が明示されたことは前掲しました。これらの資質・能力は、専門的な知識や技術の習得だけでは得られないものであり、「総合能力」としての態度面も強化されなければなりません。

「知識」「技能」「態度」とそれらがシステム化された形の「総合能力」は学習されたものであり、学習によって能力がつくられるのは、以下の場合であるといわれています。

（1）コンピュタンス育成のカギ

アージリス（Chris Argyris）は、組織の期待する役割に応えて、それを立派に遂行できる能力のことを「コンピュタンス」（Competence）と呼んでいます。すなわち、自己あるいは社会（企業）の自分に対する期待に応じきる能力をいいます。

コンピュタンスはその人の人格（パーソナリティ）と一体となった能力であり、その人の生き方、価値観、欲求、意思などと密接に結びついています。すなわち、態度の面が重要な部分を占めています。このコンピュタンス育成のカギは「心理的成功感」をもたらすことであり、基本的な条件は「自己学習」能力だといわれます。

① 目標を自分自身で明確にし決定すること。
② 目標に到達する経路を自分でさがして決定し、あるいは新しくつくり出すこと。
③ これらの目標や経路を、自分の最も重要だとみなしている欲求や価値観に基づいて決定すること。
④ 目標の達成には努力を要するものであること。

この育成のカギで特に重要視しているのは、自己による目標の設定とその達成への努力です。

（2）総合能力

①正しくものを見る（知覚学習）、②練習を重ねる（運動学習）、③知識をためる（記憶学習）、④推理判断する（思考学習）、⑤自分を意欲づける（欲求・

意欲学習）、⑥経験を通して学ぶ（感情学習）、⑦コンピュタンスの中核（社会）に対する関わり合い方の学習、⑧総合能力で生活する（問題解決学習）、というものがあり、介護福祉教育においては、この総合的な能力をいかに向上させるかが課題となります。

4 「ケアする人」をケアする

　先に述べたように、介護従事者が自己犠牲のバーンアウトに陥らないためには、「他者へのケア」とともに「自己へのケア」もきちんと配慮しておくことが大切です。さらにまた、ケアされる人が自己実現に向かうばかりでなく、ケアするその人も変化し、成長を遂げることを再度、強調しておきたいと思います。

（1）家族介護者を支える

　多くの家族介護者は介護疲れの状況にあり、家族の協力が得られない場合には、家族崩壊や人間関係が損なわれるといった状況もみられます。時には介護者がうつ状態になり自殺を図ることもあります。虐待、尊属殺人・無理心中なども日常的にみられます。介護保険により改善されてきてはいますが、家族介護者を孤立させないこと、共感性をもって支援することが重要になります。

（2）介護者の苦しみに寄り添う

　介護者の心身の負担に対して、他の介護者と比較をし「あなたよりももっと大変な状況におかれながら頑張っている人がいる」と励ます人がいます。しかし、どの人にとっても自分の問題が最も重要な問題なのであり、その人にとっては精一杯努力した結果としての今があることを心しておきたいものです。

　介護者の力量不足を指摘するのではなく、介護者とふれあい、介護者を信頼し、その能力を引き出し、介護者とともに課題解決にあたる姿勢が必要です。誰かの助けを必要とするとき、傍にいてあたたかく見守り、必要な手助けをしてくれる人がいれば、介護者もまたゆとりを取り戻し、難題に挑戦するのではないでしょうか。

　要介護者や介護者が自分らしく生きられる場所（居場所）がなければ、介護者の自己実現は望めません。

　さらにまた、介護者の幸せなくしては、要介護者の自立や幸せは望めません。要介護者の幸せや人格的な成長、自立の鍵を握るのは介護者です。彼らの「ゆとり」が、要介護者の自己決定を豊かなものにするのであり、介護を社会化する意義そのものであるといえます。ケアする人に優しさを求めるのなら、誰よ

りもケアする人に優しくしなければならないと思います。それは、実習生やスタッフ、自分自身に対してもいえることです。

（3）規範意識からの脱却

　日本の高齢者の在宅介護は、当面、家族にその多くを依存せざるを得ません。しかし、家族介護を当然視することは、高齢者介護の方向を誤る危険性につながります。世間体や規範意識から脱却できていない現実が、介護家族のみならず当該高齢者をも不幸に陥れているといった指摘もあります。

　このような規範意識に対して阿部謹也は、規範意識からの脱却をすすめています。西洋の近代国家は個人と社会との関係が大きな課題だったのに対し、日本は実体も人々の自覚も、一貫して、個人より組織が優先されてきました。そこから排除されるのをおそれる、いわば「おそれの構造」に組み込まれています。このような日本の状況に対して、自分を大事にすること、周囲のためでなく、一人ひとりがわがままを通し、マイナスも引き受けることを強調しています。

（4）家族の呪縛を超える

　多くの女性介護者にとって、もう一つの呪縛が家族です。家族のなかで求められた母として、妻として、嫁として、娘としての役割は、女性の行動と思考を呪縛し、自分らしく生きることを潔しとしない風土をつくり出してきました。

　春日キスヨは「愛情」が強調される場である家族では、家族外社会のそれよりも、より重層的で多面性をもって、女性成員に介護役割を担わせ、男性成員を介護から遠ざける力がはたらいているとし、女性の高齢者介護の関与はますます増大するほかないと予測しています。介護者自身の基本的な人権を尊重することが、高齢者の尊厳を尊重することにつながるような介護を展開することが重要であり、世間体を気にする規範意識と家族の呪縛を解き放つことが急務となっています。

　介護の現場では、人間として最も辛い状況にありながら、一生懸命に生きようとしている人々、介護に思いを込め過ぎ、恨みに反転する現実、憎しみから虐待に至った事実を告白する苦悩等、さまざまなドラマが展開しています。

　私たちが求めるものは、穏やかな生活を取り戻すことであり、傷ついた心をケアすることにあります。ケアする人に優しさを求めるのなら、ケアする人を支え、ケアされた実感を味わってもらわなければなりません。

　一方、苦悩する人々を前にして介護従事者もまた自分自身の無力さを嘆き、逃げ出したくなることがあります。時には利用者や家族からの不本意な言動に傷つき、恨み、人を許せない苦しさや醜さと葛藤することもあります。しかし、

受け入れにくい利用者や家族の存在をあるがままに認め、努力している存在として尊重し続ける姿勢も大切です。

　介護するということは、人間の受苦と共にあり、誰かのために何かをすると同時に、自分自身の中にある弱さ、醜さをみつづけるという辛さを引き受けることでもあります。極めて孤独な仕事の一面もあります。しかし、私たちが自分自身の内にある人間の醜さや弱さを受け入れたとき、利用者や家族の言動の深い意味を理解することができるようになったり、いとおしく大切に思っている自分に気がつくことがあります。

　他者にどのように支えられたのか、その実体験が他者を支えるヒントになります。同時に利用者の心にも変化が現れます。介護職員の変化によって、他人に愛され必要とされている喜びを実感した人はたくさんいます。

　ケアする人々に質の高いサービスを求めるのならば、まずはケアする人に優しい組織風土をつくる必要があります。介護従事者の職場は弱さを強さに変えることのできる成熟した集団として機能しなければなりません。それと同時に地域住民に対しても、支えあう関係の重要性を伝え理解を求めなければなりません。

5　信頼関係を築く

　人間と人間との心の交流・支えあいは、職業に対する内発的な動機づけや強い意志を形成することにつながります。多くの人が困難な状況にもめげずに頑張れるのは、自分を取り巻く人々が「あたたかい眼差しで自分をみつめている」「受け入れられている」「大切にされている」「信頼されている」という実感を得たときです。

　課題を解決するのに必要な知識や技術と、誰かのために役立ちたい、責任をもって介護をしたいといった強い意志や目的意識をもっているとき、主体的な取り組みがより可能となります。このように自分を客観的にみつめ、受け入れ「よりよいもの」を求めて介護をする体験、その積み重ねが主体的に生きる自分を育てる原動力になります。この自己の可能性への信頼、生かされている自己の実感、誰かのために役立っているという実感は、変転する社会のニーズに応えていく自分を育てていくうえで極めて重要なことといえます。

6　介護技術を究める

（1）サービスからホスピタリティへ

　対人サービス業といわれる教育、医療、介護などをサービス業と捉えるのには限界があります。服部勝人は『ホスピタリティ・マネジメント』のなかで、ポスト・サービス社会の経営として、ホスピタリティの重要性を論じています。サービスとホスピタリティの言葉を対照して次のように整理しています。

　「サービス」はセルバス（奴隷の、地役権のある）が語源となっており、ホスピタリティはギリシャ語のホスペスに由来し、「客人の保護者」、日本語の「もてなす」の意味があります。サービスは客が主人で、提供者が従者という一時的主従関係が成立するのに対して、「ホスピタリティ」は人と人との関係に存在する相互関係を意味するものといえます。

　「ホスピタリティ」は相互性が基本であり、「相互容認、相互理解、相互信頼、相互扶助、相互依存、相互発展」の六つの相互関係を基盤とした共生関係という考えが存在するのです。

　「サービス」の概念では迅速性、効率性、合理性、確実性、明確性、個人性、利便性、機動性、価格性が追求され、そこに絶えず顧客の欲求を充足させることを優先した受動的な姿勢からくるサービス精神が介在します。

　これに対して、「ホスピタリティ」の概念では、相互性、有効性、精神性、可能性、創造性、文化性、娯楽性、芸術性、人間性双方が創意工夫を凝らした能動的な姿勢による相互関係の樹立を基本にするものです。介護福祉教育においても、サービスでは捉えきれないホスピタリティの概念が重視されなければならないでしょう。

（2）アートとしての介護技術の追求

　介護は人間の日常の生活に対する援助を目標にしています。介護福祉士は、介護を必要とする高齢者や障害者に、機能障害やそれにともなう能力障害があっても、そのことによって社会的な不利益を被ることなく、人間として当たり前な生活を継続していけるように、またよりよい自分を求めながら豊かに生活を充実させていけるようにと願い、介護技術を用いて目標達成のための援助を実践しているのです。

　介護技術は、介護観と技能（スキル）、知識が統合されたものであり、介護従事者の思いやりや願いが行為として表現されたものです。この実現のための道具は介護従事者自身であり、熟練された技と人間的な豊かさによって最も安全で効果的な介護が可能になるのです。人間の夢や希望が託された介護技術で介

護従事者のあたたかい心を伝え、自立の心を引き出し支える手段となる介護技術を、どのように教授していくのかは大きな課題です。

7 生涯学習者を育てる

　　介護の場は人間存在について、古今東西の普遍的な真実を現しています。人間の多様な実態を学ぶうえで、介護実践は極めて重要なものであり、その実践は生涯学習を動機づけることになります。介護の体験から人間や社会を学ぶことは、人格的な成長を遂げる上で必要不可欠なことだと考えます。

　　前記しましたユネスコ21世紀教育国際委員会は、生涯学習の四つの柱として「知ることを学ぶ」「なすことを学ぶ」「共に生きることを学ぶ」「人間として生きることを学ぶ」をあげています。介護実習は、これらすべてを実感として学ぶものです。

≪引用文献≫
1)　渡邊洋子『生涯学習時代の成人教育学～学習者支援へのアドヴォカシー～』明石書店、2002年、135頁
2)　肥田野直『教育評価』放送大学教育振興会（日本放送出版会）、1987年、16頁
3)　相田みつを『一生感動一生青春』文化出版局、2005年、40頁

≪参考文献≫
阿部志郎『福祉の心』海声社、1987年
阿部志郎『ボランタリズム』海声社、1988年
阿部志郎『福祉の哲学』誠信書房、1997年
Milton Mayeroff, "On Caring", The International Philosophy Querterly,Setp. 1965, 邦訳
　　田村真他訳『ケアの本質－生きることの意味』第三版　ゆるみ出版、1989年
森村修『ケアの倫理』大修館書店、2000年
中村雄二郎『術語集～気になる言葉～』岩波書店、1984年
中村雄二郎『臨床の知とは何か』岩波書店、1992年
中村雄二郎『術語集Ⅱ』岩波書店、1987年
鷲田清一『「聴く」ことの力～臨床哲学試論～』ＴＢＳブリタニカ、1999年
金子郁容『ボランティア～もうひとつの情報社会～』岩波新書、1992年
渡邊洋子『生涯学習時代の成人教育学～学習者支援へのアドヴォカシー～』明石書店、
　　2002年
肥田野直『教育評価』放送大学教育振興会（日本放送出版会）、1987年
北尾倫彦編『自己教育の心理学』有斐閣、1994年
森岡正博編著『「ささえあい」の人間学』法蔵館、1994年
片岡徳雄編『教育社会学』福村出版、1989年
服部勝人『ホスピタリティ・マネジメント』丸善ライブラリー、1997年

堀田力『心の復活〜ふれあい社会とボランティア〜』NHK 出版、1997年

E.ウイーデンバック著・外口玉子・池田明子訳『改訳第 2 版　臨床看護の本質－患者援助
　の技術』現代社、1984年

澤田信子「介護福祉学の研究課題と研究方法〜臨床の知による福祉社会を求めて〜」介護
　福祉学、2006年

第**2**章

実習指導の
理論と実際

第2章 実習指導の理論と実際

第1節 介護実習の意義と目的

1 成人教育としての実習（学びの場の意義）

（1）介護実習は、介護福祉士教育の体系的な位置付けのもとで行われる実践教育

　介護福祉士養成課程で学生が履修する教科目は、講義・演習・実習など、さまざまな形態で実施されています。実習科目である介護実習は、これからの介護を支える人材を養成する介護福祉士教育の体系的な位置付けのもとで行われ、介護の実践を学ぶ場となります。

　第2節で詳述するように、養成カリキュラムにおける介護実習は、「介護の実体験を通して、三つの領域である『人間と社会』『こころとからだのしくみ』『介護』の学習内容を統合させて、介護とは何かを理解・再確認し、それを実践する基礎的能力を修得する学びの場である」としています。

　介護実習の実習施設は、新カリキュラムにおいても「社会福祉士及び介護福祉士法」で規定された施設で実施されます。実習時間そのものはこれまでのカリキュラムと変更はないものの、実習施設は、従来の入所施設（特別養護老人ホームや身体障害者療護施設等）と居宅サービス事業者（主に訪問介護サービス事業所）という区分から、実習施設・事業等（Ⅰ）と実習施設・事業等（Ⅱ）に区分され、それぞれの施設基準が示されました。

　実習施設・事業等（Ⅰ）の実習では、利用者やその家族と人間関係を形成

しながら、慣れ親しんだ地域で暮らす高齢者や障害がある人の実際を知り、その上で、そこでの生活を少しでも長く継続していくために利用している、多様な施設や事業所等の機能や役割についても知ることが求められます。また、実習施設・事業等（Ⅱ）での介護実践のための基礎的な生活支援技術の実践をめざします。

　次に実習施設・事業等（Ⅱ）における介護実習では、継続した介護実践において「介護過程」の展開を通して根拠をもった生活支援を行うことをめざしています。つまり、施設で生活する個々の利用者の生活背景や生活リズムを理解し、必要な情報を収集し、自立支援の観点から介護過程の展開能力の育成をねらいとしています。

（２）実習は、体系的・普遍的な教育から普遍性と個別性の連結の理解につなげる

　介護実習に限らず、実習とは学内外で学んだ教科学習の普遍性や理論的学習を、実習生が実習の現場で自分自身の体験を通して、利用者それぞれに異なる介助の実践から個別性を理解していくことを学んでいきます。

　たとえば、**図２−１**に示すように、学内の教科学習において、利用者の尊厳の保持について学びます。そして最初の介護実習で出会った利用者に排泄の介助の体験をすることができ、体験を通して利用者の尊厳を守りながらどのように介助するかについて、新たな課題として気づくことになります。これにより実習生は次の実習でこの経験を生かし、利用者の尊厳を損なわないようなコミュニケーションの方法や介助方法について実践していくことになります。

　このように、実習生は介護実習において教科学習で学んだ知識・技術を、介

図２−１　教科学習と実習との関係

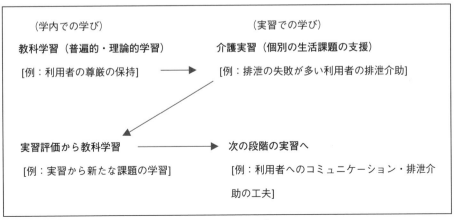

（出典：黒澤貞夫「介護実習」建帛社　2004年　2頁　一部改変[2)]）

護の現場で直接利用者と関わるなかで、利用者との相互関係を通して統合していくことになります。

　実際に支援を受けながら生活している利用者それぞれの個別性を理解することは、想像以上に難しいことです。そこでは意識的に人間理解を深めることが求められています。そのため、「介護過程」で学んだ思考のプロセスを、介護実習で利用者を受けもつことにより実践していくことになります。その際には、利用者や実習指導者をはじめとした介護職員、さらには担当教員とともに、介護過程の展開についてカンファレンスを通しながら随時、確認・修正していくことになります。

（3）専門職業人としての人間形成の場

　介護実習は、介護福祉士養成カリキュラム上の教科目としてだけではなく、介護専門職としての人間形成をめざすことも大きな目的となっています。つまり、介護を行う者としての働く姿勢や職業倫理を身につけ、介護という職業の意義深さや、常に利用者の人権を守り、介護の本質を探究する基本的な姿勢を学びます。

　介護は、利用者の生活を支えるため、多様な職種の専門職がチームを組んで支援を行い、介護関係職同士も連携し協力しあうことで成り立っています。介護実習で実習生は、介護実習現場に出向き、そこで利用者やその家族、介護職員などのさまざまな人たちと出会います。そこでの人間相互の関係と連携のあり方を通して、介護実践の基礎的能力と介護従事者としての態度の育成をめざします。また、利用者個々の生活リズムや個性を理解するという観点から、多様な生活の場における個別ケアを理解し、利用者・家族とのコミュニケーションの実践、生活支援技術の確認、多職種協働や関係機関との連携を通じてチームの一員としての介護福祉士の能力と役割を理解することになります。

　生活経験の少ない実習生にとって、多様な利用者の生活や背景を理解することは難しいことです。そのようなときに、実習生は、これまで学んできた経験知の上に、先輩である介護福祉士や介護職員のケアのあり方を学ぶことにより、新たに経験的再構築を図ることができるようになるのです。

2　施設・事業所の社会的使命（実習受け入れの意義）

　介護実習を受け入れる実習施設や事業所は、それぞれの理念をもって運営されています。社会の人々が老いや障害を有してからの生活はこうありたいという願いや思いが、施設や事業所の運営において具体的になり、それを施設や事業所は基本的方針として示しています。施設や事業所は自分たちの理念や方針

について、実習生に具体的に示すことで、あらためて社会的な使命を再確認することができます。

　実習施設や事業所としての実習受け入れの意義は、以下の点があげられます。

（1）施設や事業所の機能や役割の理解

　それぞれの施設や事業所がどのような理念で運営されているのか、オリエンテーションなどを通して実習生に伝えていきます。そのうえで、施設や事業所の機能や役割について、具体的なサービス内容を紹介しながら実習生に説明します。その際には、ただ単にたくさんの種類のサービスを知らせるだけにとどまらない指導が求められます。

（2）利用者が地域での生活を継続するための存在の理解

　利用者は、生活の場である地域において多様な施設を利用しながら生活を継続することができています。養成カリキュラムの実習施設・事業等（Ⅰ）の実習では、個別ケアを体験・学習できるよう、利用者および利用者の生活の理解が求められています。

　さらに、高齢者のみならず障害のある人の就労支援にも視野を広げ、障害のある人が地域社会でその人らしく生活できるような、自立支援のあり方について学べるよう指導していくことが重要になります。そのため、実習施設や事業所がどのような位置付けで利用者の生活に関わっているのか、考えを深めさせる指導が求められます。

（3）施設で生活することの理解

　施設は利用者の生活の場であることの理解を深めることが重要になります。利用者それぞれの生活リズムに沿った生活の個別性と、施設の生活日課として行われている食事、排泄、清潔、更衣などの介護サービスとの調和がどのように図られているのか、実習施設での体験を通して理解できるようにしていきます。

（4）介護過程実践への理解と指導

　実習施設・事業等（Ⅱ）の実習では、利用者の個別ケアの実践が課題となっています。その際には、利用者への十分な説明責任と合意の形成、さらに、介護職員に実習の教育内容と実習計画を周知していくことが求められます。

　介護過程の展開方法について養成校と事前に連携をとり、スタッフへ説明するとともに、施設を利用している利用者にも説明し合意を求めます。また、実習生が受け持ち利用者を決定するために、利用者との人間関係形成がスムーズ

にできるよう助言し、適宜情報を提供します。その後、受け持ち利用者や介護職員、さらには実習担当教員と、介護過程の展開についてカンファレンスを通しながら随時、確認・修正していくことが求められています。

（5）実習生受け入れにより、よい意味での緊張感が生まれる

実習生を受け入れることで、利用者にとっては、孫やひ孫に相当する若い学生が来ることがうれしく感じられると同時に、利用者と介護職員の閉鎖的な人間関係に刺激が生まれることが期待できます。利用者の生活を乱すことのないような配慮をしながら、両者の関係を良好なものにする指導が求められます。

3 新任職員への展開

実習施設には、利用者の生活を支えるための役割があり、それを支えるための職員の養成は欠かすことができません。新任職員の指導では、施設利用者の理解を前提として、日常の生活支援のための業務の流れを適切に指導し、生活支援技術を安全に素早く行えるようにすることが求められます。

その施設が介護実習施設としての役割を担った場合、専門職として後輩を育てるという役割が加わります。しかしその場合、新任職員への指導と同じようにするのが実習生への指導の目的ではありません。そこでは利用者個々になぜこのケアが必要であるのか、判断できる知識と技術を培うことが求められます。

個別性の高い利用者への生活支援技術は、利用者のその日、その時の状況により提供される技術に変化があります。また、介護者の技術や身体状況によっても異なります。施設等でケアを実践する職員には、そのような状況の根拠を明確に実習生に説明し、利用者の状況に応じた自立を支援する生活支援技術について、的確に選択し、実践できるように自分自身の知識・技術を高めていく努力が求められます。

介護実習現場での実習生の指導は、実習指導者のみが行うのではなく、日常生活支援技術を直接行っている職員が担当する場合が多くなります。その際介護職員は、実習生の行動（よいケアと悪いケアの両方）をみることで、自分のケアに気づくことができ、実習生の指導を通して自らの生活支援技術と介護への姿勢を振り返る機会を得ることができるようになります。

≪引用文献≫
1) 黒澤貞夫『介護実習』建帛社、2004年、まえがき
2) 同上、2頁

≪参考文献≫

黒澤貞夫『介護実習』建帛社、2004年

峯尾武巳・黒澤貞夫編著『介護総合演習』建帛社、2009年

本名靖「第5章　実習生自らが考え行動する実習への模索」『介護実習への提言』ミネルヴァ
　書房、2003年

澤田信子・小櫃芳江・峯尾武巳編著『改訂 介護実習指導方法』全国社会福祉協議会、2006年

日本介護福祉士会『現場に役立つ介護福祉士実習の手引き』環境新聞社、2004年、110頁

**養成カリキュラムにおける
介護実習のねらいと位置付け**

1 介護福祉士養成カリキュラムの目的と実習の位置付け

（1）カリキュラムの見直しの経緯

「社会福祉士及び介護福祉士法」が制定されたのは昭和62(1987)年です。介護福祉士制度の施行から現在に至るまでに高齢者福祉や障害者福祉を取り巻く状況が変化し、それを踏まえ平成19(2007)年に大幅な改定が行われました。(「社会福祉士法等の一部を改正する法律」(平成19年法律第125号))

平成19(2007)年度の介護福祉士養成教育内容の見直しは、〔人間と社会〕、〔介護〕、〔こころとからだのしくみ〕の三領域に教育体系を再編し、「介護に必要な」という観点から、領域〔こころとからだのしくみ〕と領域〔介護〕の「生活支援技術」「介護過程」との重複や役割分担などの関連づけを明確にし、介護実践に資する教育内容となるよう充実・強化したものです。

「2025年に向けた介護人材の確保～量と質の好循環の確立に向けて～」(平成27(2015)年2月25日社会保障審議会福祉部会 福祉人材確保専門委員会) においては、「量的確保と質的確保の同時達成に向け、総合的に取り組む必要がある」ということが打ち出され、委員会では、介護現場の実態調査の結果を踏まえ「介護人材の全体像のあり方」や「介護福祉士が担うべき機能のあり方」について議論が行われました。

平成27(2015)年度、老人保健健康増進等事業において実施された「介護現場の実態調査」の結果を「介護職の業務実施状況」「介護事業所における管理者の認識」「介護事業所における取組事例」の3点から整理し、介護福祉士に求められる機能や必要な能力などについて次のようにまとめられました。

① 介護職の業務実施状況を見ると、介護福祉士とそれ以外の者で明確に業務分担がされていない。

② 管理者の認識では、認知症の周辺症状のある利用者やターミナルケアが必要な利用者などへの対応、介護過程の展開におけるアセスメントや介護計画の作成・見直しなどの業務は、介護福祉士が専門性をもって取り組むべきという認識が高い。また、介護職のリーダーについて、介護職の統合力や人材育成力などの能力が求められているものの、十分に発揮できていないと感じている管理者が多い。一方で、介護職の指導・育成や介護過程の

展開等を重視している事業所では、リーダーの役割等を明確にし、キャリアパスへ反映するなどの取り組みを行っている。

③　介護分野への参入にあたって不安に感じていたことには、「非常時等への対応」、「介護保険制度等の理解」、「ケアの適切性」である。

　上記の調査結果を踏まえ、介護職の「グループによるケア」を推進するうえで、介護人材に求められる機能や必要な能力を明確にし、介護分野に参入した人材が意欲・能力に応じてキャリアアップを図り、各人材が期待される役割を担っていけるようにすべきとの検討課題が示されました。

　実現に向けた具体的な対応として

①　介護職のグループにおけるリーダーの育成

②　介護人材のすそ野の拡大に向けた入門的研修の導入

③　介護福祉士養成課程におけるカリキュラムの見直し

④　介護福祉士等による医療的ケアの実態の把握

　これら4点があげられ、具体的対応の一つに介護福祉士養成課程におけるカリキュラムの見直しがあります。

（2）介護福祉士養成課程におけるカリキュラムの見直し

　介護福祉の専門職として、介護職のグループのなかで中核的な役割を果たし、認知症高齢者や高齢単身世帯等の増加などにともなう介護ニーズの複雑化・多様化・高度化等に対応できる介護福祉士を養成する必要性から、以下の観点を踏まえカリキュラムの見直しがされました。

---

①　チームマネジメント能力を養うための教育内容の拡充

②　対象者の生活を地域で支えるための実践力の向上

③　介護過程の実践力の向上

④　認知症ケアの実践力の向上

⑤　介護と医療の連携を踏まえた実践力の向上

以下、詳しく見ていきましょう。

①チームマネジメント能力を養うための教育内容の拡充

　介護職のグループのなかでの中核的な役割やリーダーの下で専門職としての役割を発揮することが求められていることから、リーダーシップやフォロワーシップを含めた、チームマネジメントに関する教育内容の拡充を図ることを目的としています。

　人間と社会に関する選択科目に配置されていた「人間関係とコミュニケー

ション」の【教育に含むべき事項】にチームマネジメントを追加しました。「人間関係とコミュニケーション」は従来の時間数は30時間でしたが、60時間に拡大され、チーム運営の基本を理解し、自律的に自分の役割を発揮し、チームリーダー、またフォロワーシップといったチームとしての介護実践をマネジメントする力を養う内容となっています。

②対象者の生活を地域で支えるための実践力の向上

対象者の生活を地域で支えるために、多様なサービスに対応する力が求められていることから、各領域の特性にあわせて地域に関連する教育内容の充実を図ることを目的としています。本人が望む生活を地域で支えることができるケアの実践力向上のために、「社会の理解」の【教育に含むべき事項】に、地域共生社会を追加しました。

地域共生社会の考え方と地域包括ケアシステムのしくみを理解し、その実現のための制度や施策を学ぶ内容となっています。さらに、「介護実習」の【教育に含むべき事項】に、「地域における生活支援の実践」を追加し、対象者の生活と地域との関わりや、地域での生活を支える施設・機関の役割を理解し、地域における生活支援を実践的に学ぶ内容になっています。

③介護過程の実践力の向上

介護ニーズの複雑化・多様化・高度化に対応するため、各領域で学んだ知識と技術を領域「介護」で統合し、アセスメント能力を高め実践力の向上を図ることを目的としています。領域「介護」の目的に、各領域での学びと実践の統合を追加しました。さらに、各領域で学んだ知識と技術を統合し、介護実践に必要な観察力・判断力および思考力を養う内容になっています。

「介護総合演習」と「介護実習」に、【教育に含むべき事項】を追加し、「介護総合演習」では①知識と技術の統合、②介護実践の科学的探求を、「介護実習」では①介護過程の実践的展開、②多職種協働の実践、③地域における生活支援の実践が示されました。

④認知症ケアの実践力の向上

本人の思いや症状などの個別性に応じた支援や、地域とのつながりおよび家族への支援を含めた認知症ケアの実践力が求められていることから、認知症の理解に関する教育内容の充実を図ることを目的としています。

本人の意思（思い）や地域とのつながりに着目した認知症ケアに対応した学習内容を充実させるために、「認知症の理解」の【教育に含むべき事項】に、認知症ケアの理解を追加しました。認知症の人の生活および家族や社会との関

わりへの影響を理解し、その人の特性を踏まえたアセスメントを行い、本人主体の理念に基づいた認知症ケアの基礎的な知識を理解する内容となっています。

⑤介護と医療の連携を踏まえた実践力の向上

施設・在宅にかかわらず、地域のなかで本人が望む生活を送るための支援を実践するために、介護と医療の連携を踏まえ、人体の構造・機能の基礎的な知識や、ライフサイクル各期の特徴等に関する教育内容の充実を図ることを目的としています。

「こころとからだのしくみ」の【教育に含むべき事項】を、こころとからだのしくみⅠ（人体の構造や機能を理解するための基礎的な知識）とⅡ（生活支援の場面に応じた心身への影響）に大別しました。さらに、「発達と老化の理解」の【教育に含むべき事項】の「人間の成長と発達」は、人間の成長と発達の基本的な考え方を踏まえ、ライフサイクルの各期（乳幼児期、学童期、思春期、青年期、成人期、老年期）における身体的・心理的・社会的特徴と発達課題および特徴的な疾病について理解する内容になっています。

なお、本テキスト資料編に介護福祉士養成カリキュラム、教育内容のねらい、教育に含むべき事項などを掲載しています。

2 介護福祉士養成カリキュラムにおける介護実習の位置付け

介護実習科目については、これまで示されていなかった「教育内容に含むべき事項」および「留意点」が示されました。

「介護実習」の教育内容のねらいは、①地域におけるさまざまな場において、対象者の生活を理解し、本人や家族とのコミュニケーションや生活支援を行う基礎的な能力を修得する学習とする。②本人の望む生活の実現に向けて、多職種との協働のなかで、介護過程を実践する能力を養う学習とする。という2点です。

それを実現するために①介護過程の実践的展開、②多職種協働の実践、③地域における生活支援の実践が欠かせません。

介護過程の実践的展開で留意する事項は、「介護過程の展開を通して対象者を理解し、本人主体の生活と自立を支援するための介護過程を実践的に学ぶ内容とする。」多職種協働の実践で留意する事項は、「多職種との協働の中で、介護福祉士としての役割を理解するとともに、サービス担当者会議やケースカンファレンス等を通じて、多職種連携やチームケアを体験的に学ぶ内容とする。」

表2－1　カリキュラムの全体像

	目　的	教育内容	ねらい
人間と社会	1．福祉の理念を理解し、尊厳の保持や権利擁護の視点及び専門職としての基盤となる倫理観を養う。 2．人間関係の形成やチームで働く力を養うための、コミュニケーションやチームマネジメントの基礎的な知識を身につける。 3．対象者の生活を地域の中で支えていく観点から、地域社会における生活とその支援についての基礎的な知識を身につける。 4．介護実践に必要な知識という観点から、社会保障の制度・施策についての基礎的な知識を身につける。 5．介護実践を支える教養を高め、総合的な判断力及び豊かな人間性を養う。	人間の尊厳と自立	人間の理解を基礎として、尊厳の保持と自立について理解し、介護福祉の倫理的課題への対応能力の基礎を養う学習とする。
		人間関係とコミュニケーション	（1）対人援助に必要な人間の関係性を理解し、関係形成に必要なコミュニケーションの基礎的な知識を習得する学習とする。 （2）介護の質を高めるために必要な、チームマネジメントの基礎的な知識を理解し、チームで働くための能力を養う学習とする。
		社会の理解	（1）個や集団、社会の単位で人間を理解する視点を養い、生活と社会の関係性を体系的に捉える学習とする。 （2）対象者の生活の場としての地域という観点から、地域共生社会や地域包括ケアの基礎的な知識を習得する学習とする。 （3）日本の社会保障の基本的な考え方、しくみについて理解する学習とする。 （4）高齢者福祉、障害者福祉及び権利擁護等の制度・施策について、介護実践に必要な観点から、基礎的な知識を習得する学習とする。
介護	1．介護福祉士に求められる役割と機能を理解し、専門職としての態度を養う。 2．介護を実践する対象、場によらず、様々な場面に必要とされる介護の基礎的な知識・技術を習得する。 3．本人、家族等との関係性の構築やチームケアを実践するための、コミュニケーションの基礎的な知識・技術を習得する。 4．対象となる人の能力を引き出し、本人主体の生活を地域で継続するための介護過程を展開できる能力を養う。 5．介護実践における安全を管理するための基礎的な知識・技術を習得する。 6．各領域で学んだ知識と技術を統合し、介護実践に必要な観察力・判断力及び思考力を養う。	介護の基本	介護福祉の基本となる理念や、地域を基盤とした生活の継続性を支援するためのしくみを理解し、介護福祉の専門職としての能力と態度を養う学習とする。
		コミュニケーション技術	対象者との支援関係の構築やチームケアを実践するためのコミュニケーションの意義や技法を学び、介護実践に必要なコミュニケーション能力を養う学習とする。
		生活支援技術	尊厳の保持や自立支援、生活の豊かさの観点から、本人主体の生活が継続できるよう、根拠に基づいた介護実践を行うための知識・技術を習得する学習とする。
		介護過程	本人の望む生活の実現に向けて、生活課題の分析を行い、根拠に基づく介護実践を伴う課題解決の思考過程を習得する学習とする。
		介護総合演習	介護実践に必要な知識と技術の統合を行うとともに、介護観を形成し、専門職としての態度を養う学習とする。
		介護実習	（1）地域における様々な場において、対象者の生活を理解し、本人や家族とのコミュニケーションや生活支援を行う基礎的な能力を習得する学習とする。 （2）本人の望む生活の実現に向けて、多職種との協働の中で、介護過程を実践する能力を養う学習とする。
こころとからだのしくみ	1．介護実践に必要な根拠となる、心身の構造や機能及び発達段階とその課題について理解し、対象者の生活を支援するという観点から、身体的・心理的・社会的側面を統合的に捉えるための知識を身につける。 2．認知症や障害のある人の生活を支えるという観点から、医療職と連携し支援を行うための、心身の機能及び関連する障害や疾病の基礎的な知識を身につける。 3．認知症や障害のある人の心身の機能が生活に及ぼす影響について理解し、本人と家族が地域で自立した生活を継続するために必要とされる心理・社会的な支援について基礎的な知識を身につける。	こころとからだのしくみ	介護を必要とする人の生活支援を行うため、介護実践の根拠となる人間の心理、人体の構造や機能を理解する学習とする。
		発達と老化の理解	人間の成長と発達の過程における、身体的・心理的・社会的変化及び老化が生活に及ぼす影響を理解し、ライフサイクルの特徴に応じた生活を支援するために必要な基礎的な知識を習得する学習とする。
		認知症の理解	認知症の人の心理や身体機能、社会的側面に関する基礎的な知識を習得するとともに、認知症の人を中心に据え、本人や家族、地域の力を活かした認知症ケアについて理解するための基礎的な知識を習得する学習とする。
		障害の理解	障害のある人の心理や身体機能、社会的側面に関する基礎的な知識を習得するとともに、障害のある人の地域での生活を理解し、本人のみならず家族や地域を含めた周囲の環境への支援を理解するための基礎的な知識を習得する学習とする。
医療的ケア	医療的ケアが必要な人の安全で安楽な生活を支えるという観点から、医療職との連携のもとで医療的ケアを安全・適切に実施できるよう、必要な知識・技術を習得する。	医療的ケア	医療的ケアを安全・適切に実施するために必要な知識・技術を習得する学習とする。

地域における生活支援の実践で留意する事項は、「対象者の生活を地域との関わりや、地域での生活を支える施設・機関の役割を理解し、地域における生活支援を実践的に学ぶ内容とする。」となっています。

留意事項を活かして、どういう実習を組み立てることができるのか、詳しくは第3章以降で解説しています。

次に介護福祉士養成課程カリキュラムの1つに「介護総合演習」という科目があります。「介護総合演習」とは、実習を行う際の事前学習から事後学習まで実習にかかる継続指導が可能な教科であり、介護実習に必要な知識や技術、態度を学ぶ総合的な授業です。

「介護総合演習」の教育内容のねらいは、「介護実践に必要な知識と技術の統合を行なうとともに、介護観を形成し、専門職としての態度を養う学習とする」と示されました。それを実現可能にするために①知識と技術の統合②介護実践の科学的探究を含むべき事項とし、留意点には「実習の教育効果を上げるため、事前に実習施設についての理解を深めるとともに、各領域で学んだ知識と技術を統合し、介護実践に繋がる内容」というように、実習の効果を上げるために、事前に行うべきこと、さらに、「実習を振り返り、介護の知識や技術を実践と結び付けて統合、深化させるとともに、自己の課題を明確にし、専門職としての態度を養う内容」というように、実習後の振り返りを行い、自己の課題を明確にするということが示されています。この点については、従来通りのカリキュラムでも行っていたことであり、留意点としてとどめられました。

今回、新たに教育に含むべき事項に「介護実践の科学的探究」として「質の高い介護実践やエビデンスの構築につながる実践研究の意義とその方法を理解する内容」が示されました。研究方法を学ぶことによって、新しい介護技術・知識の発見に繋がり、それが、介護福祉士の専門性を高める科目として期待されています。

3 実習施設の要件Ⅰ、Ⅱの理解と対応する実習内容

（1）介護実習内容についての見直し

介護実習総時間数450時間について変更はありませんでしたが、対象者が地域で生活するうえでの地域との関わりやそれを支える施設や機関がどのような役割を持っているかを理解し、地域での生活支援を実践的に学ぶことを目的として介護実習のねらいおよび教育に含むべき事項が以下のように変更、追加されました。

【介護実習のねらい】

（1）地域におけるさまざまな場において、対象者の生活を理解し、本人や家

族とのコミュニケーションや生活支援を行う基礎的な能力を習得する学習
とする。

（2）本人の望む生活の実現に向けて、多職種との協働のなかで、介護過程を
実践する能力を養う学習とする。

【教育に含むべき事項】

今回教育に含むべき事項を追加したねらいは、対象者の生活を地域で支える
ための実践力の向上、および介護ニーズの複雑化・多様化・高度化に対応する
ために介護過程の実践力の向上を目的としたものです。追加した内容は以下の
通りです。

①介護過程の実践的展開、②多職種協働の実践、③地域における生活支援の
実践が追加されました。

特に介護過程の実践的展開では「介護過程の展開を通して対象者の理解及び
自立を支援するための実践を学ぶ」、多職種協働の実践では「介護福祉士の役
割を理解し、サービス担当者会議やケースカンファレンス等を通じて多職種連
携及びチームケアを学ぶ」、地域における生活支援の実践では「対象者の生活
と地域のかかわり、それを支える施設・機関の役割を理解して地域における生
活支援を実践的に学ぶ」ことが留意点として追加されました。

（2）実習施設・事業等の基準

介護実習は、重要な学習の一つとして位置付けられており、実習施設は【実
習施設・事業等（Ⅰ）】と【実習施設・事業等（Ⅱ）】に区分して、それぞれ実習
施設の基準、実習指導者の資格要件、受け入れ学生数の基準を規定しています
（表2－2）。

①実習施設・事業等（Ⅰ）の要件

実習施設・事業等（Ⅰ）の種別の選定にあたっては、施設の種別に片寄らず、「高
齢者関係施設・事業等、障害者関係施設・事業等及び児童関係施設・事業等で
多様な経験・学習ができるよう配慮する。」としています。また、施設の要件
は介護保険法やその他の関係法令に基づいた職員の配置要件が満たされていれ
ば、その他の要件については特に求められていません。

②実習施設・事業等（Ⅱ）の要件

実習施設・事業等（Ⅱ）については「一つの施設・事業等において一定期間以
上継続して実習を行うなかで、利用者ごとの介護計画の作成、実施後の評価や
これをふまえた計画の修正といった一連の介護過程のすべてを継続的に実践す
ることに重点を置いた実習施設」としていることから、450時間の実習のうち

表２－２　介護実習施設・実習指導者・配属人数の基準

		実習施設・事業等（Ⅰ）	実習施設・事業等（Ⅱ）
区分		利用者の生活の場である多様な介護現場において、利用者の理解を中心とし、これに併せて利用者・家族との関わりを通じたコミュニケーションの実践、多職種協働の実践、介護技術の確認等を行うことに重点を置いた実習施設	一つの施設・事業等において一定期間以上継続して実習を行う中で、利用者ごとの介護計画の作成、実施後の評価やこれを踏まえた計画の修正といった一連の介護過程のすべてを継続的に実践することに重点を置いた実習施設
基準		利用者の暮らしや住まい等の日常生活の理解や多様な介護サービスの理解を行うことができるよう、利用者の生活の場として、小規模多機能型居宅介護事業、認知症対応型老人共同生活援助事業等を始めとして、居宅サービスを中心とする多様な介護現場を確保するため、介護保険法その他の関係法令に基づく職員の配置に係る要件を満たすこと以外には、特段の要件は求めない。 厚生労働大臣が別に定めるものであって、介護保険法その他の関係法令に基づく職員の配置に係る要件を満たすものであること。	一連の介護過程のすべてを実践する場としてふさわしいよう、次の要件を充たす施設。 ○厚生労働大臣が別に定める施設種別であること。 ○介護職員（常勤の介護職員）に占める介護福祉士の比率が３割以上であること。 ○介護サービス提供のためのマニュアル等や介護過程に関する諸記録が整備されていること。 ○介護職員に対する教育、研修等が計画的に実施されていること。 ○介護実習に係る時間数の３分の１以上を実習施設・事業等（Ⅱ）での実習に当てること。
実習指導者の資格		介護福祉士の資格を有する者又は３年以上介護業務に従事した経験のある者	介護福祉士として３年以上実務に従事した経験があり、かつ、実習指導者を養成する講習会として厚生労働大臣に届けられた実習講習会を修了した者。その他そのものに準ずる者として厚生労働大臣が別に定める者 ※［準ずるもの］ 平成20年３月31日までに「社会福祉法人全国社会福祉協議会が行う介護福祉士養成実習施設実習指導者特別研修課程を修了し、かつ、介護福祉士の資格を有するもの」に該当する者

（出典：社会福祉士及び介護福祉士養成に係る実習生の受け入れに関するお願い（通知）社援発第1111004号　平成20(2008)年11月11日）
（参考：社会福祉士介護福祉士養成施設指定規則、平成30年３月30日　厚生労働省告示第180号）

３分の１以上の実習時間を継続して行うことが規定されています。それは以下の実習施設としての要件のなかにも含まれています。これらの内容が、事業（Ⅰ）の実習と大きく違うところです。また、訪問介護実習や小規模多機能型居宅介護事業所での実習が必要であるとしていますが、継続した実習施設として確保することの困難さを考慮して、実習施設・事業等（Ⅰ）のなかで個別ケアの実践ができるように組み入れるよう明記されています。

施設の要件としては実習施設・事業等（Ⅰ）に比較すると、以下の５項目が課せられています。

【実習施設としての要件】

・厚生労働大臣が定める施設種別であること。

・介護職員に占める介護福祉士の比率が３割以上であること。

・介護サービス提供のためのマニュアル等や介護過程に関する諸記録が整備されていること。

・介護職員に対する教育、研修等が計画的に実施されていること。

【実習時間の配分】

・介護実習に係る時間数の３分の１以上を実習施設・事業等（Ⅱ）での実習に当てること。

③受入学生数の基準

実習施設で同時に受け入れることができる学生数は、実習指導者１人につき５人までを限度として受け入れが可能となっています。これは、「実習指導者研修を終えた実習指導者」を想定してのことです。

④実習施設の範囲

介護実習施設としては「厚生労働大臣が別に定めるもの」として施設の範囲を示しています（**表２−３**）。

表２−３　介護実習指定施設（入所・通所）

法令種別	該　当　施　設
児童福祉法	・福祉型障害児入所施設─知的障害児施設、盲ろうあ児施設、肢体不自由児施設 ・医療型障害児入所施設─重症心身障害児施設、指定医療機関 ・知的障害児通園施設
老人福祉法	・老人居宅生活支援事業及び通所事業─老人短期入所施設、老人デイサービスセンター ・老人福祉施設─特別養護老人ホーム、養護老人ホーム、 （軽費老人ホーム、老人福祉センター、老人介護支援センターを除く）
介護保険法 （８条及び８条の２に規定）	・居宅サービス─訪問介護事業所 （訪問リハビリテーション、居宅療養管理指導、福祉用具貸与及び特定福祉用具販売を除く） ・指定地域密着型サービス─認知症対応型共同生活介護、小規模多機能型居宅介護事業所等 ・指定施設サービス─介護老人保健施設、特定施設入居者生活介護、介護老人福祉施設、介護療養型医療施設、介護医療院ケアハウス ・指定介護予防サービス （介護予防訪問リハビリテーション、介護予防居宅療養管理指導、介護予防福祉用具貸与、特定介護予防福祉用具販売を除く） ・指定介護予防地域密着型サービス
障害者総合支援法	・障害者支援施設（療養介護・生活介護等） ・障害福祉サービス事業（就労移行支援・就労継続・自立訓練等）
生活保護法	救護施設 更生施設─身体障害者更生援護施設
労働者災害補償保険法	被災労働者の請ける介護の援護を図るために必要な事業にかかる施設であって年金たる保険給付を需給しており、かつ、居宅において介護を受けることが困難なものを入所させ、当該者に対し必要な介護を提供するもの。
原子爆弾被爆者に対する援護に関する法律に基づく	身体上または精神上著しい障害があるために常時の介護を必要とし、かつ、居宅においてこれを受けることが困難な原子爆弾被爆者を入所させ、養護することを目的とする施設

（出典：社会福祉士及び介護福祉士養成に係る実習生の受け入れに関するお願い（通知）社援発第1111004号　平成20（2008）年11月11日）

（参考：社会福祉士介護福祉士養成施設指定規則、平成30年３月30日　厚生労働省告示第180号）

4　実習指導者、教員の要件

（1）実習指導者の要件

　今回の介護福祉士養成カリキュラムの見直しでは、実習指導者の要件についての変更はありません。しかし、介護実習については先述の通り、教育内容の見直しが行われ、多様な介護現場での経験を通して多職種協働の実践、介護過程の実践的展開や地域における生活支援の実践等が強化されることになりました。このことを踏まえ実習指導者として、介護実習に関する目的や狙いの情報共有を図り、養成校との連携を強化した実践現場での指導が求められることになります。

　実習指導者の要件として、実習施設・事業等（Ⅰ）に区分されている実習施設の場合、「介護福祉士の資格を有する者又は3年以上の介護業務に従事した経験のある者」としています。

　実習施設・事業等（Ⅱ）の区分については「介護福祉士として3年以上の実務に従事した経験があること」、「介護福祉士実習指導者講習会を修了した者」の要件をいずれも満たさなければならないこと、その他「そのものに準ずる者として厚生労働大臣が別に定める者であること」とされています。

（2）専任教員の役割と資格

　介護福祉士養成における専任教員の役割については「人間と社会」、「介護」、および「こころとからだのしくみ」の3つの領域ごとに一貫性・統一性をもった科目の編成、運営等を行うことについて責任を持つ役割があり、その役割を担う教員の資格基準を設けています。一人の専任教員がそれぞれの基準を満たす場合には複数の領域について科目編成を行うことは可能となっています。また、専任教員のうち一人は3つの領域の教育課程の運営等を行う教務に関する主任者であることを基準として設けています。この主任者の条件は専任教員として3年以上の教歴を有するものでなければなりません。

　新たに追加された医療的ケアについては、これらの基準とは別に定める要件で科目編成を行うことになっていますが、いずれの領域にも共通した条件として「介護教員講習会修了者」であることを義務づけています。各領域の科目編成については以下のようになっています。

　また、医療的ケアは「医療的ケア教員講習会」修了者であることから別に定める講習を修了し、終了証の交付を受けた後、実施主体は地方厚生（支）局長に届け出ることになっています。講習会の内容は別表（**表2−4**）の通りです。具体的内容については別表に掲げる内容全てを実施すること、科目ごとの教育

表2－4　介護福祉士実習指導者講習会の内容

科目名	授業形式	時間数	内　容
介護の基本	講義	2	○介護福祉士が働く場で必要とされる法や制度の動向を理解する。 ・社会福祉士及び介護福祉士法、介護保険法、障害者自立支援法などの関係法制度 ・介護福祉士としての職業倫理
実習指導の理論と実際	講義	2	○実習指導の基本と実習指導者のあり方等について理解する。 ・実習の意義と目的 ・教育者としての実習指導者の役割 ・介護実習の目標 ・介護福祉士養成校との連携
	演習	2.5	・養成校との実習施設の連携を図るための実習懇談会ロールプレイ等
介護過程の理論と指導方法	講義	2	○介護過程の意義と目的を理解する ○介護過程展開のプロセスを理解する ・アセスメント ・課題の明確化 ・介護計画の立案 ・介護の実施 ・評価と修正 ・利用者個々の状態・状況に応じた介護過程の展開（自立支援・生活支援の視点で） ○介護過程における計画の作成と指導方法を理解する ・実習生にとって効果的な学習方法
	演習	4	・事例から介護過程を展開する ・実習生に対する介護過程の指導方法に関する演習
スーパービジョンの意義と活用及び学生理解	講義	1	○実習におけるスーパービジョンの意義と目的を理解する ・スーパービジョンの活用方法 ・実習生に対するスーパービジョン
	演習	6	○事例を通して学生理解及び指導方法について学ぶ ・スーパービジョンの実施方法 ・受講生の実習指導場面の事例及びそれに対する指導方法に関するグループワーク
実習指導の方法と展開	講義	1	○指導計画の作成と指導方法を理解する ・介護実習指導計画の作成と指導目標 ・実習記録の書き方と指導方法 ・カンファレンスの持ち方、評価方法等
	演習	2	・実習記録の指導に関するロールプレイ ・模擬カンファレンス
実習指導における課題への対応	演習	1.5	○実習指導における自職場の課題への対応方法について理解する ・実習生受け入れ、実習生指導に伴う自施設の課題と対処方法
実習指導者に対する期待	講義	1	○専門職に求められる倫理、資質、能力等を理解する ・教員・実習指導者に求められる資質、能力 ○介護福祉士のキャリアアップと生涯研修制度を理解する ・職員の就労意欲の向上、専門職としてのキャリアデザイン ・生涯研修制度と自己教育力 ・実習生の学習意欲の向上への結びつけ ○自職場における実習受け入れ効果の活用を理解する ・ケアの質の向上、業務改善への結びつけ ・介護に関する研究成果の活用と進展について
合計		25	

（出典：厚生労働省社会・援護局長通知　平成20年11月）

内容については一貫性および統一性が確保される効果的な運営が行われるように配慮することが規定されています。

【領域「人間と社会」の科目編成を行う専任教員の資格に係る基準】

　専任教員のうち一人は、次のいずれかの条件を満たすものとして、領域「人間と社会」における一貫性・統一性が確保された科目の編成等を行うことについて責任を有する者であること。

○介護福祉士、医師、保健師、助産師、看護師又は社会福祉士の資格を取得した後5年以上の実務経験を有する者であって、厚生労働大臣が別に定める基準を満たす講習会（介護教員講習会）の修了者その他その者に準ずる者として厚生労働大臣が別に定めるものであるもの

○大学院、大学、短期大学又は高等専門学校において、法令の規定に従い、当該教育内容を担当する教授、准教授、助教又は講師として選考された者

○専修学校の専門課程の教員として、当該教育内容を3年以上担当した経験のある者

【領域「介護」の科目編成等を行う専任教員の資格に係る基準】

　専任教員のうち一人は、次のいずれの条件も満たすものとして領域「介護」における一貫性・統一性が確保された科目の編成等を行うことについて責任を有する者であること。

○介護福祉士の資格を取得した後5年以上の実務経験を有する者

○厚生労働大臣が別に定める基準を満たす講習会（介護教員講習会）の修了者その他その者に準ずる者として厚生労働大臣が別に定める者

【領域「こころとからだのしくみ」の科目編成を行う専任教員の資格に係る基準】

> 　専任教員のうち一人は、次のいずれの条件も満たすものとして領域「こころとからだのしくみ」における一貫性・統一性が確保された科目の編成等を行うことについて責任を有する者であること。
> ○医師、保健師、助産師又は看護師の資格を取得した後5年以上の実務経験を有する者
> ○厚生労働大臣が別に定める基準を満たす講習会（介護教員講習会）の修了者その他その者に準ずる者として厚生労働大臣が別に定める者

(出典：厚生労働省「社会福祉士・精神保健福祉士・介護福祉士の新カリキュラムの作成に向けて」　説明会資料　2008年)

【領域「医療的ケア」の科目編成を行う専任教員の資格に係る基準】

> 　当該領域における教育内容の水準を担保し、医療的ケアが安全かつ適切に実施されるよう、その教員については、医療的ケア教員講習会修了者であること。
> ○医師、保健師、助産師又は看護師の資格取得後5年以上の実務経験を有する者。
> ○当該介護福祉士学校の正規教員ではなく、外部から教員を招聘し、「医療的ケア」の教育を担当させる場合、医療的ケアの教員要件を満たしていれば可能である。
> ○他の機関等と連携等を行うことにより教育の一部を実施させる場合
> ・介護福祉士学校が自ら実施することが困難である場合には他の介護福祉士養成施設、介護福祉士学校、福祉系高等学校等（特例高等学校等を含む。以下同じ。）、改正後の士士法附則第4条第2項に規定する登録研修機関等に実施させることも可能である。

(出典：介護福祉士養成施設における医療的ケアの教育及び実務者研修関係（通知）平成24年4月1日施行　厚生労働省社会・援護局より)

表2-5　医療的ケア教員講習会内容

科目	目標	時間数
制度の概要	介護職員等による医療的ケアの実施に関する制度の概要についての知識を身に付ける。	1
医療的ケアの基礎	感染予防、安全管理体制等について基礎的知識を身に付ける。	1
喀痰吸引	喀痰吸引について基礎的知識、実施手順及び指導・評価方法を身に付ける。	1
経管栄養	経管栄養について基礎的知識、実施手順及び指導・評価方法を身に付ける。	1
演習	喀痰吸引及び経管栄養の演習に係る指導・評価方法を身に付ける。	3
合計		7

(出典：実務者研修教員講習会及び医療的ケア教員講習会の実施について（通知）　平成23年10月28日　社援発1028第3号より　筆者転記)

①専任教員以外の教員にかかる規準

　三つの領域ごとに専任教員の規準が見直されたことを受けて、専任教員以外の教員については、介護現場の職員が教員として活躍できるように規準を弾力化し、「教授する内容について相当の学識経験を有する者又は実践的な能力を有する者」としています。

②介護教員講習会

　平成13(2001)年からスタートした「介護教員講習会」は一部見直しが行われました。専任教員のうち3領域の科目編成を行うもの、および介護の科目を教授する者および教務に関する主任者は、原則として介護教員講習会の修了が義務づけられました。また、この介護教員講習会の実施にあたっては、法人であれば、従来、基礎分野および専門分野の一部または専門分野に分けて講習の実

表2-6　介護教員講習会科目および時間数の内容

分野	教育内容	科目	時間数
基礎分野	介護福祉の基盤強化	社会福祉学、生活学、人間関係論、心理学、哲学、倫理学、法学のうちいずれか2科目以上	各30 計60以上
専門基礎分野	教育の基盤	教育学、教育方法、教育心理及び教育評価の4科目	計90以上
専門分野	介護福祉学	介護福祉学	30
	介護教育方法	介護教育方法	30
	学生指導	学生指導・カウンセリング 実習指導方法	15 15
	介護教育演習	介護過程の展開方法 コミュニケーション技術	15 15
	研究	研究方法	30
合計			300以上

施が認められましたが、現在は基礎分野、専門分野の13科目300時間以上の教育すべてを実施することになっています（**表2－6**）。

≪参考文献≫

澤田信子・小櫃芳江・峰尾武巳編『改訂　介護実習指導方法』全国社会福祉協議会、平成18(2006)年

社会福祉士及び介護福祉士養成に係る実習生の受け入れに関するお願い（通知）社援発第1111004号　平成20(2008)年11月11日

介護福祉士養成施設における医療的ケアの教育及び実務者研修関係（通知）平成24年4月1日施行　厚生労働省社会・援護局

実務者研修教員講習会及び医療的ケア教員講習会の実施について（通知）　平成23年10月28日　社援発1028第3号

第3節　実習指導者の役割

　実習指導者の役割とは、"介護という仕事の魅力と、楽しさを伝える"こと、そして専門職として"学び続ける"姿を見せることにあるのではないでしょうか。介護という仕事に魅力を感じて学ぶ介護実習生に対して、質の高い介護福祉士の養成を行うためには、教育の現場と実習施設の現場が、協働して介護福祉士を育てるという意識をしっかりともつことが大切です。実習指導は、次世代に向けての後継者育成であり、専門職としての使命かつ重要な倫理です。実習生の実習指導は、実習指導者だけでなく、実習施設の指導にあたる多くの職員が、現場で直接指導を行います。

　「教えることは、学ぶこと」であり、実習指導を通して、実習生と実習指導者を含む実習施設職員の双方が、共に成長し、学び、育む環境を整え、実習生にとって実り多い実習、体系的な指導内容の実現に向かって、チームマネジメントを担う役割があります。

1 実習施設がおさえるべき新しく加わった教育内容の三つのねらい

（1）介護過程の実践的展開

　新カリキュラムにより追加となった、実習施設がおさえるべき教育内容のねらいは三つあり、介護過程の実践的展開については、これまでも実施されてきましたが、実習生が「利用者を総合的に理解する」ために、利用者との関わり、利用者への関心、さらには利用者の望む生活への思いや願いなどを現在の生活と関連づけて考えることができるように指導します。また実習生が受け持ちの利用者に関わる時間を十分に持てるよう配慮を行い、実習生に対して利用者に関する質問や対話を繰り返しながら、更に実習生が利用者と関わりを深め、意識的に観察することができるように指導します。

（2）多職種協働を実践する能力を養う

　実習を通した介護過程の展開と多職種との協働のなかで、介護福祉士としての役割やサービス担当者会議、ケースカンファレンス等を通じて、多職種連携やチームケアを体験的に学ぶ内容とします。介護はチームで行うものであり、またそのチームメンバーは多職種、あるいは利用者家族、地域の関係者など、利用者本人の望む生活の実現のために、時に多種多様であることを踏まえて、実習期間中に多くの多職種連携の実際や、チームケアのあり方について実習生

が体験し、学べる機会を用意します。

（3）地域における生活支援を実践的に学ぶ

　利用者の生活と地域との関わりや、地域での生活を支える施設・事業所の役割を実習生が介護実習を通して理解し、地域における生活支援を実践的に学ぶ内容が求められます。施設で生活される利用者も地域のなかの生活者であるということを理解し、介護福祉士が地域においてどのような役割を担っているかについて学ぶ機会でもあります。地域と施設がどのように支えあっているのかについては、実習生だけではなく、施設で働く介護職員も深く知る必要があります。

2　実習指導者に求められること

　実習指導者は、施設において実習指導を行う中核的な人材であり、コーディネーターです。施設全体、多職種協働チームや介護職チームのなかで、実習生に対する受け入れを行う意義や目的、指導内容などをそれぞれにしっかりと理解してもらい、実習生に対する指導方法などを検討しあう場を設けます。

　また、介護現場を支える人材は、すそ野の拡大とともに多様化している現状があり、関連する全スタッフに、実習生受け入れに関する事前の周知徹底と理解と協力をお願いするなど、積極的にチームに働きかけを行いながら、実習生の受け入れに向けての環境を整えます。

　実習生を受け入れる準備において、実習生が学んだ知識・技術の習得状況などについて、養成校から一人ひとりの実習生の細かな情報を伝えてもらい、実習施設はその情報から一人ひとりの実習生に適した実習を計画していく必要があります。個々の実習生のために実習施設と養成校が、きめ細やかに連携することがとても重要であり、養成校との連携体制も整えます。

　実習生の受け入れ指導体制を築き、綿密に準備を行ったとしても、日々予期せぬ突発的な状況が介護現場では起こり得るものです。現場の人員にゆとりを持たせた配置を行い、当日を迎えたはずが、現場で起こるさまざまな状況や対応に追われることは決して珍しいことではなく、それをも見越した準備や心づもりが尚一層必要となるでしょう。自らも日々、利用者への介護を行いながら、利用者へのケアの質の低下への懸念や、十分な実習生への指導が行き届いていないのではないかといったジレンマを抱えるなど、実習指導者や実習指導者以外の介護職員が、こうした状況を一人で抱え込むような状況だけは避けるようにしなければなりません。

　"介護という仕事の魅力と楽しさ"を実習生に伝えるために、そして、より実り多い実習を実現させるためにも、施設全体でひとつのチームになって受け

入れを行うことができるように、手厚い指導体制構築をめざす必要があります。

3 実習生への指導をチームにおける効果的な人材育成・自己研鑽につなげる

「実習施設全体で実習生を受け入れる」「チームで指導を行う」という共通認識を持つためにも、受け入れにあたっては、事前に施設内での研修を実施するなど、実習受け入れのためのチーム形成と意義のあるチーム活動の一つとして、意図的に組織内に位置付けることも必要です。とはいえ、実習生の受け入れ指導体制をつくった後に、実習指導マニュアルや情報共有がなされているからといって、実習指導者以外の介護職員が実習生に対する指導や助言、振り返りなどをすぐに適切に行えるわけではなく、実際に実習生を受け入れて、初めて指導方法について学ぶことも多いと思います。

実習指導は、実習生がその日どんな体験をし、自らが体験したことにどんな意味があるのかについて一緒に考えることを基本とします。答えを単に教えるのではなく、実習生が体験した出来事やそれによって起こった状況や利用者の反応を考察しながら、実習生の気づきを大切に指導にあたることを伝えます。

また一方で、実習生が疑問に思ったことや問題点などについては、速やかに解決できるように、「なぜそれを行うのか」について、根拠や理由を説明して、実習生に理解を得られるように指導を行うことを伝えます。根拠のあるケア、わかりやすい説明や相手に伝える力を高めるために、介護福祉職には「学び」が欠かせません。

実習指導者や指導にあたる介護職員が、実習生の反応や日々の変化に気づくことができれば、実り多い実習につながるだけではなく、指導にあたる職員一人ひとりの成長にもつながり、やがてそれは組織、チームとしての人材育成力の向上、チームケアの向上にもつながります。

4 実習指導者が留意すべきこと

実習生は、緊張と不安の中で実習に挑みます。実習指導者や指導にあたる職員は、実習生のこうした緊張と不安に寄り添いながら、良い関係をそれぞれが構築していきます。また、実習生は、実習目標をそれぞれもっています。実習生が達成したいと考える個人的課題や目標に留意し、すり合わせを行いながら指導を行っていきます。実習を通して、実習生が利用者と関わりながら、利用者を総合的に理解できるようになることが重要です。介護技術の習得には一定期間の取り組みが必要不可欠であることを念頭に置き、指導にあたります。こ

の点においても、実習指導者以外の指導を担当する職員にも必ず伝え、実習生の日々の様子や目標到達度を意識しながら、状況を見極めて、柔軟性をもたせた指導を心がけるように、指導に直接あたる職員に対しても指導を行います。実習生一人ひとりの状況にあった指導方法について、職種間、介護職員間での連携を密に、情報共有が滞ることなく、円滑になされているかについても注意が必要です。

　実習指導者以外の指導にあたる職員の多くは、実習生に対し「何を、どう指導すればいいのか」について、迷いや不安を感じます。指導にあたる職員の一人ひとりの能力を見極め、実習生に対する指導にしっかりと向きあえるように、勤務体制をつくります。他にも介護現場で指導に直接あたる職員が迷うことがないように、準備するもの、指導方法（説明する、実際にやってみせる、実習生にさせてみる、実習生に質問をして確認する、質問する内容、考えさせて、言葉で表現させる、できたら褒めるなど）、他にも指導するうえでの留意点などをわかるようにしておくことも重要です。やるべきことを示すことにより、一緒に考えることで、学び合い、共に成長できる機会とします。実習指導者は、指導にあたる職員との振り返りも、その都度行う必要があります。

＜質問内容（質問・話し合い・共に考える）の一例＞
・利用者とのコミュニケーションを築く上で、どのようなことをしましたか。
・その人らしさが良くあらわれているなと感じたところは、どのようなことか。
・利用者の好きなこと、嫌いなこと、楽しみにしていることは何か。
・利用者の生活を多職種で支えている。各々の職務内容はどのようなことか。
・利用者のプライバシーを守るために、あなたは何を具体的に行いましたか。

5　介護という仕事の魅力と楽しさを伝える

　介護は、人手が足りず、きつい仕事だと思われがちですが、視野を広げてみれば非常にクリエイティブな仕事です。身の回りの介助をするだけではなく、いかにその人の人生を充実させていくかが仕事です。利用者からの「笑顔」や、感謝の言葉をいただく度に、やりがいも大きいと感じている介護福祉職も多いと思います。実習期間中に実習生に対し、理解してほしい介助内容を伝えるだけでなく、できるだけ介護という仕事の魅力と楽しさにもふれられるように、実習指導者も指導にあたる介護職員も、普段仕事について感じていることを表現し、指導してほしいと思います。それと同時に、介護を必要とされる利用者の生活課題を的確に捉え、どう支援していくかについて、専門職として、幅広く「学び続ける」必要性があることを伝えます。

第4節　実習指導における課題への対応〜介護福祉士養成施設との連携・共通理解の形成

1　受け入れ施設・事業所の役割

　介護実習を受け入れるにあたり、施設・事業所は、実習の体制を整える必要があります。実習の場である施設・事業所は、「利用者が過ごす場・暮らす場」であり、「その介護を担う人たちの働く場」です。そこに実習生が加わることで、業務に影響が出ることは予想できます。しかし、実習に来る学生は、将来の介護を支える介護福祉士の卵でもあります。育てる大切さを理解し、実習の体制を施設全体で整え、受け入れる準備をする必要性があるのです。

　はじめに、実習生を受け入れるためには、組織として実習生を受け入れる意義を明確にし、施設・事業所全体で受け入れることを確認します。そのためには実習指導者が中心となり、実習指導マニュアルの整備や計画書などを作成し、会議等を利用し実習施設全体で共有するようにします。この周知徹底が、介護職をはじめさまざまな職種や部署で実習生を受け入れる意義を理解し、実習を受け入れる体制が整うのです。実習施設全体が実習の受入チームとなるのです。その後、受入体制として、実習チームを形成していきます。

　また、実習受入チーム（**図2−2**参照）は、介護職員のみではありません。施設・事業所長や他職種の職員、利用者もチームの一員になります。そのため利用者（利用者家族）にも、意義や実習内容、日程などを伝え理解していただく必要があります。実習指導者は実習受入チームがスムーズに機能するように働きかけていきます。特に「訪問介護」の実習や「通所介護」などの送迎は、利用者の自宅を訪問することになりますので、利用者やその家族に説明し、同意を得たうえで、細かなところまで確認する必要があります。

　さらには、実習受入チーム（**図2−2**参照）に地域も含まれることから、地域における施設・事業所の役割についても職員間で共通の認識をもっておくことが必要です。施設・事業所がある地域の特性やその地域の文化や行事を伝えていくことも必要となってきます。

2　介護福祉士を育てるための実習体制

（1）介護福祉士を育てるための実習体制

　介護実習を実施する際の関係者が以下の**図2−2**になります。この中心にい

図2−2　介護福祉士を育てるための実習体制のイメージ

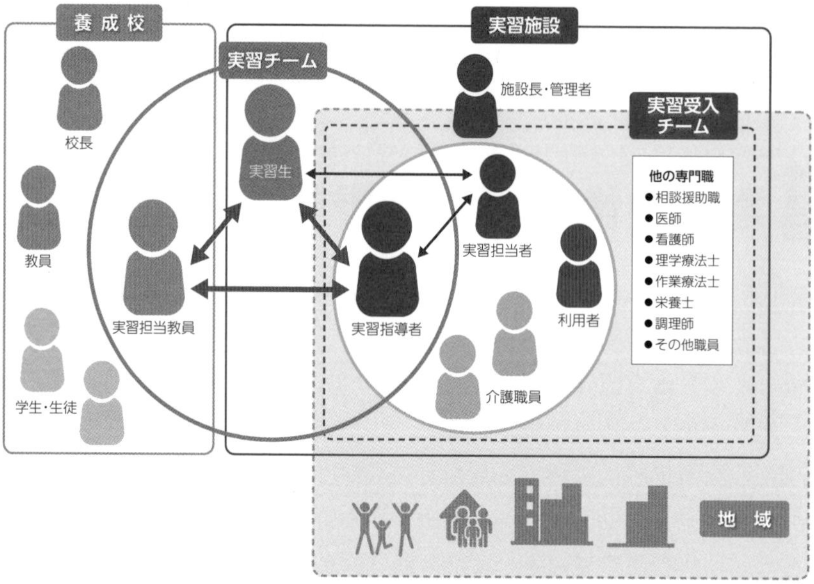

（出典：介護実習指導のためのガイドライン　公益法人日本介護福祉士会　2019年3月）

るのが、実習生であり、介護実習指導者と実習担当教員になります。

（2）実習チーム

　実習指導は、実習施設の職員全体で関わります。介護職員としては、実習指導者、実習担当者を設定することになります。ただ、実習生を受け入れることは、実習施設全体で受け入れることになり、介護福祉士養成カリキュラムに新たに加わった地域における生活支援の実践を学ぶ観点からすると、実習施設を取り巻く地域も視野に入れ広い視点で実習を受け入れることになります。

　まず、実習指導者は、実習生と養成校の実習担当教員とで実習チームを形成します。実習生を中心にし、実習の受け入れの連絡調整などを行います。この実習チームが、介護実習の中心となります。

（3）実習受入チーム

　介護実習期間中、常に実習指導者がついて実習生を担当するわけにはいきません。そこで、日々の実習のなかでは、他の職員が担当することになります。この担当者を実習担当者といいます。ただ、実習担当者はその日に決めるものではありません。実習指導者を中心に、実習計画とともに勤務表などを検討し、担当者を設定します。実習施設全体を、受入チームとした受け入れになりますが、その受入チームは、実習する内容に応じてさまざまな規模になります。小さな単位では、ユニット単位やフロア単位のチームが想定され、大きい単位で

は実習施設全体を、さらには地域を含めて想定し設定します。

（4）介護過程の実践的展開に取り組む実習受入チーム

　介護過程については、実習Ⅱとして位置付けられ行われています。サービス担当者会議等に参加し、ケアマネジメントと介護過程の関連性を理解し、生活課題の充足に向けて介護福祉士がどのように職種間で協働しケアを行っているのかを学習します。ここでは介護過程を実践する介護福祉職と利用者や家族というチームの他にも、利用者に関わる全ての職種が介護過程を理解し、同じ方向性で協働するチームとしても位置付けています。ケアマネジメントのサービス担当者会議などでの連携も必要になってくることが想定されます。

（5）多職種協働の実践に取り組む実習受入チーム

　異なる専門性をもつ多職種が、それぞれの職種の視点や能力を活用して利用者の生活支援を行うことでより良い支援につながるということを実習生が学習することが大切です。実習指導者は、多職種と調整しながら実習計画や勤務表を検討していきます。それぞれの職種の職員も、実習生に対して各職種の専門性や多職種間での連携方法等を同じ視点で指導できるよう、利用者に関わる全ての職種が実習受入チームに入っていることが想定されます。

（6）地域における生活支援の実践に取り組む受入チーム

　利用者が地域のなかで暮らしているという視点や地域と施設・事業所がどのように支えあっているのかを学習することが大切です。施設・事業所周辺の地域環境や資源の説明を行うことや、地域で行われる行事に利用者や施設職員が参加する機会をもつこと、施設を地域に開放するなど取り組みはさまざまです。そこで関わる人々全てがチームとなることが想定されます。

3　実習生の情報把握と権利擁護

　実習生の氏名、年齢等の基本情報と実習に関する情報や内容だけでなく、性格等の特徴や留意すべき疾病や既往歴等の情報を実習指導に関わる職員が実習開始前に把握することは、実習生への接し方や指導方法の工夫を行ううえで必要になります。近年の実習生のなかには、さまざまな背景（疾患、学力不足等）のある学生も少なくありません。実習指導者と養成校の実習担当教員が常に情報交換を行いながら、実習生の実習が円滑に、また充実したものになるよう連携することが大切です。ミーティングや回覧等を通じて職員間で共有、周知することが必要になります。

① 基本的な情報（氏名、年齢、学年、社会人経験の有無、連絡先等）
② 性格、趣味、留意すべき疾病、既往歴、服薬状況
③ 実習段階、実習期間、実習目的、実習内容、実習生の自己課題、実習目標
④ 介護技術（生活支援技術）の習熟度、科目の履修状況、授業の受講態度、学生間のようす

　これらの内容は、実習生の個人情報となり、どこまで情報を入手するかは慎重に検討し、管理する必要があります。実習生の学力不足を指摘したり、偏見や先入観をもったりせず、受容の態度で接し実習が円滑にすすめられるよう指導する必要があります。特に回覧などで情報共有する場合、利用者や家族の目などにふれないよう注意する必要があります。

　また、実習生に対するセクシャルハラスメント等も問題になっています。実習生との不適切な関わりや個人情報を私的に使用することのないよう周知・徹底します。

4 利用者への説明

（1）利用者・家族への説明の必要性

　利用者とその家族への説明は、実習生を受け入れるにあたり大切なことになります。実習生にとっては学びの場であり、学生が利用者に対して十分なサービスが提供できるわけではありません。関わることが予想される利用者とその家族には、詳細を説明する必要があります。また、家族には事前に文書等で知らせることも大切になります。さらには、施設の掲示板や便り（広報紙）などに、基本的な情報を掲載することで、全ての利用者・家族などに知らせることも必要かもしれません。

（2）説明の内容

　介護実習は、利用者にサービスの提供が行われ、何らかの影響を受けるものになります。利用者への説明は、以下の事項などを含むことが考えられます。

①介護実習の目的と内容

　介護福祉士は、今後介護のリーダー的な存在になるための人材です。学生の期間に実習施設で学ぶことのできる介護実習は、とても大切な科目になります。しかし、利用者とその家族には、施設の会議に出ているわけではありませんので、何をしに、どこからきたのか全く理解できていません。介護福祉士の資格の説明から、そのためになぜ実習が必要で、どんな実習が必要なのかを説明する必要があります。

②実習生の情報

実際に実習生が、何を学びに、どこの養成校から実習に来ているのか、事前に説明するのは難しいものです。細かい情報を伝える必要はありませんが、その養成校がどこにあるのか、年齢、性別などに加え、ちょっとした実習生の自己紹介を伝えると、利用者やその家族は想像しやすいかもしれません。

③実習の時期

介護実習が、いつから始まり、いつまで続き、何時からくるのかなどを伝えることも大切になります。初めて出会う人に対して緊張することは、誰にでもあることですが、利用者にとっては介護者の一人になりうるのですから、日程・開始日・終了日のみならず、勤務形態、時間なども説明するようにしましょう。

④実習生の行える範囲など

実習生の知識・技術は、履修状況などで大きく変わります。そのため各実習施設において実習生の行える援助には制限を設けていることと思います。

しかし、利用者にしてみれば、介護の実習をするために来たのだから介護職員と同じことができると考える可能性もあります。利用者に対して実習生の行える援助の範囲を説明し、トラブルや苦情がないように配慮する必要があります。

⑤実習生が利用者に与える影響

介護実習の実習生が利用者の生活にどのように関わるのかを説明し、そのために利用者の利益と不利益について説明します。利用者の生活の場に実習生が入るということを忘れず、利用者主体で考える必要があります。

⑥個人情報の保護と秘密保持

個人情報は厳重に管理されなければなりませんが、効果的な実習を行うためには、実習生に対し利用者の個人情報を必要な範囲で提供することが不可欠です。たとえば介護過程を展開する場合など、利用者の身体状況、病歴、生活歴等は理解しておかないと、適切なアセスメントを行うことができません。

実習指導者は個人情報の提供を行うことについて、利用者および家族から理解と同意を得なければなりません。この場合、利用者や家族が納得し理解が得られるようであれば、必ずしも同意書等の書面を得る必要はないと思われます。

また、実習生にも秘密保持の義務があること、秘密保持の指導を徹底させること等も十分に説明し、利用者に不安を与えないようにすることが大切です。

⑦苦情受付の体制

実習生は養成校に所属していますが、利用者が養成校の教員に直接苦情を訴えることは現実的に難しいと考えられます。養成校の教員の巡回指導は、おおむね週1回程度であり、巡回指導の滞在時間も限定的である場合も多いからです。また、通常は養成校の教員が、利用者に直接的に関わることはありません。そのため、実習に関する利用者やその家族からの苦情は、実習指導者が受けることにしたほうがよいでしょう。実習指導者が実習について中心的な役割を担うことを説明し、実習の苦情についても相談窓口となる旨を伝えるようにしましょう。

（3）説明の方法

①個別に説明する

説明の方法としては最も確実です。利用者の空いている時間に合わせて説明することができ、利用者が理解しているかどうかを随時確かめながら説明することができます。

②説明会の開催

入所・入居、通所の施設の場合は、食堂や会議室等の広い場所に利用者を集め、一斉に説明を行うこともできます。個別に説明するよりも時間は要しませんが、その場にいない利用者がいる場合や、認知症の利用者などが、どの程度内容を理解できているのかを把握しにくい面もあります。また、すべての利用者の意向をくみ取ることが難しく、同意の確認が曖昧になりやすいことに留意すべきです。

③文書の掲示や配布

情報の手段としては手軽ではありますが、視覚障害や識字困難な利用者、認知症により理解力に支障がある利用者には伝達できないため、厳密には説明したとはいえません。同意を得る必要がある場合、利用者の意向をくみ取ることが難しく掲示だけでは同意を得たとはいえません。

（4）説明の時期

利用者への説明の時期は、実習1か月前から遅くとも1週間前までを目安とします。利用者への周知を図るためには、この間に2段階で行うのがより効果的です。すなわち、1か月前にはポスターを作成のうえ掲示し、施設利用者全体への説明とします。そして実習が始まる1週間前を目安に、実習生が直接関わるフロア・ユニット等の利用者に個別で説明し、実習生が来た初日にも紹介

を含めた説明があるとより一層利用者への理解が深まります。

　介護実習はおおむね2週間から1か月の期間にわたって行われます。この間、利用者の生活に実習生が入り込むことになります。利用者には自分の生活に関わることを知る権利があり、利用者の生活を支援する者にはそれを伝える義務があることを忘れてはなりません。

（5）説明の責任者と担当者

　介護実習は実習施設としてその長の責任において受け入れを行っていることから、利用者に対する説明の責任者も、第一儀的には施設長・事業所長等の施設管理者となります。そのため全体に対する説明は、施設管理者かその代理として実習指導者が行います。実習施設として介護福祉士の養成に取り組んでいることを示し、利用者の理解と協力を得ることが大切です。

　次に個別に説明を行う場合は、実習指導者が担当します。利用者に対し実習の指導方針を説明し、自分が指導者の直接的な担当者であることを知らせるようにします。ただし、実習生が関わる利用者が多数である場合は、相談援助職やフロア・ユニットの責任者等にも協力を依頼し、分担して説明を行うのもよいでしょう。その場合でも、実習指導者が説明事項をまとめ、内容にばらつきがないようにします。

5　養成校との契約

（1）契約書の内容

　介護実習では、養成校側から契約書の取り交わしを依頼してくることが一般的です。しかし、なかには口頭のみの依頼が行われることもありますが、口約束での依頼は誤解が生じ、双方の担当が変わった際に、引き継ぎがうまくいかない場合も想定されます。そのため、書面での契約が望ましく、無い場合には養成校側に依頼するのもよいかもしれません。

　ただ、契約書というと単なる形と思われがちで、捺印したものを双方が持つだけで、内容をあまり確認していないこともあります。この契約は、実習施設と養成校だけのものではなく、実習生をどう育てるかの根幹に関わる契約ですので、しっかりと確認しましょう。契約書のなかには、以下の点を含めるようにしましょう。

①実習委託期間
　契約書を取り交わす前に、養成校側と調整して記載してもらいます。細かな時間や、実習生により日が異なる場合などについては、養成校側から介護実習

計画の詳細を別にもらうようにしましょう。

②実習内容

この項目についても、大まかな内容で構いませんが、記載してもらいましょう。個々の実習生により実習内容は違い、習熟度により違いがでてくるかもしれません。それらは、別紙実習計画のなかで、記載してもらいましょう。

③実習指導者

実習施設・事業に係る基準に、実習指導者の用件が記載されています。実習ⅠとⅡでも要件が異なります。施設・事業所として受け入れることができるか確認を怠らないようにしましょう。また、実習指導者には、登録が必要になります。養成校側と確認しましょう。

④健康診断・細菌検査・予防接種

受け入れる側にとり、感染予防の観点から重要な項目になります。ただ、相手は学生であり費用や日程などの課題があることも事実です。養成校側としっかり話し合い、どこまで求めるか確認しましょう。

⑤事故などの責任

あってはならないことですが、介護実習中に事故が発生することも想定する必要があります。施設側の指導・監督の責任もありますが、実習生の所属する養成校にも責任はあります。事故発生時の対応を双方で確認し、保険の加入状況を含め記載してもらいましょう。

⑥個人情報

施設側は、養成校から実習生の個人情報を受け取ります。また、実習生も利用者の個人情報を知る機会がでてきます。双方で個人情報保護の観点について、確認するためにも記載しましょう。また、実習生からは、個人情報に関する誓約書の提出を求めることも大切です（第3章　**表3－1**などを参照）。

⑦実習委託費

双方で、金額についてはあらかじめ定めておく必要があります。実習生の負担にもなりますので、金額は養成校側とよく話し合い決めて記載しましょう。

⑧緊急時の対応

実習中の事故や病気、災害などの緊急時の対応については、あらかじめ、連

絡方法を確認し、記載しておきましょう。

（2）その他

　詳細については、先にもふれましたが、介護実習計画などで、確認しておきましょう。また、施設のルールや実習生の準備物、食事の提供の有無とその料金、施設設備の利用方法などについても、施設と実習生だけでなく養成校側としっかり確認しましょう。

表2－7　契約書例

実習生受け入れに関する契約書

(法人名および施設名)＿＿＿＿＿＿＿＿＿＿＿＿＿＿＿＿＿＿＿＿＿＿ (以下「甲」という。) と学校法人木村学園
〇〇〇〇福祉専門学校 (以下「乙」という。) は、実習生の受け入れに関して次のとおり契約を締結した。

（目　的）
第1条　甲は乙の学生を、甲の実習生として受け入れ、乙が行う人材育成を支援し地域社会にも貢献する。

（実習依頼の手続き）
第2条　乙は甲に対し、乙の学生を甲の実習生として受け入れを依頼する場合は、各実習段階の実習開始日の少なくとも1月前までに書面によるものとする。書面には、乙の希望する実習期間、実習内容および参加実習生名簿を記載し、甲の確認に供するものとする。

（有効期間）
第3条　本契約の効力は以下の年月日からとする。なお、甲乙の一方が契約内容の変更を要望する場合は、甲乙で協議の上、改めて契約書を交わすこととする。なお、期間満了後、甲・乙双方が異議なきときは、引き続き1年毎自動的に延長することとする。
　　　　平成　　年　　月　　日

（実習生の身分）
第4条　ここでいう実習生とは以下の者をいう。
　　　　　　乙の介護福祉学科の在校生

（実習内容）
第5条　甲が乙に対し、受け入れる介護施設実習内容は、(施設種別)＿＿＿＿＿＿＿＿＿＿＿＿＿＿＿＿
　　　にて実施するものとする。

（実習時間）
第6条　甲が乙に対して受け入れる実習時間は、実習の内容に従い、甲の施設の勤務時間に準ずるものとする。

（実習受け入れの決定）
第7条　各段階における実習受け入れの決定は、甲が、乙の依頼する実習期間、実習内容および参加実習生を勘案し、乙と調整のうえ甲が作成した承諾書によってなされる。

（諸経費）
第8条　乙が甲に支払うべき経費は以下のとおりとする。
　　　（1）委託費（1人の単価は1日当り2,000円とする）
　　　（2）食　費（施設で注文する場合のみ）
　　　（3）宿泊費（施設で宿泊する場合のみ）
　　（1）については、乙が甲の請求書に基づき月末締め、翌月25日に甲の指定する口座に一括振り込むものとする。なお、振り込み手数料は乙の負担とする。（2）及び（3）については、乙の学生が実習最終日に、各自直接甲に一括支払うものとする。

（諸経費の返還）
第9条　甲は、乙または乙の学生より一旦納付された諸経費については、特段の事情がない限り一切返還しないものとする。

（安全衛生）

第10条　乙および乙の学生は、甲の施設サービス利用者の安全確保に配慮するため、甲から安全衛生に関する書面の提出を求められた場合はこれに従うものとする。なお、乙は、乙の学生に対して実習期間中、甲の関係者の指示に従うよう周知徹底を図るとともに、健康管理に十分注意するよう促す。

（守秘義務）

第11条　乙は、乙の学生に対し、実習中に知り得た甲の施設サービス利用者および施設職員に関する個人情報の秘密保持に努めさせなければならない。同様に、甲は、乙の学生の個人情報の秘密保持に努めるものとする。

（損害賠償）

第12条　乙は、乙の学生が、故意または重大なる過失により他人に損害を与えた場合、乙または乙の学生はこれを保障しなければならない。このため、乙は、乙の学生に対し、実習開始前に損害賠償保険に加入させるものとする。これにより、甲は、乙または乙の学生および第三者からの求償請求には一切応じることなく、責任は乙または乙の学生に帰属するものとする。

（実習許可の取消し）

第13条　甲は、乙の学生が甲の関係者の指示に従わず身勝手な行動により著しく秩序を乱すと判断した場合、当該実習生の実習許可を取り消すことができる。

（信義誠実）

第14条　甲および乙は、本契約に定める条項について信義に従い誠実に履行するものとする。なお、本契約の条項について疑義が生じた場合、および本契約に定めない事項については甲乙協議の上、これを決定する。

本契約の成立の証として本書2通を作成し、双方記名押印の上各自1通を保有する。

平成　　年　　月　　日

甲　（所在地）

　　（法人名）

　　（施設名）

　　（代表者）　　　　　　　　　印

乙　（所在地）

　　（法人名）

　　（名　称）

　　（代表者）　　　　　　　　　印

6　介護実習に関わる共通理解のために

（1）実習前の連携

　実習施設と養成校で共通理解を形成するために、「実習懇談会」や「実習連絡会」などが、養成校で開催されます。そこでは、養成校の介護実習に関する説明などが行われます。養成校からは、①養成課程の説明、②教育の理念・方針・カリキュラム、③実習委託費・保険などを説明されます。その際に、施設

側として、①施設の概要（種別・組織・理念・方針など）、②実習の受け入れ体制（日程・受け入れ可能人数など）、③個人情報の扱い、④緊急・事故時の対応などを伝える必要があります。

　実習施設の実習指導マニュアルや、養成校の実習の手引きなどを双方で確認し、介護実習の受け入れについて話し合いをもつ必要性があります。他にも、実習生の学習段階、実習段階、実習の目標や評価に関する内容を養成校側から提示してもらうことも大切です。さらには、実習生の様子についても情報交換する必要性があるかもしれません。

（2）実習中の連携

　養成校は、巡回指導、帰校日などを設け実習生の学びをサポートしています。ここで重要なのは、養成校側に実習の状況をしっかり伝えているかがポイントになります。実習生の様子や、どのような成長やつまずきがあったのか、実習生の実習状況についての情報交換が必要になるのです。実習指導のなかで、指導した内容をはじめとした情報提供、養成校側に指導や調整をしてほしい点なども含めて情報交換することが大切です。巡回指導の際や、中間反省会などを実習チームで行うことも大切になります。ただお互い急な業務が入ることも想定されます。その際には、実習生の実習が滞らないよう、電話やメールなどを活用し、負担にならないような情報交換方法を考えておくことも大切になります。

　実習の最後や途中で行われるカンファレンスは、実習生の学びを振り返り、実習後の学びの深まりや、自己を振り返るためにも必要になります。実習生の感想や意見を聞くことで施設・事業所職員全体の実習受け入れに関する意識の向上につながったり、介護サービスの質の向上にもなります。

（3）実習後の連携

　実習終了後は、実習生の評価表を送って終了ではありません。実習中は、実習指導者が主となり、実習チーム・実習受入チームが実習生を指導しますが、実習後は、養成校の実習担当教員に代わります。この引継ぎが大切になり、事前の実習の目標や評価等の確認、実習指導のための十分な話し合い、記録、日頃のコミュニケーションが大切です。さらには、養成校からアンケート等も含めた実習生の実習に対する意見や感想、実習の振り返りレポート、事例研究等などを返してもらうのもよいかもしれません。実習施設はそれらを次の実習の実施や介護サービスの質の向上、養成校とのよりよい実習のための連携づくりをしていくことが大切になります。

　他にも、実習報告会などが企画された際などは、積極的に養成校に出向き、また実習とは違った実習生の様子をみるのも大切になります。

第3章

実習指導の
方法と展開

実習指導の方法と展開

学習の内容

本章では、実習指導の具体的な方法と展開について解説します。
- 第1節では、実習受け入れの準備について、施設・事業所内でどのような準備が必要なのかを解説します。
- 第2節では、個人情報の保護等の対応に関して解説します。個人情報の保護に関する法律（平成15年）が制定され、施設・事業所の利用者の情報を守る義務が実習生にも課せられていること等を解説します。
- 第3節では、具体的に実習指導をどのように展開するのかを解説します。
- 第4節では、施設・事業所の実習指導の特徴について解説します。介護保険施設・事業所と障害児者施設・事業所の違いなどについても学習しましょう。

第1節 実習受け入れの準備

1 施設内における事前準備

①実習指導者を指名する

　実習生を受け入れるには、実習指導者として下記資格要件を満たす職員の配置が必要となります（詳細は第2章第2節を参照）。

　＜実習施設・事業等（Ⅰ）＞
　　介護福祉士の資格を有する者又は3年以上介護業務に従事した者。
　＜実習施設・事業等（Ⅱ）＞
　　介護福祉士として3年以上の実務経験を有し「介護福祉士実習指導者講習会」を修了した者。
　＜その他＞
　　同時に受け入れられる学生数は実習指導者1名につき5名を限度とする。

　実習の受け入れは実習指導者を中心に行われますが、実習指導者の資格要件等から考えると、施設内に資格要件を満たす職員は2名以上必要ではないかと考えます。1名だけでは、病気や転職等何らかの理由で欠員が生じた場合には実習の受け入れ自体が不可能になる可能性も発生します。

　そこで提案したいことは、職員のレベルアップ研修として実習指導者研修を位置づけ、職員教育の一環として検討することです。たとえば、5年以上の中

堅職員が順番に実習指導者研修を受講できる体制や予算措置を行う等が考えられます。実習指導者として指名を受けた職員も自分の役割を理解してくれる職員がいることは心強いものがあります。また、実習指導の協力体制もつくりやすくなります。つまり、実習指導は施設長はじめ施設全体で考え、職員の教育システムとして検討することも大切です。

②実習委員会を設置する

実習の受け入れは実習指導者一人で行うわけではありません。そのためには実習指導者を中心とした「実習委員会」等の組織をつくり、施設全体のシステムとして位置付けることが大切です。実習委員会の設置により実習受け入れを実習指導者一人の責任にするのではなく、組織として検討することにより年間の受け入れ計画や日々の実習指導における各職員の責任と役割分担等が明確になってきます。

③年間受け入れ計画を作成する

毎年、年度末から年度初めにかけて実習施設や事業所には養成校から実習依頼の打診があります。実習受け入れは養成校の依頼に基づいて行われますが、受け入れ要請が実習施設・事業等（Ⅰ）か（Ⅱ）なのかで実習内容も変化します。実習時期、日数、人数とあわせて依頼内容を確認することが大切です。

また、施設内の年間行事や複数の養成校からの実習依頼や各種研修受け入れ等も考慮しながら無理のない年間計画を作成します。作成した年間受け入れ計画は職員に提示し、全職員が実習生の受け入れに対して理解を深められるように工夫することが大切です。

④実習契約書、実習の手引を確認する

実習受け入れに際して「実習契約書」を養成校と取り交わしている施設もあると思います。契約書には実習に関するさまざまな取り決めが記載されていますので内容を確認することが大切です。また、契約書の作成まで至っていないにしても、養成校から送られてくる「実習の手引」や「実習マニュアル」等を確認し、養成校の教育内容だけでなく、学生保険の内容や緊急時の連絡先等のリスクマネジメントやプライバシー保護等について確認することが大切です。

2 実習受け入れ計画とマニュアル

（1）実習受け入れ計画の作成

　施設・事業所で実習生を受け入れる場合、それぞれの養成校との実習に関する契約のもとで行われます。養成校のカリキュラムにそった各段階の介護福祉実習のほか、社会福祉士や看護師、ホームヘルパー、介護体験学習の生徒や公務員研修、ボランティアなどさまざまな人材を、年間を通じて受け入れています。

　複数の実習生を受け入れる施設等では、実習を円滑に行うために実習の種別、実習の時期・期間・人数等を調整し、実習受け入れ計画の作成が必要になります。

　年間受け入れ計画が調整されていないと、一人の指導者が複数の実習生を受け持つことになったり、新人職員が実習生を指導することになったりします。担当する指導者には大きな負担となり、実習生にとってもよい指導が受けられない、集中できないなどという状況も発生します。なによりも利用者は、多人数で排泄介助や入浴介助に対応されることになり、不快な思いや、不穏を感じる原因となり「利用者の尊厳の保持」を侵すことになります。

　実習施設等では、受け入れる人数や時期を十分検討し、実習指導が円滑に行われるよう取り組むことが大切です。

（2）「実習受け入れマニュアル」

　実習指導者をはじめ、現場職員が実習指導を円滑に行うための受け入れマニュアルを作成することで、実習内容を理解し、実習指導の標準化を図ることができます。実習指導者が変更になった場合や、はじめて実習生を指導することになった職員等はマニュアルに沿って指導することができます。その反面、マニュアルに頼りきってしまい、マニュアルに書かれていないことは指導・説明できなくなったり、突発的なことが発生した場合等に対応しきれないなどということが起こってしまいます。

　受け入れマニュアルの内容は、それぞれの実習施設で決定されることになりますが、常に見直しを行い、現状にあったものに変更していく必要があります。
＜「実習指導マニュアル」との違い＞

　「実習受け入れマニュアル」は、実習生を受け入れるにあたり、なぜ組織として実習を受け入れているかを理解し、そのためにすべきことは何か、誰が担当するのか等がわかるようにしなければなりません。また「実習指導マニュアル」は、実習生や養成校に説明すべき内容などが必要になります（第3節7参

照）。いずれも、担当する実習指導者はじめ、すべての職員が把握しておくことが大切です。

①担当窓口の確認

施設・事業所によっては、実習指導者が複数いる場合もあります。また、複数の養成校から同時に複数の実習生を受け入れることも少なくありません。養成校ごと、または実習生ごとの担当となるかは、それぞれの施設・事業所の考え方となります。いずれの場合も、養成校と施設・事業所のそれぞれの担当窓口を明確にしておく必要があります。

②利用者・家族への説明

利用者・家族へは実習生の受け入れを行っていることを施設利用開始時に説明する必要があり、利用契約を結ぶ際に「重要事項説明書」に明記しなければなりません。利用者・家族に対して、実習生の受け入れ（氏名や所属、期間、実習内容など）を実習初日までに連絡します。

また、実習期間中、実習生の指導を担当する職員は利用者や家族等に失礼のないよう、見守り・指導しなければなりません。実習終了時には、終了したことを説明するとともに挨拶を行います。

③事前オリエンテーション

通常、事前オリエンテーションは、実習開始の10日から1週間くらい前に行います。基本的には、実習生から連絡があり、双方の都合のよい日程を調整します。

実習生にとっては、事前に施設等を訪問することにより、場所や交通手段の確認、施設や事業所の概要、サービス内容等を事前に把握できるとともに、施設内を見学し、利用者の様子や施設の雰囲気を知り、こころの準備と、実習に必要な持ち物や服装等の確認を行えます。また、受け入れ施設等にとっても実習生を事前に理解するうえで重要な機会となります（第3節1参照）。

a．実習内容の確認について

実習指導者は、実習生にあった個別的かつ具体的な実習計画を作成しなければなりません。実習生本人への聞き取りに重点をおき、養成校にも確認しながら受け入れる必要があります。事前オリエンテーション時に下記の内容を確認し、実習指導計画の作成を行います。

> 実習目的・実習内容、実習生の自己課題・実習目標、介護技術の習熟度・科目の履修状況、帰校日・希望休日、実習時間・日数、変則勤務の有無等

特に今回の実習における到達可能な自己課題を明確にし、それに沿った実習目標が立てられるよう、できるだけ実習生自らの言葉で、自ら発言できるような環境づくりを行い、実習生の自主性・主体性を尊重しつつ、実習生を理解していくことが大切です。

b．自施設の概要について

下記の内容はあらかじめ書面で用意しておきます。実習生に渡せるようにしておくことにより、より理解できるとともに実習生の記録作成を容易にすることにもつながります。

> 施設の沿革、運営方針・理念、法人組織の内容、施設の種別・併設施設、施設の地域での役割、施設のレイアウト図、職員の構成および業務内容、実習指導者（資格、免許、研修歴等）、実習受け入れ実績、施設の年間・月間・週間行事、レクリエーション・グループワーク、利用者状況（定員、介護度分布、利用期間）、利用者の生活状況　等

c．「実習のしおり」について

記載内容については施設によって異なると思われますが、「実習のしおり」はオリエンテーション時に使用するだけではなく、実習期間中を通しての指導やカンファレンスの際に活用します。

> 実習の心構え、利用者との接し方・態度、職員から指導を受けるにあたって、実習記録について、実習生の権利擁護、実習中の注意事項　等

特に、利用者にとって生活の場であることを説明するとともに、「尊厳の保持、自立支援、安全への配慮」が原則にあることを十分説明しておく必要があります。

また、内容が実習施設側から実習生に対しての注意事項となりがちですが、実習生の権利を侵害しないような配慮も必要になります。事前に説明しておくと実習生は不安を軽減でき、安心して実習を行うことができます。

＜参考「実習のしおり（例）」との関連＞

「実習のしおり」を書面で用意しておくことで、新任の実習指導者でも、説明漏れなどがないようにすることができます。

また、実習生にとっては、書面があることで「聞きたいけど聞けない……」「また聞いていいかしら……」など、疑問解決や不安解消などにもつながると思います。さらには、実習指導者だけではなく、実習指導担当者など職員も内容を把握することで、自施設・事業所での実習のあり方の再確認をすることができます（108頁参照）。

d．見学による説明

施設の概要説明の際に、レイアウト図を使用しても実習生にはピンとこない

ものです。実際に施設内を見学し、案内することで建物の構造や設備と利用者の日常生活を結びつけることができます。

　案内する場所は、居室、トイレ、汚物処理室、浴室、食堂、厨房、リネン室、事務所、スタッフルーム、医務室、機能訓練室等のほか、エレベータ、階段、会議室、防災・避難設備や必要があれば併設設備等も案内します。

　また、実習初日に戸惑うことのないように、実習生控え室、更衣室、食事の場所、記録物の提出場所、上履きへの履き替え場所、職員用トイレなど実習生に必要となる場所、使用方法などの説明も行います。

　案内しながら利用者への紹介・挨拶を行い、実習生が実習に入ることを説明し同意を確認します。実習生には、挨拶の仕方や居室等へ入る際の注意点、利用者とのコミュニケーションのとり方等についても説明します。

④職員への説明

　実習指導を担当する職員は、組織としての実習受け入れの意義や個々の実習生の自己課題と実習目標や実習計画を十分理解し、職員全員が同じ視点で指導する必要があります。また、実習生の権利を侵害することのないように十分配慮します。

　実際に実習指導を行う際には、始業前のミーティングで実習生に「本日の目標」を発表してもらうとよいでしょう。この時、「昨日の実習内容」や課題として残ったことや解決できたこと、調べてわかったこと等もいっしょに報告してもらい、前日までの実習の到達度を確認しながら指導します。実習生に報告してもらうことにより、自主的な取り組みの一環となるとともに、複数の指導者が日替わりで担当せざるを得ない状況では、担当職員の実習生の把握にもつながります。また、実習生の健康状態や疲労度などに注意して、実習に臨む姿勢に変化がないか観察します。

　実習生の気づきを大切にし、疑問点や問題点を早期に発見し解決できるよう指導しなければなりません。また、実習生には、施設等の業務内容や方法だけを指導するのではなく、「なぜ」行うのかという根拠・意味を説明し、理解してもらえるよう指導することが大切です。

　終業時には、反省会（短時間でよい）の時間をもうけ、その日の振り返りを行います。実習生の自己評価を促し、できるだけ意見を聞き、受容の姿勢で対応します。

当施設で実習をするにあたって

① 必要な持ち物について

・学校指定の制服またはジャージ等の動きやすいもの、上履き、エプロン（2枚）を用意してください。

・入浴介助用のTシャツ、短パン等を用意してください。

・名前をつけてください。だたし、ピンで留めることはやめてください。

・昼食の用意をしてください。

　（食事は施設でも用意できます。事前に申し込んでください）

・飲み物を用意し、こまめに摂取してください。

・健康診断書、検便検査証明書は実習初日までに提出してください。

② 利用者との接し方及び注意事項

・利用者の生活の場であることを忘れないでプライバシーを守ってください。

・言葉かけには十分注意してください。

　　挨拶を忘れない。

　　利用者は必ず名前で呼びかける（「ちゃん」づけ、愛称は禁止）。

　　友達言葉、幼児語は使用しない。

　　遠くから声をかけない。

・利用者には公平に接する。一人の人だけに偏らないようにしてください。

・介護行為の前には、利用者への説明と同意（許可）を得ることを忘れないでください。

・勝手に介護行為を行わないでください。必ず、職員の指導・見守りのもと実践してください（一人では行わない）。

・利用者から頼まれても必ず職員に相談してください。

・利用者と個人的な約束や貰い物はしないでください。

・利用者との関係に困ったことがあればすぐに相談してください。

・事故が発生した場合には速やかに報告してください。

・実習中知り得た情報は実習終了後も秘密保持してください。

③ 職員から指導を受けるにあたって

・毎日「本日の目標と自己課題」を職員に伝えてください。

・前日までの残っている課題や確認できたことも伝えてください。

・疑問に思ったこと、不明な点はできるだけその時に確認してください。

・業務内容や方法だけを学ぶのではなく、「なぜ」行うのかという根拠・意味を理解してください。

④ 実習記録について

・翌日の朝、実習指導者（所定の場所）に提出してください。

・プライバシーの保護のため、イニシャルで記入してください。

・利用者個人の情報提供は、実習指導者に相談してください。

　・記録は控え室で記入してください。

⑤　実習生の皆さんの権利擁護について

　・実習生の皆さんの自己決定を尊重します。ただし、利用者に重大な危険をもたらす時、当施設及び学校の規則に反した時は、自己決定を制限することがあります。

　・実習生の皆さんのプライバシーに対する権利を尊重し、実習指導上知り得た情報についても秘密保持されます。

　・セクシャルハラスメント、アカデミックハラスメント等をしません。

⑥　その他注意・確認事項

　・施設入退所時には必ず手洗い、うがいを行ってください。

　・遅刻、欠席の場合は、必ず施設に連絡してください。

　・健康管理には十分努め、体調不良時は速やかに申し出てください。

　・食事代、宿泊費、リネン費等は、実費でいただきます。実習最終日に事務所で精算してください。

　これらの内容を十分理解し実習に臨んでください。

　実習中の疑問点・不明点は迷わずに実習指導者や担当職員に相談してください。

第2節 個人情報保護等の対応

　平成15(2003)年5月に成立し、翌16(2004)年12月から施行された「個人情報の保護に関する法律」により、医療や介護などの対人援助に係る関係者の個人情報に関する事項の取り扱いに、いっそうの注意が求められるようになりました。

　この法律における個人情報とは、「生存する個人に関する情報であって、当該情報に含まれる氏名、生年月日、その他の記述等により特定の個人を識別することができるもの（他の情報と容易に照合することができ、それにより特定の個人を識別することができることとなるものを含む）をいう」[1]と規定されています。一般に介護関係事業者における個人情報の例としては、ケアプラン、介護サービス提供に係る計画、提供したサービス内容等の記録、事故の状況等の記録等を含みます。

1 利用者に対して

（1）個人情報とアドボカシー（権利擁護）との関係

　人間としての尊厳と自立の権利の保護については、私たちすべての国民が認識し、その権利を保持し推進していくものであり、その人がどのような立場におかれても尊重されなければならないことです。しかし、介護実習施設で支援の対象となる利用者の多くは、その権利を自分の力だけでは守っていくことができにくくなっています。たとえば、重度の認知症のために十分な意思表示ができなかったり、心身の障害により、自己のニーズの充足について常に意思を表現する機会が得られない人たちなどです。そのため、従来からソーシャルワーカーには、それらの人々の権利を代弁（アドボカシー：権利擁護）する役割が重要な援助活動とされていました。今日では、介護職や福祉従事者にもアドボカシーの機能を認識して実践していくことが求められています。

　介護の現場においては、介護者が個人情報保護法による利用者個人や家族に関する情報保護について十分認識したうえで、時には家族に同意を求めたうえで利用者の権利を代弁する役割を担うことが重要になります。介護職員は、常にそのことを自覚して行動するとともに、介護実習の実習生にも、折にふれて具体的に指導していくことが求められます。

（2）実習施設における情報の開示とは

　介護実習をより効果的にすすめるために、実習施設・事業所等からさまざまな情報や資料の提供が求められます。実習施設から提供・配布される資料には

以下のようなものがあります。

①　施設・事業所等の紹介のパンフレット

それぞれの介護実習において、実習施設に関する資料はオリエンテーション時に配布されます。ここには、実習施設・事業所等の概要のほか、利用者の状況（年齢・性別や要介護度など）、入所定員、職員配置、サービス内容、年間行事・催しもの、施設構造図などが詳しく記載されています。

②　実習生受け入れ表や実習計画表

実習生氏名、指導者氏名、実習内容などが詳しく記載されています。

③　実習マニュアル

多くの介護施設は、多様な実習生（社会福祉士、介護等体験など）やボランティアを数多く受け入れているため、実習施設の理解を促すために実習マニュアルを作成しています。そのなかには、施設の概要や理念、利用者の状況に応じた介護サービス内容や介護・看護の業務など、施設の核心に触れる情報が記載されています。

④　利用者の個別のケアプラン、個人援助記録（ケース記録）など

利用者一人ひとりの氏名や年齢、生活の歴史、要介護度やケアの方針・内容、個々の障害に応じた生活支援技術の具体的な方法、などを詳しく記録しています。

これらの資料がすべて実習生に提供されるわけではありません。特に利用者のプライバシーにかかわる個人情報をどこまで実習生に公開するかは、施設によって意見が分かれるところです。公開するか、公開しないかは施設の方針に基づきますが、どちらにしてもその理由を明確に示すことが重要です。

公開する場合には、施設側から事前に利用者や家族に承諾を得るなどの説明責任が求められます。

（3）情報の開示と、守秘義務について

介護実習は、介護サービスを利用している高齢者や重度の障害を有した利用者を理解してからケアがはじまります。特に実習施設・事業所等（Ⅱ）においては、利用者への個別援助を実践する介護過程の展開が課題となっています。そこで実習生がより適切なケアをするためには、利用者のそれまでの生活の歴史や家族関係を含めた人間関係、経済状況、物理的状況などの個人的な情報を知り、その人らしい生活に近づける努力が求められます。そのため、利用者個人に関わる情報の把握は不可欠なことです。

一方で、私たちには他人に知られたくないプライバシーに関する事項が多々あります。介護サービスを提供する際には、その利用者の知られたくない部分

表3-1　個人情報保護に関する誓約書（例）

個 人 情 報 保 護 に 関 す る 誓 約 書

施設名
施設長　　　　　　　　　　　　様

　私は、このたび、貴施設における介護実習を履修するにあたり、実習上知り得た個人の秘密に関する事項については、実習期間および実習終了後においても、決して他に漏らさないことを誓います。
　また、実習中は職員に準じて服務規程、管理規定および防災規定を遵守し、所属長の指示に従い誠実、かつ公平に実習を遂行するとともに、怠慢、不品行その他信用失墜などによりご迷惑をかけないことを誓います。

令和　　　　年　　　月　　　日

氏　名　　　　　　　　　　　　印
所　属　　　　　　　　　　　　　　　　　

　上記の者がこの誓約内容を厳守するよう、責任をもって指導いたします。

令和　　　　年　　　月　　　日

養成校名　　　　　　　　　　　　　　　
指導者氏名　　　　　　　　　　印

にも触れながら支援せざるを得ないことを認識することが必要です。介護実習においても実習指導者は、利用者やその家族のプライバシー尊重を前提に支援していることを、常に実習生に知らせていくことが重要です。また、施設により多床室の居室では、同室者や周囲への配慮も求められます。

　実際に実習生に利用者の個人情報を提供する場合には、実習生の実習段階に応じて、十分な配慮のもとで適切に情報を提示することが望まれます。つまり、事前に「個人情報保護に関する誓約書」（表3－1参照）などを交わし、個人情報に関する書類の保護や保管場所について説明し、使用に際しての約束事（持ち出し禁止、閲覧場所の指定など）を明確に示します。また、施設の方針によっては、実習生からの申し出によって必要な事項である最小限度の情報のみを提示する場合もあります。

　いずれの場合でも、知り得た個人に関する情報を外部に漏らさない守秘義務については、実習施設における指導のみならず、養成校での事前の教育でもしっかり指導されていなければなりません。実習日誌や実習関連の書類や記録物への記載は固有名詞を避けること、実習施設外の場所で利用者に関することを話題にしてはいけないことなど、具体的な例をあげて指導していきます。

　介護福祉士が個人の情報を守る義務については、「社会福祉士及び介護福祉士法」の倫理事項（第46条秘密保持義務）[1]が課せられ、違反した場合には罰則規定が定められています。また、介護福祉士の職能団体である日本介護福祉士会が策定した「倫理綱領」（24頁参照）においても「3　プライバシーの保護」[2]として掲げられています。介護福祉士養成課程の実習生においても同様の規範が求められていることを指導することが重要です。

　実習指導者には、養成校での教科教育はもとより、実習の事前指導の内容の確認をするとともに、実習施設におけるオリエンテーションでも再度確認するなど、慎重な姿勢が求められます。

　※1　「社会福祉士及び介護福祉士法」（昭和62年法律第30号）
　　第4章　社会福祉士及び介護福祉士の義務等
　　（秘密保持義務）
　　第46条：社会福祉士及び介護福祉士は、正当な理由がなく、その業務に関して知り得た人の秘密を漏らしてはならない。社会福祉士又は介護福祉士でなくなった後においても、同様とする。
　※2　日本介護福祉士会倫理綱領（1995年11月17日宣言）
　　（プライバシーの保護）
　　「3　介護福祉士は、プライバシーを保護するため、職務上知り得た個人の情報を守ります。」

2　実習生に対して

　介護実習は、養成校と実習施設との契約によって実施され、そこでは、実習に関わるさまざまな書類が取り交わされます。そのなかに実習生の個人表（**表3-2**参照）も含まれます。実習生の個人表は、それぞれの養成校が独自に作成しているため、記載事項には多少の差がありますが、いずれにしても、実習生のプライバシーに関わる事項が多数記載されています。

　実習施設において、職員が実習生を適切に指導できる体制を整える意味でも、実習生の個人表などの情報を共有することは重要です。特に入所施設等の職員が変則勤務をしながらの指導体制では、職員の誰でもがすぐに目にすることのできる場所に掲示しがちになります。そのため、特に実習生の個人表などのプライバシーに関する書類の取り扱いについては、養成校と実習施設等で事前に十分協議し、合意しておくことが望まれます。

　少なくとも実習生の個人表の取り扱いについては、①実習がはじまる前に個人表の取り扱い方・個人表の保管場所を決めておく、②不特定多数の目にふれる場所に掲示したりしない、③実習終了後は養成校に速やかに返却する、などの配慮が必要です。

　実習施設は、利用者の個人情報の保護には細心の注意を払ってはいても、ともすると実習生の個人情報保護への配慮が不十分になることが懸念されます。個人情報保護について過剰に反応し、相互理解ができないままで実習が終わることのないよう、実習指導者、実習生、養成校の節度をもった対応が求められます。

≪引用文献≫
1）　厚生労働省「医療・介護関係事業者における個人情報の適切な取り扱いのためのガイドライン」平成16年12月24日（平成27年9月改正）

≪参考文献≫
日本介護福祉士会編『現場に役立つ介護福祉士実習の手引き』環境新聞社、2004年
黒澤貞夫『人間の尊厳と自立』建帛社、2009年
澤田信子・小櫃芳江・峯尾武巳編著『改訂 介護実習指導方法』全国社会福祉協議会、2006年

表3－2　介護実習学生個人表（例）

介護福祉専攻　　　　　年　　　　　　　　番		写真貼付 3×4cm 3ヶ月以内に撮影 した正面・上半身 ・無背景のもの
フリガナ		
氏　　名		
生年月日	昭和・平成　　　年　　　月　　　日生　　　歳	
現住所	〒 　　　　　　　　　　　　☎	
緊急連絡先 氏　名	〒　　　　　　　　　　　☎ 氏名　　　　　　　　　　（本人との続柄　　　　　）	
最終卒業 学校名	都道　　　高校　　　　　昭和　　　　　　　　卒業 　　　府県　　　短大　　　　平成　年　月 　　　　　　　その他　　　　　　　　　　　　　　中退	
実習の経験	（以前に行った実習先・実習期間等を記入） 1. 2. 3.	
ボランティア 経験等		
実習施設への 経路・交通機関		
実習で学びたい こと		

1 事前オリエンテーション

　養成校との実習受け入れ調整がすみ、実習時期が近づくと養成校から実習生の「個人表」等が郵送されてきます。個人表には実習生のプロフィールや実習目標、過去の実習やボランティア経験等が記載されています。実習指導者は個人表から実習生をイメージすることが可能となります。

　事前オリエンテーションは、実習開始前に事前訪問という形で行われる場合もありますし、実習開始初日に行う場合も考えられます。たとえば、実習生が2回目の実習だとしても、当該施設での実習ははじめてとなりますので、交通手段を実際に確認し、実習施設の雰囲気を直接感じることを通して、実習への不安や疑問を実習開始前に解決することができるという利点からも、事前訪問によるオリエンテーションの実施は、実習を円滑にすすめるうえで有効だと考えられます。

　また、オリエンテーションは実習生とはじめて出会う大切な場面です。施設にとっても実習生にとってもお互いを理解するうえで重要な機会です。オリエンテーションを相談援助の過程における初回面接、インテーク面接と考えればその重要性が理解できると思います。

　たとえば、ある学生は実習前の気持ちを次のようにまとめています。

　　「今回ははじめての実習ということで、本当に不安ばかりであった。今まで特別養護老人ホームには行ったことがあったが、老人保健施設ははじめてであったため、雰囲気などもわからず、毎日どのようなことをして、利用者の方とどう関わっていけばいいのかを考えると、期待もあったのだが、不安が多くを占めていた。自分が今まで習ってきたことをどこまでできるかということや、見知らぬ人ばかりのところに入る緊張感があった。また、その半面で多くの利用者の方とより多く関わりたいという気持ちもあった。」[1]

　実習生の気持ちを一言でいえば「不安」というキーワードで表されます。この不安は先のみえない、予測不能な事態への不安感です。

＜オリエンテーション時の注意点＞
　①実習指導者が一方的に話さないこと
　オリエンテーションで施設の概要や業務内容、実習上の注意点等を一方的に

話していませんか。オリエンテーションの基本に戻って考えると、説明するだけでなく実習全体の方向づけや実習への不安の解消に役立てるという役割があります。オリエンテーションは説明ではなく実習生の個人表をもとに対話を通じて実習生の気持ちを直接聞き、具体的に目の前にいる実習生個人を理解することからはじまります。

②実習の目的を実習生の言葉で言えるようになること

実習生は、実習の意義や目的について「介護総合演習」等の授業のなかで理解しているはずですが、今一度、実習生の言葉で説明してもらい、実習生の理解度や積極性等について理解するように心がけてください。実習生が実習に対して自信をもち、不安を解消していくためにも、多少は稚拙な説明であってもそれを補足し、「それはこういう意味ですか」と繰り返しの技法を使いながら、実習生が安心できるよう話をすすめることが大切です。消極的な部分や理解不足を指摘し、実習生が自信をなくすような対応にならないように注意することが大切です。

③実習マニュアルを活用する（第1節2、第3節7参照）

平成21(2009)年のカリキュラム改正により、実習施設・事業等(Ⅱ)においては「実習指導マニュアルを整備し、実習指導体制が確保できるよう介護職員に占める介護福祉士の比率が3割以上であること」と見直されました。

実習指導マニュアルの内容はおおよそ、①実習生の心構え、②利用者との接し方、③介護業務日課等、④利用者の生活日課、⑤実習記録について、等で構成されていると思います。このようなマニュアルの内容は実習受け入れ側が考えた説明内容ですが、実は実習生の困りごとや知りたいことはもっと基本的な事柄、たとえば、「実習中に水は飲んでよいのか」「トイレに行きたくなったらどうしたらよいか」などからはじまっています。つまり、マニュアルは完全ではないと考えることが重要です。

マニュアルはつくって終わりではなく、オリエンテーションを繰り返すなかで実習生の疑問や質問を追加記述しながら進化・発展させていくものと考えることが大切です。また、マニュアルは文章として残っていますから、実習期間中のカンファレンスや指導時にマニュアルにそって指導内容や注意点を再確認することが可能となります。実習マニュアルだけでなく、養成校の実習の手引や実習生の個人表にある実習目標等も実習中に再確認することが大切です。そして、オリエンテーションは実習期間を通じて継続されていると考えることが大切です。

④対人援助の視点で考える―援助を必要としている実習生―

オリエンテーションを実習に不安を感じ、実習目標等を明確にできないで悩んでいるのかもしれない実習生に対する心理的な部分も含めた総合的支援と考えた場合、オリエンテーションで要求される目標は、実習が有益なものとなるよう実習期間を通じて実習生を支援していく支援関係（実習指導関係）の形成にあると考えられます。

バイスティックの「ケースワークの原則」から、援助関係の目標について引用します。

> 「一般的にいえば、ケースワークの過程全体は心理・社会的ニーズと問題をもつクライエントを援助する目的をもっている。これに対して、援助関係はケースワーク全体の目的の一部分を目的としている。つまり援助関係は、ケースワーク全体の目的とは異なって、援助を効果的に開始することが当面の目的である。いい換えれば、援助関係を形成する目的は、クライエントが調査や診断、あるいは治療の過程に安心感をもって、また、効果的に参加してゆけるような雰囲気や環境を援助のなかに作ることである。」[2]

この援助関係を「オリエンテーション」に、ケースワークを「実習」に、クライエントを「実習生」に置き換えて読んでみるとよく理解できると思います。このように、心理的な不安感をもつ実習生に対して、実習に効果的に参加できるような雰囲気や環境を実習指導のなかにつくっていくことが求められます。つまり、普段の介護現場のなかで利用者に対して行っている自立支援や自己決定、尊厳ある介護の実践という対人援助の視点そのものを実習指導に活かすことが何より重要だということです。

2 実習指導の展開

ここでは、実習施設・事業等（Ⅱ）における実習課題である介護過程の展開を想定した実習指導の実際を、①実習前期、②実習中期、③実習後期の３段階に分けて解説します。

実習施設・事業等（Ⅱ）の実習区分は「一つの施設・事業所等において一定期間以上継続して実習を行うなかで、利用者ごとの個別介護計画の作成、実施後の評価やこれを踏まえた計画の修正といった一連の介護過程のすべてを継続的に実践することに重点を置いた実習施設」となっています。また、実習時間数450時間のうち「介護実習に係る時間数の３分の１以上を実習施設・事業等（Ⅱ）での実習に当てること」となっています（第２章第２節３参照）。

たとえば、実習時間180時間、１日８時間、週５日、実習日数23日、実習期

間中の学内授業2日と想定した場合、実習指導は23日間を5週とし、第1・2週を実習前期、第3週を実習中期、第4・5週を実習後期として計画します。

①実習前期の指導内容

実習第1週の指導目標を、たとえば「施設になじむと同時に介護過程展開のための利用者の決定」とします。対象利用者の決定に関しては指導者があらかじめ数人の利用者を選び、そのなかから実習生が決定するという方法も考えられます。

第2週の指導目標は「対象利用者のアセスメント」とします。実習生への情報の提供は実習生の自主性を尊重すれば「質問してくるまで待つ」という態度も大切です。また、毎日の反省会ではアセスメントの内容を聞きながらアドバイスする等の細かな指導も必要です。

②実習中期の指導内容

第3週の指導目標はアセスメント結果をもとにした「個別介護計画作成」とします。個別介護計画はアセスメント結果をもとに対象利用者の生活の様子や、現在行われている施設内の介護サービス提供内容とあわせ、実習生が感じ取った対象利用者の生活上の困りごと、介護の必要性の判断等について、実習指導者としての見解や実習期間中に実施できる内容かどうか、対象利用者の希望や要望はどうかなどを総合的に判断することが求められます。また、現場職員へ計画内容を伝え協力を得ること、必要な場合は対象利用者の家族等へ連絡し了承を得ることも必要です。

③実習後期の指導内容

第4週から最後の第5週の指導目標は「個別介護計画の実施と評価」とします。個別介護計画の内容も、たとえば「散歩や余暇活動による生活の楽しみの発見」という特別な場面設定を必要とする目標もありますし、寝たきりの人の「排泄の意欲を支援する」等、日常のベッドサイドケアなどで行われる目標も考えられます。

個別介護計画実施段階での指導上の注意点は、介護サービスの提供を計画に基づき、意識的に行うという点を指導することが重要です。また、実施評価は計画通りに実施できたか否か、実習生自身の取り組みの態度、利用者の変化等を他の介護職員の意見を聞きながら総合的に判断することが大切です。評価のタイミングは実施期間との関係で難しいものがありますが、計画は評価しなければならない点については強調する必要があります。

3 カンファレンス

　カンファレンスはケアカンファレンス、ケースカンファレンスとも呼ばれ、介護保険制度のなかではサービス担当者会議として位置付けられていますが、ここでは「実習生と実習指導者や巡回教員との実習体験を通した話し合い」と位置付けます。

　実習中のカンファレンスは実習開始前後の短い時間での打ち合わせから、あらたまった時間を設けた話し合いまで、さまざまな形で行われていると思います。そして、実習指導はカンファレンスを通して具体的に展開されます。

①実習体験を話し合う

　実習生の実習中のさまざまな体験は一人ひとりの主観的な体験です。たとえ複数の実習生が同じ施設で実習したとしても、各自の体験はそれぞれ個別的なものです。

　実習生自身による体験の振り返りは、実習指導者や実習生同士、巡回指導中の教員との話し合い（対話）のなかで行われます。この話し合いのなかで実習生自身が体験の意味を考えることができるように指導・助言することが大切です。体験や感想を学びに変化させ、経験から知識へと質的に転換させる第一歩は、それぞれの個人的な体験を話し合い、互いに共感すること（または、共感したいと思う態度）からはじまります。対話とは相手に関心をよせ、共感をもって聴き、話すことをいいます。

②カンファレンスの環境づくり

　カンファレンスは実習生を育てる教育方法の一つであり、さまざまな問題意識をもった実習生がそれぞれのレベルで学ぶことができ、カンファレンスへの参加のプロセス自体が実習生の力量を高めていくことにつながるという利点をもっています。そのためには実習生が主体的に参加し、自由に自分の考えを発言し、他の人の意見を聞くことができる環境づくりが前提となります。

　実習中のカンファレンスは実習生の問題意識や実習体験を出発点とすることから、実習生の主体的で積極的な取り組みが何よりも大切となります。カンファレンスにおける実習生に対する助言や指導は、実習生のできていることを認め、取り組もうとする意欲を励まし、実習生自身が主体的に問題解決できるように、実習生の問題意識や発言内容を受けとめること、そして、実習生が安心できる環境や一人ひとりを認めるように心がけることが重要です。

③対象者理解を深めるカンファレンス

カンファレンスでは、実習生の個人的な体験や問題意識を話し合いから共有し、さまざまな意見や関連する各教科領域の知識から比較検討を行い、主観的なことがらから、より客観的なことがらへと転換していくことが求められます。つまり、客観性とは、相互の主観的事実の共有から導き出され、各教科等の原理原則や知識等との比較検討によって、一般的に認められる客観的な事実として確認することが可能になってきます。

実習指導者のカンファレンスにおける役割の一つは、実習生の体験を認め、体験の意味づけの手助けをするところにあります。そして、介護の科学性（客観的妥当性）の追求は、対象者と出会い、生活課題をアセスメントし、具体的な介護過程の展開を検討するカンファレンスの積み重ねのなかから探求されてきます。実習生はこのプロセスに主体的に参加することを通して、介護過程という根拠に基づく介護の客観的妥当性について学習を深めていくことが可能になります。そして、話し合いの基礎資料はアセスメント内容や個別介護計画に基づく介護の実践記録である実習記録に求めることとなります。

④巡回教員との連携

養成校の教員による実習巡回指導は週１回以上と規定されています（ただし、実習施設との連携のもと、実習期間中に学内指導日を設けて指導することも可能）。

緊張している実習生にとって、教員の訪問はほっとする瞬間でもあります。実習指導者や職員に言えないことも教員には話せることもあります。学内の様子と実習中の様子を比較できるのも教員です。巡回教員との良好な関係づくりは実習指導者の大切な役割の一つです。

⑤実習記録の活用

カンファレンスにおける資料に実習記録があります。記録から実習状況を把握し、内容を深めることが具体的な実習指導の役割です。また、実習記録の内容は指導にあたった職員の意見も事前に聞き、両方の意見から判断することも必要です。

4　事後指導（実習反省会）

実習における事後指導は、最終カンファレンス・実習反省会という形で行われます。また、養成校で実施される実習報告会に参加するなかで、間接的に事後指導に関わることも考えられます。

実習反省会は実習の振り返りからはじまりますが、限られた時間で反省会を運営することを考えると事前準備や打ち合わせが大切となります。

①実施日の調整

反省会の日程はあらかじめ実習計画を作成する時点で、実習生や巡回教員と打ち合わせしておくことが望ましいといえます。通常は実習最終日または前日等が想定されます。時間はおおよそ1時間から1時間半程度で、反省会の時間が短いと実習生の気持ちの整理がつきにくく、逆に長いと集中力を欠き焦点もぼやけてくる傾向があります。

②開催場所

反省会はできるだけ会議室や応接室等を用意し、あらたまった雰囲気をつくることが大切です。あらたまった雰囲気は実習生に適度な緊張感を感じさせ、反省会に臨む姿勢を醸成させます。

③参加者

反省会の参加者は実習生や巡回教員、実習指導者のほかに、たとえば、介護主任等の現場スタッフの参加が望まれますが、現場スタッフの参加は施設内の日程や勤務状況等の制約があり事前調整が必要です。一方、参加者が多いと実習生の緊張が高まるほか発言回数も減るという欠点もあり、工夫が必要です。

④反省会の事前準備

反省会の司会を実習指導者が行う場合もありますし、実習生が行うことも考えられますが、開催時間とあわせておおむね下記内容について事前に実習生と打ち合わせしておきます。

これらはあくまでも例示にすぎませんので、実習目標や期間等に合わせて随時工夫してください。

　　㋐　実習目標や課題に沿って実習内容を整理する。（目標に合わせた整理）
　　㋑　実習評価表に合わせて自己評価をしておく。（評価項目に合わせた整理）
　　㋒　実習開始時から終了までの自分の変化や気づきを整理しておく。（時間経過による整理）
　　㋓　実習中の指導・助言内容を整理する。
　　㋔　実施した生活支援技術（介護技術）、コミュニケーション技術等について整理する。
　　㋕　実習全体の感想を整理する。

㋖　その他、役割分担を決める。

⑤反省会の運営

実習指導者が司会を行います。または、事前に打ち合わせた役割分担にそって司会、記録係が進行します。

㋐　司会者から出席者の紹介とおおよその終了時間、手順を説明する。

㋑　実習生は事前準備の内容にそって報告を行う。

㋒　実習指導者、現場スタッフ、巡回教員の順にコメントをもらう。

㋓　参加者同士の意見交換。

㋔　実習指導者や巡回教員による総合評価をもらう。

㋕　閉会、実習生はお礼の言葉と今後の抱負を述べる。

⑥評価表等の書類の整理

反省会が終了すると、いよいよ実習評価表の記入を含めて養成校への提出書類や実習生に返却する実習日誌等の整理と、提出方法等について巡回教員や実習生と打ち合わせを行います。

5　実習評価

実習評価は養成校から送られている評価表にそって行います。評価項目は養成校によって若干の違いがありますが、基本的に、①実習施設や利用者の理解に関する項目、②生活支援技術（介護技術）に関する項目、③アセスメントや個別介護計画に関する項目、④介護保険制度や各種専門職の理解等チームケアに関する項目、⑤実習生自身の実習態度に関する項目、等に分かれています。

①評価は難しい

実習は高齢者等の対象者の特性や介護保険制度、社会福祉等に関する知識と適切な技術（生活支援技術、アセスメント技術、コミュニケーション技術等）、社会常識等を含む倫理観（価値や態度）等について養成校の評価表に基づいて総合的に評価しなければなりません。

実習評価の難しさは、実習が評価基準や実習目標に向かって展開されているかどうかを評価する評価尺度をどのように定め、誰が、いつ、どのように評価するかという点にあります。また、評価を公平にしようとすれば主観的ではなく客観的な指標を必要とします。

しかし、客観的な指標は一般的には点数化ということになりますが、たとえ点数化したとしてもそれは測定したにすぎず、単に平均よりすぐれている、ま

たは劣っている等の記述にしかなりません。そこで客観的資料に主観的解釈を入れて意味づけを行うという作業が必要になりますが、実習指導者の主観をどこまで入れたらよいか等の問題もあります。

②実習評価の二つの側面

評価には学習者である実習生に実習目標の到達度や課題を示し、これからどのような学習をしていけばよいかという情報をフィードバックする役割と、実習指導者や教員が自分たちの教育や指導内容が効果をあげているのか等について把握し、次の指導や教育に役立たせるという二つの側面をもっています。

③評価の方法・その１─基準による区別─

ａ．相対評価─他人と比べる─

相対評価とは学習者の属する集団の成績水準に基づき、個人の成績を評価する方法で、一般的な５段階評価や偏差値が該当します。

実習指導者や現場スタッフは、実習生の態度や介護技術を知らないうちに自分たちや他の実習生と比較して評価することがあります。「挨拶もできない」「社会常識がない」等の発言は理想の実習生という「あるべき姿」と比較して相対評価しているということです。

ｂ．絶対評価（到達度評価）─教育目標と比べる・他人と比べない─

教育目標、実習目標等を基準に、どこまで達成されているかを評価する方法です。養成校から送られてくる評価表の各項目には実習・教育目標から到達度が示され、「できる」「努力が必要」「できない」等の段階評価で示されています。

到達度評価は実習生に今後どの部分に努力が必要かという情報を提供できる利点がある反面、実習生の行動をきちんと分析する必要があり、実習指導者の分析力による差が出る等の欠点もあります。

ｃ．個人内評価─実習生自身と比べる─

個人内評価は実習終了時の態度や技術を開始時等と比べ、個人のなかでどれだけ成長したかを評価します。教員にとっては前回の実習と比べての成長、変化等が評価基準となります。実習生による自己評価は参考資料として有効です。

④評価の方法・その２─実施段階による区別─

ａ．診断的評価

学習者の学習準備状態（レディネス）の情報を得るために、学期や単元の前に行われます。実習においてはオリエンテーション時の質問等によって評

価することができます。

ｂ．形成的評価

　学期や単元の途中に行われる評価。実習途中での課題やつまずきの分析等を通じてどのような指導方法をとればよいか、目標の変更等を検討する材料に使用し、たとえば、排泄の技術を指導者に見てもらい実習生の今後の具体的指導に役立てる等が考えられます。

ｃ．総括的評価

　学期や単元の最後に行われ、実習終了時の評価が該当します。

⑤具体的な評価の方法

　では、実習評価は具体的にどのように行えばよいでしょうか。実習指導者による実習評価は何を評価の基準にするかを明確にすることが大切です。

　評価資料としては実習目標等の書かれた個人表、実習日誌、介護過程の記録表、カンファレンス記録等が客観的資料として参考になります。一方、評価は対象者との関わりや実習生の成長という質的評価を行うことであり、実習中のカンファレンスによる指導者と実習生との対話を通した、実習生の変化への気づきやできていること、実習生の成長を認める観察力が要求されます。

　評価の目的は、その内容を実習生や実習指導者、教員が成長するための手段とすることです。評価そのものが目的ではありません。実習指導者は評価という行動を通して実習指導の内容や効果を振り返り、次に活かすという姿勢が大切です。また、実習生が今後努力しなければならない点や、次の実習への課題や将来への希望が具体的にイメージできるよう助言することが大切です。

　たとえば、以下のような実習過程を通じた評価作業が提案できます。

ａ．オリエンテーションにおける実習生のレディネス評価

　具体的にはオリエンテーション時の態度や質問等に対する答えから、事前準備の状況や基礎知識を判断するということが考えられます。

ｂ．実習中の形成的評価

　具体的には現場スタッフからの報告や実習日誌の内容、カンファレンスでの疑問、質問から課題を提示し、それに対する実習生の行動や変化を時系列で評価します。

ｃ．反省会による個人内評価と総括的評価

　反省会での報告内容等を実習生個人の変化の視点から、また、巡回教員を含め第三者の意見を参考にしながら、評価表の各項目と照らし合わせて総括的評価に結びつけます。

6 トラブルへの対応

　平成12(2000)年の介護保険制度開始以降、介護サービス利用者や家族のサービス利用意識は、措置から契約へという流れのなかで大きく変化してきました。

　介護現場では、契約等にともなう説明責任や介護事故に対するリスクマネジメント、苦情・要望が言いやすい仕組みとしての苦情処理システム、介護の質や施設事業等に対する第三者評価事業等さまざまな仕組みが誕生しました。これらすべてとはいいませんが、実習生に対して実習中に説明することは無理があると思いますが、学内授業で学習した介護保険制度の具体的な運用について考えさせるよいチャンスとなります。

　施設には家族をはじめ多くの訪問者が来ます。訪問者にとっては誰が職員で誰が実習生かの区別をすることは難しいものです。つまり、施設内で立ち働く職員と映るのではないでしょうか。トラブルに対する対応の基本は、実習生だけでなくすべての職員に対して、言葉遣いや態度に関する研修、教育が必要であり、職員が行っている態度をみて実習生も見習うという環境づくりが必要です。

　実習中のトラブルの内容は、施設の備品や利用者の私物の破損、実習中に利用者と関わるなかでの介護事故やけが、言葉の行き違いからの感情のもつれなど、さまざまな事態が予想されます。これらに対する基本的指導内容は「すぐに職員に報告すること」を徹底させることです。もちろん、報告のタイミングもありますが、報告しないで後からわかると、誰が対応したのか等の「犯人探し」という事態にもなりかねません。

　トラブルやリスクへの対応の基本は、起こってしまった事態を責めることではなく、原因を考え、反省に基づいて、次の対応につなげることであり、より良い介護が事故やトラブルを未然に防ぐことにつながると考えることが何よりも大切です。

＜トラブル対応への指導の流れ＞
① オリエンテーション時に施設内のリスクマネジメントに関する説明を行う。
② 事故やトラブルの内容を、過去のヒヤリハット報告書等から具体的に説明する。
③ 実習の手引、実習契約書等から養成校の対応内容を実習生と確認する。
④ 教員の巡回時に上記内容を報告し、巡回教員と共通認識をもつ。
⑤ 事故発生時は速やかに関係者に報告し指示を仰ぐ。
⑥ その他

7 実習指導マニュアル

　これまでの実習受け入れは、おおよそ１名の実習担当職員によって受け入れから実習日誌のコメント、反省会まで行われることが多かったのではないかと思います。また、日本介護福祉士会などでまとめたいくつかの冊子はありましたが、標準的なガイドラインがあったわけではありません。また、いくつかの施設の実習指導マニュアルをみると、①施設概要や介護業務、利用者日課等の説明型、②施設内の生活支援技術（介護技術）紹介型、③入所利用者の介護度やADL状況をまとめた事業報告書型等のいくつかのタイプがみられました。

①実習指導マニュアルの考え方・施設内の実習受け入れシステムを確認する

　今回の改正における実習施設・事業等（Ⅱ）に関する基準の見直しのなかで、①実習指導マニュアルの整備、②介護サービス提供マニュアルの整備、③介護サービスの提供の過程に関する記録の整備、④介護職員に対する教育、研修計画の作成と実施、等が盛り込まれました。つまり、実習指導マニュアルは介護（生活支援）技術マニュアルとは別のものとして作成する必要があるということです。

　そのうえで実習指導マニュアルや技術マニュアル、介護サービスの提供資料等との連動性を施設内のシステムとして検討することです。つまり、実習指導だけが単独であるのではなく、実習指導も介護（生活支援）技術の標準化や向上も何のために行うのかという施設全体のコンセンサス、目標への合意形成が必要となります。つまり、実習指導マニュアルだけを整備するのではなく、その他のマニュアルとあわせて整備し、介護職員の資質向上に施設全体で取り組み、施設運営上の評価システムと連動して考えることが必要となります。

　そのためには、先に説明した通り、実習指導者の指名を含め施設内における実習指導体制の整備（たとえば、委員会等）、実習指導者の位置付けや役割等を含むシステムとして考えることが大切です。

②実習マニュアルの役割

　マニュアルとは、はじめての者でもわかるように方法や手順を記した手引書です。実習マニュアルには上記説明にある組織としての位置付けを明記した「実習指導マニュアル」と、実習生が実習をすすめるにあたって困らないように実習手順や案内のための「実習マニュアル」、つまり、実習生のためのマニュアルという二つの側面があることを理解することが大切です。

　「実習指導マニュアル」は、施設が実習を受け入れる意義や役割等について

説明し、実習指導者以外の職員も実習に対する意義を理解し、施設全体で実習生を受け入れる準備を行うためのものです。また、どのような手続きを経て実習生を受け入れているのか等、施設内の役割分担にそった「実習受け入れマニュアル」の整備も必要です（第1節2参照）。

一方、「実習マニュアル」は実際に実習生を受け入れるにあたって養成校や実習生に説明しなければならない内容、実習中の約束ごと等について細かく記載されている手引書です。これの内容は職員にも周知徹底する必要がありますが、実習生が実習中も参考にでき、実習の展開や指導にも役立たせるねらいをもっています。

これらのマニュアルが揃って、実習受け入れ態勢の準備が整ったといえます。

(注)

実習の受け入れは、養成校と受け入れ施設との公的な取り決めです。そのため、次頁からの参考資料では、「実習受け入れマニュアル（ 参考資料1 例示1〜4）」には事務手続き等を担う実習受け入れ担当と実習指導者の役割を分けて記載しました。各施設の実情にあわせて作成してください。

「実習指導マニュアル（ 参考資料2 例示)」は、全職員に配布して実習指導の統一を図ります。

「実習マニュアル（ 参考資料3 例示)」は、オリエンテーション時に実習生に配布します。なお、学生に配布する「実習マニュアル」は「実習の手引き」と同様に捉えていただければ混乱がないと思います。

≪引用文献≫
1)　神奈川県立保健福祉大学介護福祉コース『実習Ⅰ報告書』2008年、33頁
2)　F. P. バイスティック著、尾崎・福田・原田訳『ケースワークの原則』誠信書房、1996年、18頁

≪参考文献≫
澤田信子・小櫃芳江・峯尾武巳編『介護実習指導方法』全国社会福祉協議会、2003年
峯尾武巳・黒澤貞夫編著『介護総合演習』建帛社、2009年
黒澤貞夫編『介護実習』建帛社、2004年
田中耕治編『よくわかる教育評価』ミネルヴァ書房、2005年
奥田弘美『メディカル・ケアスタッフのためのコーチング25のコツ』厚生科学研究所、2006年
日本介護福祉士会編『現場に役立つ介護福祉士実習の手引き』環境新聞社、2004年

参考資料1

実習受け入れマニュアル　例示1「受け入れ窓口担当者の役割」

項　目	内　容	留意点
受け入れ依頼書	・各養成校からの実習受け入れ依頼は、施設長の承認を得て、受け入れ承諾書を郵送する。 　コピーをとりファイルして保管する。 ・次年度の受け入れ依頼に対しては、他校と調整し、受け入れ日、受け入れ人数に配慮する。 ・年間予定表に記入し、職員会議等で報告する。	他校の実習予定を見て調整する。 実習指導者と相談し、指導体制や受け入れ可能人数を確認する。
月間予定表	・年間予定表を基に、実習指導者と相談して月間予定表を作成する。	施設内行事や指導体制を確認する。
実習委員会	・実習委員会を開催して指導体制を確認する。	関係部署と連携する。
実習初日	・実習初日は実習生の確認をする。	実習指導者に引き継ぐ。
実習評価	・実習指導者から受け取った評価表や出席表を確認し、施設長公印を押印して養成校宛てに送付する。 ・実習指導者から提出された実習日誌、および個人情報等を養成校宛てに送付する。	個人情報の取り扱いには注意する。
実習説明会	・各養成校の実習説明会があるときは、必要に応じて出席し、報告する。	実習指導者と出席者を調整する。
実習受け入れ資料の作成と管理	・実習依頼者と承諾書の保管 ・オリエンテーション資料の作成と点検、保管 ・実習委員会の開催と運営	実習指導者やユニットリーダーと調整する。 実習関係資料は必要に応じて改正する。

実習受け入れマニュアル　例示2「実習指導者の役割」

項　目	内　容	留意点
受け入れ確認	・受け入れ窓口担当者からの報告に基づき、実習の時期や人数、実習内容等を確認する。	実習生の個人表を確認する。
実習予定表の作成	・実習予定表を作成し、関係職員と実習内容等について打ち合わせを行う。	実習予定表は関係職員に配布する。
オリエンテーション	・オリエンテーションの日程調整を行い、実施する。当日の配布物の準備、パンフレット・実習予定表・実習マニュアル等の資料に基づいて説明する。 ・夜勤実習がある場合は、食事とリネンの確認。 ・交通手段や食事について確認する。	実習開始2週間前までには実施する。 実習生の個人表を用意する。
実習初日	・実習初日は、実習生とオリエンテーションの内容を再確認する。	実習予定表に基づき、その日の指導担当者を紹介する。
実習指導	・各養成校の実習目標、実習課題を確認し、実習の進捗状況をみながら随時指導、助言する。 ・各部署、関係職員と連携する。 ・必要に応じて巡回教員と連絡を取り合う。	実習態度やマナーを観察し、必要に応じて指導、助言する。
実習日誌の確認	・実習日誌を基に助言を行い、返却する。	指導担当者に実習内容等を事前に確認する。
反省会	・中間反省会、最終反省会に参加する。 ・養成校の巡回教員と日程調整する。	必要に応じて指導担当者を出席させる。
実習評価	・実習評価表を作成する。 ・窓口担当者へ実習評価表の送付依頼を行う。	実習評価にあたっては関係職員の意見も聞く。
実習報告会への参加	・各養成校の実習報告会に参加し、報告する。	

実習受け入れマニュアル　例示3「日々の指導担当者の役割」

項　目	内　容	留意点
指導担当者の確認	・実習指導者から実習予定表を受け取り、実習目標や内容を確認する。	実習生の個人表は事前に読んでおく。
実習生確認	・当日の担当実習生を確認する。	自己紹介する。
実習指導	・担当する実習生の実習目標等を確認する。 ・当日の業務内容や予定を説明する。 ・実習目標や課題を確認し、実習の進捗状況をみながら実習指導者と連携して随時指導、助言する。	前日または今までの実習内容等を聞いて指導に活かす。 実習指導マニュアルを確認する。
実習日誌の確認	・実習日誌を確認し、コメントを記入する。	実習指導者に内容を報告する。
関係職員間の連携	・実習指導者に実習生の様子や指導内容等を報告する。 ・翌日の指導担当者に申し送る。	実習生の個人情報に配慮する。 実習指導マニュアル・学生用および職員用の内容を確認する。

実習受け入れマニュアル　例示4「オリエンテーション」

項　目	内　容	留意点
日程調整	・実習の概ね2週間前から実習開始前までの間に各養成校および実習生と日程を調整する。 ・実習指導者は事前にオリエンテーションで使用する資料を用意しておく（実習マニュアル・施設概要・沿革・パンフレット・実習予定表など）。	日程について問い合わせがあれば対応する。
場所 説明 施設見学 確認	＜当日の流れ＞ ・会議室にて行う。 ・施設概要や沿革について説明する。 ・施設利用者の介護の必要度等について説明する。 ・「実習マニュアル」を説明する。 ・実習について確認する。 　1．実習予定表について 　2．実習内容について 　3．実習目標や課題について ・施設内を案内する。 ・更衣室とロッカー、休憩室を案内する。 ・通用口、下駄箱の説明をする。 ・実習配置先の説明をする。 ・利用者に紹介する。 ・関係職員を紹介する。 ・実習生と実習初日の集合時間と場所等を再確認する。	事前に場所を確保しておく。 オリエンテーション資料を準備する。 養成校の「実習の手引き」や実習生の個人表をよく読んでおくこと。

参考資料２

実習指導マニュアル（例示）

　本マニュアルと「実習マニュアル」の内容を熟読し、職員全体で実習指導の目的を共有しましょう。

　実習に関する取り決め等は、実習指導者と関係職員による実習委員会が担当しています。

　下記事項を確認し、日々の実習指導の参考にしてください。なお、不明な点は実習指導者にお問い合わせください。

＜実習指導者の役割＞

　実習指導者は、実習全体をコーディネートし、実習生の実習目標に合わせた指導を担当します。

　介護実習では継続した実習体験から、施設で生活する個々の利用者の生活歴や生活リズムを理解し、情報の収集と分析を行い（アセスメント）、自立支援の観点から介護過程の展開能力の育成を目標とします。

＜介護職員の役割＞

　介護職員には、利用者個々人の身体状況や障害等の特性に合わせ、生活歴や価値観などに応じた介護や対人援助技術を用いた実践と、その内容を説明し、記録して情報を共有する力が求められています。

　また、実習を通して介護福祉士を育てるという教育の一端を担う役割が求められていますが、新人職員への指導と同じようにするのが、実習指導の目的ではありません。

・実習生を認めること、ほめること。

　他人の欠点はよく目につきます。しかし、よい点は注意して見ないと見えません。実習生の良いところを見つけてください。

・実習生と話をすること。

　実習生は初めての施設で戸惑っています。それは、利用者が初めて施設を利用した時と同じ気持ちではないでしょうか。実習生にも同じようにやさしく話しかけてください。介護の基本はコミュニケーションです。

・その日の実習内容を説明すること。

　不安の一つに「次に何をしたらよいかわからない」、つまり「先の見えない不安」ということがあります。1日の実習予定や次に行うことを説明することで実習生の不安が軽減します。少し先のことがわかると人は安心することができます。

・説明は丁寧にすること。

　自分でできること、知っていることが他人にもできるとは限りません。実習生には丁寧に説明してください。特に、アセスメントに必要な根拠の説明は学生に考えさせながら一つひとつ丁寧な説明をお願いします。それが

自分自身の進歩にもつながります。教えることは学ぶことです。
・笑顔を絶やさないこと。
　利用者に接するように実習生にも笑顔で接してください。笑顔は心を和ませ人間関係を促進させます。

<実習指導上の注意点>

・実習予定表から担当日の確認をし、当日は実習生本人から「本日の目標」を聞いてください。
・オムツ交換や入離床介助、トイレ誘導など何かを行う際には職員から実習生に声をかけ、見学、場合によっては実践・指導をお願いします。
・介護行為の手早さより、介護技術の基本と、利用者の個別性を踏まえて指導してください。
・「なぜこのような方法で介護を行っているのか」、理由・根拠を説明してください。
・実習終了時に、必ずその日の目標が達成できたか、確認してください
・実習終了後は、実習指導者や関係職員にその日の指導内容等について報告してください。
・職員の対応が施設の評価になることを忘れないようにお願いします。

<主な介護技術の指導ポイント>

食事介助
　・手洗い施行・エプロン着用。
　・献立の確認、食事形態の説明……常食、一口大、きざみ食、ミキサー食。
　・とろみ剤使用者の確認、自助具の説明。
　・食事介助の注意点……基本的に介助はいすに座り、利用者と同じ目線で行う。利用者の姿勢、介助方法（全介助・一部介助・見守り）、食事のペース、一口量、声かけの仕方。
　・ムセ、誤嚥等のときの対応。
　・食後の対応……口腔内残渣物の確認、口元・手指の清潔保持、口腔ケア、衣類の確認（汚れなど）。
トイレ介助
　・時間ごとの誘導の必要性……尿便意の意思を示されない方でも便座に座ると排泄される方もいる。
　・必要物品の説明……オムツの種類、陰部洗浄、清拭、ゴム手袋、ごみ箱。
　・対象利用者の説明……誘導時間、ADL状況、介助方法（見守り・1人介助・2人介助）。
　・プライバシーの配慮、車いすの位置、周囲の安全確認。
　・介助時の声かけ。基本は「1動作1声かけ」。
　・後始末と感染防止について。

オムツ交換

- ・オムツカート、必要物品の準備。
- ・対象利用者の説明。
- ・交換時の注意点……プライバシーの配慮、声かけ、ベッドの状態確認、排泄物の確認、陰部清拭・洗浄、パッドの当て方、皮膚の状態観察、体位変換、感染予防。
- ・交換後の環境整備、衣服の整え。

トランス・移乗介助

- ・対象利用者の説明……ADL状況、介助方法（見守り・一部介助・全介助・2人介助）。
- ・利用者の体調確認。
- ・車いすの位置、ブレーキ、移乗先の環境確認。
- ・残存機能・ボディメカニクスの原理の活用。
- ・移乗後の体勢・衣服整え、環境整備（掛け布団、ベッドの昇降、ベッド柵、ナースコールの位置）。

入浴介助

- ・入浴方法の説明……一般浴、機械浴、清拭。
- ・浴室準備・湯温の確認、必要物品準備。
- ・誘導順の確認。
- ・着脱時の注意点……介助方法（見守り・一部介助・全介助）、衣類の仕分け、プライバシーの配慮、皮膚の状態観察、待機時の見守り（転倒、車いすからの転落注意）、排泄チェック。
- ・浴室内での移動について……移乗介助、手引き歩行。
- ・洗髪・洗身について。
- ・浴室・浴槽内での安全確認について。

シーツ交換

- ・必要物品の準備。
- ・中心を合わせ、しわのないように注意する。防水シーツの使用の有無。
- ・ベッド柵の位置、ベッド上の私物、ベッド周りを元の状態に戻す。ベッドストッパーの確認。

以上

実習マニュアル（例示）

【1】はじめに
①実習期間中は、実習指導者の指示に従うこと。
②期間中に欠席・遅刻・早退する場合は、必ず施設と養成校に届け出て了解を得ること。
③無断欠席等が続く場合は、実習等をお断りする場合もある。

【2】守秘義務
①実習中は守秘義務を課し、期間中に知り得た利用者、職員のプライバシーについては他言しない。実習終了後も帰宅時等も同様とする。
②実習記録には利用者の実名は記載せず、イニシャルで記載すること。

【3】服装
①実習中は、養成校指定の服装、または活動的な服装とする。
②装身具については、利用者の介助の際、邪魔にならないものとする。
③長髪は束ねること。
④長い爪は事故防止の観点から禁止する。
⑤手や指等に傷がある時は、感染予防のためバンソウコウ等で保護すること。

【4】持参品
①多額の現金、貴重品等は持参しないこと。紛失の責任は負わない。
②入浴介助着(半袖シャツ、半ズボン、下着の替え)
③食事介助用エプロン
④上靴（かかとを踏まないこと。）
⑤筆記用具
⑥昼食

【5】介護の実践と実習態度
①挨拶を必ず励行し、職員や利用者に不快感を与えないこと。
②自己紹介をしてから利用者に話しかけること。
③利用者への尊厳の念を忘れないこと。
④実習生同士で私語をしない。
⑤わからないことは実習指導者や指導担当者に質問し、助言を受けること。
⑥利用者の生活の場にいることを忘れないこと。
⑦居室に入る時はノックして「失礼します」等の声をかけること。
⑧利用者への直接的介助を行う場合には、指導担当者の指導の下で行うこと。
⑨声かけをしたうえで、利用者のできること・できないことを見極めて、過剰に手を出しすぎないこと。

⑩常に笑顔を忘れず、明るい態度で接すること。
　特定の利用者と個人的な約束をしたり、物品の授受等不適切な関わりをしないこと。
⑪緊急時以外は、大声を出す、廊下を走る等を禁止する。
⑫認知症高齢者だけでなく利用者に対して、指示・命令や幼児語等を使用した接し方をしない。
⑬各自健康管理に留意し、体調の悪い場合には直ちに申し出ること。
⑭ケースファイル等を閲覧する場合は、事前に実習指導者に申し出ること。
⑮携帯電話は持ち歩かない。

【6】休憩について

①昼食は各自で準備してください。
②昼食は休憩室でとってください。
③実習は休憩時間を除く8時間で設定しています。
④指定の場所以外は施設内禁煙です。

【7】休憩室の使用について

①荷物は必ずロッカーに入れて、鍵をかけてください。鍵を紛失した場合は鍵代として実費を徴収します。
②ゴミは所定の場所に処理し、私物は置いて帰らないこと。
③休憩室は他の実習生も使用します。皆が気持ちよく使用できるようにしてください。

【8】出席簿・実習記録の取り扱いについて

①出席簿は各自で管理し、実習最終日に実習指導者に提出してください。
②出席簿は実習評価表と合わせて施設から学校宛てに郵送します。
③毎日の実習記録は、スタッフルーム内指定のボックスに入れてください。
　実習指導者から直接返却します。

　　　　　不明な点は遠慮なく指導担当者や実習指導者にご質問ください。
　　　　　　　　　　　　　　　　　　　　　　　　　　　　　　　　以上

第4節 施設・事業所の実習指導の特徴

1 高齢者施設

（1）施設の概要

　おおむね65歳以上の高齢者の介護施設は、介護老人福祉施設（特別養護老人ホーム）、介護老人保健施設、介護療養型医療施設、介護医療院などになります。また、短期入所施設、養護老人ホーム、有料老人ホームやサービス付き高齢者向け住宅なども指定を受け介護保険サービスが利用できます。介護保険の第2号被保険者で特定疾病に該当する方は、65歳未満でも介護老人福祉施設は要介護3以上の方、それ以外の施設は要介護1以上の要介護認定を受けることで利用できます。施設の種別ごとの特徴を説明します。

　それぞれの施設ごとに根拠法が老人福祉法、介護保険法、医療法など異なりますが、高齢期の生活施設、リハビリ施設、看取りを含む介護施設です。生活施設の場合、そこに住民票を移して、終生滞在する方もいます。介護老人保健施設は、リハビリテーションを提供する施設として、病院や施設と在宅との中間に位置して、主に在宅復帰をめざしています。介護療養型医療施設と介護医療院は、長期療養を必要とする医療ニーズにも対応しています。そこで提供される医療や介護サービスについて、施設ごとにどのような特徴があるのかもわかりやすく説明します。

　また、終末期を過ごし、そこでの看取りを希望されると、多くの入所系施設では看取り加算の算定ができるようになっていることも理解します。老いの過程を理解する大切な機会でもあり、高齢者から教えてもらえることが多くあることも事実です。デスエデュケーション（死の教育）の側面も理解します。

　とはいえ、入所系施設は主にそこで生活が完結することが多く、閉鎖空間になりやすいことも理解し、地域のなかでの位置付けを忘れないことも大切で、地域に求められる介護施設としてのあり方を考えるための情報提供に留意します。地域貢献がどの部分で、どのように担われているのかを説明することも必要です。

（2）利用者の特徴

　高齢者の特徴は、要介護認定を受けて要介護1以上（介護老人福祉施設は要介護3以上）の方が利用しています。加齢にともなうさまざまな身体機能的な障害や疾病をもっています。精神心理的な障害や疾病をともなっている人も多

く、とくに認知症の人が利用者の大半を占めるようになってきています。利用者の特徴を理解したうえで、その状態にふさわしい対応ができる視点を伝えます。

　身体機能の側面からは、上下肢体幹の筋力低下や麻痺、脳血管疾患の後遺症による片麻痺の方、視力の低下、聴力の低下などを具体的に説明します。上下肢の筋力低下や麻痺のある方であっても、基本は、自立支援のための介護を提供します。その人の残された能力や潜在力を引き出し、手を出しすぎず、必要な見守りと、励ましによって自分でできることは自分でする、ということを支援します。

　視力の低下は、老眼だけでなく、白内障や緑内障などの疾病による見えにくさ、視野狭窄、脳血管疾患の後遺症で同名半盲や半側空間無視など、見えていない状態があることを説明し、話しかける位置や見える距離など、その人にあわせて対応することが大切です。聴力も同じく、高齢者特有の難聴で高音が聞き取りにくくなるので、少し低い音程でゆっくり、はっきり話しかけることなどの配慮を伝えます。

　認知症の方とのコミュニケーションは特に大切で、認知症ケアの出発点は、良好な関係づくり、コミュニケーションから始まります。介護現場の声かけは、インフォームドコンセント（説明と同意）くらいの心がけで、本人の同意、了解のもとに介護をすすめる必要があります。いわば利用者とともにつくる介護です。一方的にする介護では決してないことを理解します。

（3）施設実習で学んでほしい内容

　高齢者の生活施設は、その人らしい暮らしを支えるためにさまざまな専門職がチームケアを提供しています。多職種協働は、生活の多面性を支えるためには必要不可欠な仕組みで、介護を提供するうえでも、さまざまな生活情報を多面的に把握する根拠になります。医師やリハビリスタッフや看護師からは、主に疾病に関する知識や対応方法、健康面からの情報を得ることができます。栄養士からは、BMIやたんぱく質、脂質、糖質などの栄養のバランス、疾病の予防や特別食等の疾病に対応した食事提供を通して、豊かな食生活の実現に関与していることを理解します。相談員やソーシャルワーカーからは、相談援助技術、おもにコミュニケーション技術を基本にした、関係づくりや社会的支援の視点を学ぶことができます。

　そのなかでも、介護福祉士は生活を支える専門職として、主に生活行動を観察し、そのアセスメントを通して、他の専門職と情報共有することで、根拠ある介護を提供していけることを学びます。

　結果として、生活のしにくさとしての生活障害の意味を理解し、自立支援の

視点を整理します。ADL 自立、IADL 自立、社会的自立、精神的自立、意思決定自立など、一人ひとりに沿った自立支援が理解できるようになります。そのことが、介護過程で個別介護計画を作成する際に生かされることにつながります。

（4）個別介護計画作成の視点

本人の望む暮らしを支える生活施設としては、その望みを把握、理解するアセスメントを起点に、支える側の自立支援の視点を忘れず、できることはしていただき、できないことを見極めることを通して、その人らしさを実現することが個別介護計画の基本であることを学びます。

そのため、施設や在宅での個別介護計画の異同を学びます。在宅と異なり、生活に必要な基本的な機能はパッケージして提供されているということが施設介護の特徴です。介護支援専門員が基本となる総合的な計画（ケアプラン）を作成し、その計画を受けて、それぞれの専門職が専門的な計画を作成します。介護福祉士が作成する個別介護計画の位置付けを多職種協働のなかで学びます。つまり、目的に沿った介護の役割がどのようなものであるのか、その根拠を示すことがとても重要となります。

（5）実習指導の工夫

高齢者施設における実習では、高齢者施設の特性理解と利用者の特徴を把握したうえで、介護福祉士としての関わり方を学ぶことで、生活の多面性を支える専門職の位置付けを理解します。

その起点は、生活支援を通したアセスメントが重要であり、つねに現場で感覚を磨き、手を出すべきか、見守るべきなのか、介護や介助が必要かどうかの判断ができるように実習を通して学ぶことが重要です。

実習指導の目的は、必要な介護の知識を得ること、それに基づいた介護を提供するうえで、根拠を学ぶことと技術を習得することなので、実習指導者の指導の下、介護場面で積極的に介護技術を学ぶ姿勢も大切となります。

2 身体障害児・者施設

（1）施設の概要

障害のある児童が入所して利用する施設としては、児童福祉法に基づく障害児入所施設があります。障害児入所施設は障害のある児童を入所させ、日常生活の指導、自立した生活に必要な知識や技能の修得をめざした支援を行う施設です。障害児入所施設には、福祉サービスを提供する「福祉型」と福祉サービ

スに併せて治療を行う「医療型」があります。

「福祉型」障害児入所施設の対象は身体や知的、精神（発達障害を含む）に障害のある児童です。「医療型」は自閉症児、肢体不自由児、重症心身障害児等です。介護実習の「実習施設・事業等（Ⅰ）」ではこれら全ての実習が可能ですが、「実習施設・事業等（Ⅱ）」では、介護過程の展開がありますので医療型障害児入所施設が適切だと思われます。

障害者が入所して利用する施設としては、障害者総合支援法に基づく障害者支援施設があります。障害者支援施設はこれまでの3障害の区別をなくし受け入れることになっていますが、多くの支援施設が障害の種別ごとに分かれているのが現状です。身体障害者が入居している支援施設は旧身体障害者療護施設です。

障害者の入所施設のサービスは、昼のサービスと夜のサービスに分かれており、サービスの組み合わせを選択できるところに特徴があります。サービスを利用する際には、利用者一人ひとりの個別支援計画が作成され、利用目的に適したサービスが提供されます。たとえば、常時介護が必要な方は、日中活動の生活介護と、住まいの場として施設入所支援を組み合わせて利用することができます。地域生活に移行した場合でも、日中は生活介護を利用し続けることが可能です。

制度的には、施設入所支援は主として夜間において、入浴、排泄および食事等の介護、生活等に関する相談および助言その他の必要な日常生活上の支援を行います。生活介護は、常時介護を要するものにつき、主として昼間において、入浴、排泄および食事等の介護、調理、洗濯および掃除等の家事並びに生活等に関する相談および助言その他の必要な日常生活上の支援、創作的活動または生産活動の機会の提供その他の身体機能または生活能力の向上のために必要な支援を行います。

（2）利用者の特徴

施設入所支援の対象者は（1）生活介護を受けている者であって障害支援区分が区分4（50歳以上の者にあっては区分3）以上である者です。利用者の年齢層は幅広く、20代から高齢（本来であれば、65歳を過ぎれば介護保険のサービスを利用することになるのですが、実際には65歳を過ぎても、障害者支援施設で生活されている方が多くいます）の方々が生活しています。

主な疾病は脳血管障害、脳性麻痺、脊髄損傷（頸椎損傷含む）、関節リウマチ、頭部外傷、難病等です。同じ傷病や診断であっても性別や年齢、障害の状態、精神面、補装具等を含めた生活環境により、必要なケアは異なります。実習生には、知識として障害特性を理解するだけではなく、ケアや生活支援を提供す

るうえでは、利用者の人となり、個別性を意識し、理解することの大切さを学んでほしいと思います。

（3）施設実習で学んでほしい内容

　食事や入浴、排泄、起床や就寝など基本的に共通する身体介護はありますが、車いすへの移乗介護を例にとっても、リフターなどの福祉機器、福祉用具の使用の有無、車いすの座り方や姿勢保持の方法など利用者それぞれに介助方法の違いがあります。当然のことながら身体介護は画一的なものではなく、一人ひとりの心身の状態や生活環境をアセスメントし、本人の意向、介護の手順や方法、配慮事項などを踏まえ、同意を得て提供されることが必要です。

　共通性の高い身体介護を業務マニュアルとして整備したうえで、利用者一人ひとりのケアマニュアルを作成し、身体介護の提供を行います。実習生にはこのような身体介護における個別性の重視についても施設実習の中で学んでほしいと思います。

　さらに、利用者を理解する過程では、障害や課題ばかりに着目せず、その人の興味や関心、夢や希望、家族や友人との関係など、本人の強み（ストレングス）を意識してほしいと思います。また、出生時からの障害なのか、事故や病気などによる中途障害なのかを知ることも大切です。歩んできた生活経験が目の前にいる利用者にどのような影響を与えている（与えてきた）のかを感じ、利用者へのケアや生活支援を考える契機となります。

　また、近年の身体障害者施設の傾向としては、重度化・高齢化の課題が指摘されています。高齢化にともない、利用者の心身機能や日常生活動作、認知機能面の変化、喀痰吸引や胃ろう等に代表される医療的ケア等、利用者の重度化に対応する知識や技術が求められています。実習生には、このような専門性の他、医師や看護師、理学療法士や作業療法士、管理栄養士などの専門職との連携を基礎とした支援体制にも着目し、学んでほしいと考えています。

（4）個別支援計画（個別介護計画）作成の視点

　実習課題として、個別支援計画を作成する場合、身体障害のある人に対してはADLを重視した生活のしづらさに重点を置いた内容になりがちです。利用者の自立や社会参加を支援するうえでは欠かせない視点ですが、こればかりだと「できないことをできるようにする」といった思考に支援者は陥りやすくなります。この視点で作成された計画は、利用者本人にとって魅力的ではなく、目標に対する内的な動機づけも弱くなります。そのために、前述した利用者の強み（ストレングス）に着目し、利用者本人の夢や希望、興味や関心を取り入れながらニーズを充足する目標と支援内容を考えることが大切です。個別支援

計画には、利用者の生活に彩りを添える目標を掲げ、本人にとって意味のある支援を展開できるように、日常的な関わり（介助場面含む）のなかで利用者の強み（ストレングス）に気づけるようアセスメントにも力を入れる必要があります。

また、個別支援計画は、利用者本人（家族、後見人なども含む）に理解していただくことが大切です。利用者のなかには、認知面の機能低下や高次脳機能障害、知的障害を重複されている方もいます。そのため、専門用語や抽象的な表現は避けて、利用者にとってわかりやすい表記を用いる必要があります。実習生には、短期間ではありますが、利用者の夢や希望を叶えていく計画とその過程の一端を体験できる機会となります。

（5）実習指導の工夫

実習生にとって施設実習は、人や環境、取り組みにおいて緊張が続く状態だと思われます。そのため、実習指導者は職員がチームで実習生をサポートできるよう実習目標や取り組みを共有し、実習生の学びや感情の変化を踏まえ、介護人材養成の一翼を担うことが重要だと考えます。実施している施設は多いと思いますが、「実習委員会」等を組織することにより、前述した内容の他、実習日誌の円滑なフィードバック、実習生の悩みや課題、加えて職員や施設の疑問や課題への適切な対応を行うことができると思います。

3 知的障害児・者施設

（1）施設の概要

前述（第4節2）の通り、障害児の入所施設は、児童福祉法に基づく障害児入所施設です。障害児入所施設は障害のある児童を入所させ、日常生活の指導、自立した生活に必要な知識や技能の修得をめざした支援を行う施設です。「福祉型」障害児入所施設の対象は身体や知的、精神（発達障害を含む）に障害のある児童です。知的障害児の多くが福祉型障害児入所施設で生活しています。18歳未満の知的障害児数は22.1万人です。21.4万人は在宅で生活を、施設で生活する知的障害児は0.7万人（3.2％）にしか過ぎません。しかし、施設で生活する知的障害者は11.3万人（13.4％　年齢不詳の1.8万人を除く）です。施設で暮らす身体障害児者は1.7％、同様に入院している精神障害児・者は7.2％です。この比較からわかる通り、知的障害者が施設に入所する割合がとても高くなっています。

この背景には共同生活援助（グループホーム）の多くが、知的障害者を対象としており、施設入所支援と同様、主として夜間に相談、入浴、排泄又は食事

の介護その他の必要な日常生活上の支援を行っているからだと思われます。当然、日中は生活介護、就労支援A型、B型、就労移行支援のサービスを併用していることが多いと考えられます。また、グループホームを利用し、実際に就労して生活している知的障害者もいます。

知的障害者の施設では、介護より指導が優先されてきました。しかし、高齢者の割合が少ない知的障害者施設でも高齢化が進んでいます。介護が必要な知的障害者も増えているのが現状です。

（2）利用者の特徴

知的障害とは、知的能力や日常生活能力、社会生活能力、社会的適応性に応じて判断され、知能指数より軽度・中度・重度・最重度の4つに分類されます。しかし、障害のない方でも能力面で個人差があるように、障害の程度は大まかな目安であって、生活の大部分において介助や支援を必要とする人もいれば、あるいは結婚をしている人もいるなど、障害の程度も支援の方法もさまざまであることを理解する必要があります。また、知的障害の特性だけに着目するのではなく、利用者を取り巻く社会環境によっては不安定になりやすく、対人関係に敏感で影響を受けやすいなどの内面的な特性についても理解を深めることが大切です。

（3）施設実習で学んで欲しい内容

利用者の主体性を尊重しながら、利用者を取り巻く環境、人間関係を調整していくあらゆるプロセスが仕事場面となります。良い支援をする支援者との出会いは、利用者や家族にとってかけがえのないものであることを理解し、介護実習においては、関係性の構築、行動の意味、豊かな生活を送ることについて洞察を深める学習ができます。利用者との関係は個人的な関係ではなく、利用者が生活していくなかで必要とされる支援という認識に立って行われる仕事上の関係になります。支援者の姿勢そのものが利用者にとっては一番の大切な環境であり、良好な関係を築くことで利用者が安心した生活を送ることができることを学びます。

知的障害者と接するうえで障害特性等を全て理解して関わることは難しいですが、利用者の行動に対して感情的にならず、その行動が障害による衝動的なものなのか、愛着や甘えから生じているのか、過去の傷ついた体験からの対処行動なのかなど、行動の理由を考察し、支援方法を検討することが大切です。利用者の行動に対する見方や感じ方は支援者によって異なる場合があるので、職員間で情報を共有し、統一した支援を行っていくことの大切さを学習します。そして、利用者の取り巻く環境（社会）が「豊かな生活」を送ることに影響し

ていることの理解を深めます。

　知的障害者の支援では、事業所のサービス（障害福祉サービス）だけでは自由に外出し、買い物を楽しむなど、人としてあたり前の生活を保証することは難しい状況にあります。福祉関係者が連携したり、地域に働きかけ、社会を構成する一人ひとりが知的障害のことを理解し、許容してもらえるように地域を開拓する必要性も学習します。

（4）個別支援計画（個別介護計画）作成の視点

　障害者基本法第23条には意思決定支援への配慮等が明記され、厚生労働省は「障害サービス等の提供に係る意思決定支援ガイドライン」を示し、利用者の意思決定支援の展開について事業所は工夫していくことが求められています。

　個別支援計画は、相談支援専門員がサービス等利用計画における総合的な支援方針等を踏まえ、当該事業所のなかで提供するサービスや取り組みについて具体的に示したものになります。「施設の支援は、生活支援など入所者の状態に応じて行う支援もあれば、それとは別に入所者の夢や希望の実現に向けた支援」があります。個別支援計画を作成する際、この二つの支援が混同されずに具体的に支援内容が明記されていることが求められ、その際に意思決定支援の展開や配慮等が含まれていることが望ましいといえます。

（5）実習指導の工夫

　介護実習を行う学生にとっては初めての環境での実習ということもあり、とても緊張して来られます。そのため、実習受け入れにあたっては、はじめに、実習目的をしっかり確認したうえで、事業所での過ごし方、利用者の特徴や関わり方、支援方法などを事前に説明することが必要です。

　次に、利用者との関わりでは、学校で学んだことを実践する場面では、戸惑うことも多々あると思われます。そのため、実習生が困ったことやわからないことがあれば、その場で質問できるようにすること、職員から声をかけることができる体制として、実習指導者が実習生の近くにいるよう配慮する等の工夫が必要です。

　実習生は利用者との関わりのなかで多くのことに気づき、悩みます。また、職員の接し方等を見て自身の関わり方について考えることもあるでしょう。ここでの気づきや悩みを振り返り、どのようにしていくかを考えることが実習ではとても大事なことになります。そのため、その日の気づきを報告し、支援方法等について一緒に考えるための振り返りの時間をもつことが大切です。できれば、実習で学んだことを職員や利用者の前で発表することは、実習生にとっての達成感にもつながりますので、最終日に実習反省会を行うなどの工夫も良

いかと思います。

≪参考文献≫
障害福祉サービス実践研究会『わかりやすい障害福祉サービスの実務』新日本法規、2018
　年3月
厚生労働省社会・援護局障害保健福祉部『障害福祉サービス等の提供に係る意思決定支援
　ガイドライン』2017年3月

4 精神障害者施設・事業所

（1）施設の概要

　精神障害者の入所施設として実質的に機能している施設は障害者総合支援法ではグループホームぐらいです。では、精神障害者はどのような施設を利用しているのでしょうか。生活保護法で規定している救護施設に多くの精神障害者が生活しています。救護施設は生活保護法第38条第2項に「身体上又は精神上著しい障害があるために日常生活を営むことが困難な要保護者を入所させて、生活扶助を行うことを目的とする施設とする。」と規定されています。他の障害者施設と同様に個別支援計画を作成し、目的に沿った支援を展開しています。

　在宅で生活する精神障害者が就職を希望する場合は就労関係事業所で就職の準備をします。日中の居場所や創作活動などを希望する場合は地域活動支援センター等がその役割を果たします。地域活動支援センターについて簡単に解説します。地域活動支援センターとは、障害者総合支援法に基づき、障害のある人を対象として創作的活動・生産活動・社会との交流促進などの機会を提供する支援機関です。障害のある人の地域生活を支える、国の「地域生活支援事業」の一つとして位置付けられています。地域活動支援センターは、必ずしも精神障害者だけが利用しているわけではなく、身体障害者、知的障害も利用します。

　地域活動支援センターは、1階部分の「基礎的事業」と、基礎的事業を充実させるための「機能強化事業」という2階建て構造になっています。機能強化事業は3種類に分かれています。Ⅰ型は精神保健福祉士などの専門職スタッフが困りごとの相談や地域の医療機関・支援機関等との連携といったサポートを行います。Ⅱ型は身体機能の維持や向上を目的とした「機能訓練」、対人関係のトレーニングなどの「社会適応訓練」、入浴サービスなど、利用者の自立や生きがいの向上のための支援を行います。Ⅲ型は通所による障害者支援の実績が5年以上あり、安定的な運営が行われているという条件を満たす施設が該当します。活動内容は作業や交流の場の提供をはじめ、施設によってさまざまです。

（2）利用者の特徴

　病名や症状、障害がにていても（疾病性）、一人ひとりの人生や生活は全く異なる（個別性、事例性の重視）ということを十分に理解しておくことが必要となります。障害や病気と関わるのではなく、生活者として、地域で暮らす人として、関わり、学ぶという姿勢が大切になります。言葉によるコミュニケーションが中心となりますが、言葉の背景や、聞こえてこない声、言葉に託された想い、などにも意識を向けることで、より利用者やその方が置かれている状況（環境）への理解がすすみます。

　精神障害者施設・事業所に限らず、何らかの要因で日常の生活に介護や支援が必要になる状況にある方の多くは、広義の介護（心のケア、心理的なサポート）が不可欠であるということの理解も深める機会となります。

（3）施設実習で学んでほしい内容

　施設や事業所の利用者ではなく、地域で暮らす生活者という視点を忘れずに「人との関わり」を通して、その方を理解していくプロセスを実習記録や指導者との振り返りで確認していくことで、人への理解が深まります。同時に、その方が置かれている状況や環境を知ることで、社会や地域のなかで起こっている精神障害や精神障害者に対する障壁や生きづらさを学ぶことも大切です。

　施設や事業所の役割や歴史を学ぶことで、地域を知ることにつながります。また、施設や事業所のなかでの活動だけでなく、地域での活動やつながりを学ぶことで、地域での生活支援に必要なソーシャルワークの視点を学び、深める機会となります。

　暮らしや生活を意識して実習を進めていくことで、福祉サービス以外に必要な介護や支援にも視点を拡げることができます。家族や友人とのつながり、居場所、楽しみや生きがい、医療、就労、などといった多領域を横断して生活や暮らしは成り立っているということを深く理解することが大切です。

（4）個別支援計画（個別介護計画）作成の視点

　個別介護計画に関しては、利用者と家族の望む暮らし、希望する生活を実現するためのトータルプランであるサービス等利用計画との連動性が非常に大切です。希望する生活や暮らしの実現のために、施設や事業所がどのようなサービスを提供していくのか、利用者が何をするのか、を具体的かつ明確にしたものが個別支援計画となります。したがって、可能な限り「利用者」と作成するプロセスを共有すること、可能な限り「利用者の言葉」をそのまま計画に反映させること、可能な限り「利用者が理解できる」計画であること、が求められます。

利用者のための「個別支援計画」なので、利用者の持つ強み、できること、楽しみなど（ストレングス視点）が作成にとても重要となります。また、利用者の希望や想い、ご本人を取り巻く環境や状況は、日々変化していくものなので、個別支援計画の作成と同様に、モニタリングの必要性と重要性、新たなニーズや変化に気づく視点もあわせてもてるような助言指導が必要です。

（5）実習指導の工夫

実習の前段階に当たる事前指導がとても重要になります。精神障害に限らず、障害福祉分野と高齢福祉分野、広義の介護、地域共生社会、といった知識を広めておくことと「生活者」としての視点を十分に理解したうえで、実習に臨むことが必要です。この点を介護福祉士養成施設の教員と協議することを勧めます。

実習の目標や獲得目標の設定を実習生と指導者で検討を重ね、必要であれば地域の支援者や施設、事業所に相談することも大切になります。特に、個別支援計画の作成では、「介護や支援を受ける人」ではなく「地域で暮らす人」という視点の転換を図ることができるように指導することが必要です。視点の転換ができれば、実習での学びの内容が拡がり、実習内容が深まると思います。

実習の前半では、実習生の「精神障害者」に対する印象の変化に気づき、「障害や病気とは何か」といった問いが生じてくるように、指導者として助言したり、気づきを促すような関わりが必要となります。実習後半では、「生活とは」「地域とは」「介護とは」といった実習生の「価値観」に対する問いや疑問と真摯に向き合えるよう、実習内容および課題の整理・確認が必要となります。

5 居宅サービス

実習施設Ⅰに位置づけされている居宅実習は、長くて1週間程度の短期間の実習のため、現実的に体験学習とならざるを得ません。

在宅実習を通して、高齢者や障がいのある人が、地域の中でしっかりとその存在感を示しながら自立した生活を継続しようと、頑張っている強さを少しでも感じ取ってほしいと思います。

人は誰でも可能な限り、住み慣れた地域や馴染みの関係のなかで老い、人生を終えたいと願っています。しかし、さまざまな事情によってそれが叶わないこともありますが、人間として本来あるべき姿（普通の生活）が在宅にはあります。そのことを介護福祉士として知っておかなければなりません。利用者や家族を含む地域社会との関係のなかからそのことを体感し、学ぶ必要があります。

（1）　施設概要

　実習を行う居宅系サービスは、主に訪問介護（ホームヘルプサービス）、通所介護（デイサービス）や平成18(2006)年から整備された地域密着型施設としての小規模多機能型居宅介護、認知症対応型共同生活介護（グループホーム）があげられます。

　訪問介護（ホームヘルプサービス）は、要介護状態になった利用者がもつ残存能力を最大限に活用しながら、心身の状態に応じたサービスを提供し、可能な限り在宅での生活が継続できるように生活支援サービスや身体介護サービスを提供します。

　通所介護（デイサービス）は、利用者を通所施設（デイサービスセンター等）にお連れし、通所介護計画に沿った各種サービス（入浴・食事・排泄の介護、機能訓練、口腔機能、栄養指導等）を提供します。

　小規模多機能型居宅介護は、「通い（デイサービス）」を中心におき、利用者の希望に応じ随時「訪問（訪問介護）」や「泊り（ショートステイ）」を組み合わせて利用することができ、馴染みの関係のなかでサービスが展開されます。

　認知症対応型共同生活介護（グループホーム）は、認知症高齢者が共同生活を営む場であり、パーソンセンタードケアに基づいた個別ケアが実践されています。

（2）利用者の特徴

　在宅にいる利用者は、地域のなかでの生活者として存在しています。そして、これまで築いてきた生活上のルールや、馴染みの関係のなかでの立ち位置も確立されています。

　しかし、何らかの事情（疾病等）によって生活に不自由が生じ、誰かの助けが必要となった時、各種居宅サービスを利用しながら生活を継続することになります。介護支援専門員は、ICF（国際生活機能分類）の理念のもと利用者・家族のニーズにそって各種サービスを組み立て、在宅生活の継続と利用者の生活の質（QOL：Qoality of Life）の維持・向上を図ります。要介護度により、各種サービスの利用に制限が生じることもありますが、個々の状態にあわせた適切なサービスを利用することが重要になります。

（3）居宅実習で学んでほしい内容

　地域のなかで高齢者や障害者がどんなふうに生活し、前向きに自身の人生と向き合っているのかを体験することを期待しています。特に要支援者といわれる軽度者や障害者の生活を実習してほしいと考えます。比較的元気な高齢者や障害者が、老いや障害と向き合いながらも地に足をつけ頑張って生活している

姿から、何かを感じとってもらえたらと思います。

　介護の仕事にかかわる者は、要介護状態になった人を対象にケアを提供します。しかし、人間として本来あるべき姿を理解しておかなければ、ケアを実践するときに利用者理解に偏りが生じる危険性があると考えています。ぜひ、利用者や家族を含む地域社会に目を向け、広い視野で物事が考えられるようになってほしいと思います。

　また、各種サービスを提供する専門職たちが、介護支援専門員（ケアマネジャー）の居宅サービス計画（ケアプラン）と連動させた個別介護計画を立て、個別性を重視した介護実践していることも知ってほしいと考えています。

（4）個別介護計画作成の視点

　実習施設Ⅰに位置付けされている在宅の実習は、長くて1週間程度の短期間の実習ですから、現実的には体験学習にならざるをえません。そのため、個別介護計画を実習生自身が立てることはありませんが、介護支援専門員（ケアマネジャー）の居宅サービス計画（ケアプラン）があり、そのプランを基に各種サービスごとに求められる課題解決のため個別介護計画が作成されている関係性や流れを学ぶ場を設けることが必要です。

（5）実習指導の工夫

　実習指導者は、事前に個々の実習生の実習目標を知る必要があります。そのために事前打ち合わせを行いますが、できれば担当する実習指導者と学生・教員の三者が参加する方向で調整します。打ち合わせ会では、事業所の運営方針や理念を伝えます。そうすることで、これから実習する事業所の基本姿勢が理解でき、実習生の意欲へも大きな影響を与えます。また、事前面談をすることで実習生の緊張感も和らぎ、実習指導者との距離感を縮めることもできます。

　事前打ち合わせの場で、実習中のスケジュールやカンファレンスのもち方等についても打ち合わせ、実習に向けて双方のズレを修正・確認することで、スムーズな実習の準備が可能になります。また、実習に向けて準備すべき物品を説明し、事業所内の案内も行い、実習初日に戸惑うことのないように配慮します。

　在宅サービスの場合、地域社会のなかで生活している利用者が対象であることから、プライバシー部分に大きく関わる業種でもあります。そのため、守秘義務の重要性について十分説明し、事前に誓約書等を受け取ることも必要になります。

　実習初日には、実習生が自己紹介する場を設けることも大事です。そうすることで、職場の雰囲気が伝わり、実習効果を上げることにつながります。短期間の実習であることから、日々の振り返りはとても重要です。「今日の課題は、

今日のうちに」をモットーに指導します。また、最終日には、カンファレンス
を行い、実習中の目標達成ができたのか確認し、反省点は次に生かしていくこ
とが重要です。

≪参考文献≫
中央法規出版　新・介護福祉士養成講座４「介護の基本Ⅱ」第３版 第２章第２節１

6　小規模多機能型居宅介護、認知症対応型
共同生活介護（グループホーム）

　小規模多機能居宅介護（以下「小規模多機能」という。）と認知症対応型共
同生活介護（以下「グループホーム」という。）は、「地域密着型サービス」に
位置付けされ、その人らしさを大切に、一人ひとりに寄り添い、地域での暮ら
しを支えるといった共通理念があります。

（１）小規模多機能型居宅介護

　小規模多機能の特徴は、従来のデイサービス、ショートステイ、ホームヘル
プ等の居宅サービスを一つの事業所で提供することとされていますが、ただ単
純に複数のサービスを組み合わせているだけではなく、「利用者一人ひとりの
ニーズ」に沿って「多様な機能（サービス）」を一つの事業所（拠点）から柔
軟に「一体的に、連続的に提供」することで「最後まで自宅で暮らし続ける」
ことにあります。

　①　本人本位の支援

　　小規模多機能は、利用者のニーズに基づいて柔軟性と応用力のあるサービ
スを提供するところに特徴があります。

・安心して利用していただくための職員や他の利用者との信頼関係の構築を
　理解します。
・利用者の思いや願いを叶えていくためのニーズの抽出、アセスメント、個
　別介護計画、実施、モニタリング等の過程を理解します。
・作成された個別介護計画がどのようにチームで共有され、実践されている
　か理解します。
・「通い」「宿泊」「訪問」といったサービスの流れがスムーズに行われるた
　めの環境設定や職員とのコミュニケーションの方法等を理解します。
・認知症や心身に障害のある利用者に配慮した環境設定（見当識、事故防止）
　について理解します。

② 継続的支援

　小規模多機能は、24時間365日、切れめのない支援により利用者の暮らしを支えます。

・利用者がこれまで築いてきた人との関係や社会との関係を断ち切ることなく、継続できるような支援の方法を理解します。

・できること、できないことの見極めを行い、利用者の能力を最大限に生かし、なじみのある職員による継続的な支援の方法を理解します。

③ 地域で暮らし続けることの支援

　小規模多機能は、介護が必要になっても家族や地域社会との関係を継続し、住み慣れた地域で暮らし続けることを支援するものです。

・事業所と利用者だけの関係性ではなく、利用者を取り巻く家族、地域住民、友人、知人との関わりを維持、継続するために「通い」「宿泊」「訪問」といったあらゆる機能を駆使して、最後まで住み慣れた地域で暮らし続けるためのケアマネジメントを理解します。

（2）認知症対応型共同生活介護

　グループホームの特徴は、認知症によって自立した生活が困難になった高齢者に対して、安心と尊厳のある生活を営むことができるように小規模で家庭的な環境の下で、少人数（5～9人）の認知症の高齢者が共同生活を行いながら、自らの生活を再構築していく場です。

① 利用者の慣れ親しんだ生活様式が守られ、束縛のない暮らしとケアの提供

・一人ひとりのこれまでの暮らし方が尊重され、グループホームにおいてどのように継続されているか理解します。

② 残存能力や残存気分、潜在能力を引き出した暮らしの支援

・できること、できないことへの見極めなど、ICFの視点に立った支援の考え方を理解します。

③ 小規模で家庭的な環境

・グループホームにおける、「家庭的」と「共同生活」の違いを理解します。

・利用者が主体的に生きていけるように支援します。

・利用者同士が共に生きていけるように支援します。

・利用者が社会と共に生きていけるように支援します。

・家庭に代わる暮らしの場として、家族との関わりや家族と職員との協働について理解します。

④ なじみの人間関係と環境

・利用者と職員との信頼関係を築き、寄り添うことの大切さを理解します。

・見当識に配慮した居室や共用空間の環境づくりやなじみのある物品の持ち込みなど、居心地のよさへの工夫等を理解します。

⑤　町のなかでの暮らし

・町の人とのふれあいや、町の人々の認知症への正しい理解のための取り組みなど、グループホームの果たす役割などを理解します。

・運営推進会議などにも参加して、地域との関わりを学ぶことも大切です。

⑥　生きることへの支援

・利用者の生活場面で共に時間を過ごし人間的な深い関わりを体験することによって認知症のもつマイナスイメージを払拭し、身体に障害を有しても認知機能が低下しても人として人とつながり、社会とつながり、あたり前に暮らしていくことの大切さを理解します。

・利用者は認知症という疾患のため、人との関係をつくることが不得手です。一方、実習生にしても認知症の高齢者と接するのがはじめての人もいるでしょう。実習生が緊張すればおのずと利用者も緊張します。このため充実した実習を行うためには最初の関係づくりが重要です。実習生の存在を知ってもらうために穏やかな雰囲気づくりが不可欠です。業務や日課の説明に終わることなく、ただそばにいることの大切さの理解も必要です。

　グループホームの利用者は、入居までの経緯について、本人の理解や納得を得ないまま利用に至っているのがほとんどです。自宅での生活を断念し、グループホームへ住み替えて、認知症と向き合いながらも精一杯生きている高齢者の姿を通して、実習生は「老い」や「生きること」について考えていくことが大切です。さらに「人」を生物学的側面や疾患のみに捉われず、社会面・経済面・心理面などのさまざまな視点からも捉えて、認知症の人の生命、生活、人生を支える全人的なケアの存在が実習生の介護福祉士としての自己覚知に深く影響を与えることとなります。

　実習を単なる認知症の人とのふれあい体験で終わらせず、相手のペースにあわせる、ゆっくりと話す、聞く、寄り添うといった指導者の関わり方や認知症のケアについて、たゆまない努力とあきらめない姿勢を伝授していくことが実習生に感動を与え、介護福祉士として大きな期待を抱くことにもなります。

≪参考文献≫

小規模多機能ホーム研究会編『小規模多機能型居宅介護開設の手引き』全国コミュニティライフサポートセンター、2006年

日比野正己・佐々木由恵・永田久美子『図解痴呆バリア・フリー百科』TBSブリタニカ、2002年

1　実習指導計画の意義

　実習指導者は、実習生の成長した姿を目にしたときは、指導にやりがいや喜びが感じられます。反面、指導に対して何の変化もみられない実習生には、手ごたえのなさに落胆するといった経験をすることがあります。

　指導をしたのに実習生に変化がみられなかった場合には、次のようなことを思います。たとえば、「実習生にやる気がない」「理解力が不足している」「基本的なことも勉強していないのではないか」。さらに、「他の実習生はもっとできていた」との比較や、一般的な学生の動向にも考えがおよび、「最近の学生は積極性がない」「学校では何を教えているのだろうか」などと次々に考えが膨らんで、しまいには「あの実習生は指導しても仕方がない」との判断を下すこともあります。しかし、実習指導で成果があがらなかった原因は、はたして実習生だけに還元されるものなのでしょうか。

　実習生が成長できるように効果的な実習指導を実践する手段として、実習指導計画が作成されます。実習指導計画は、指導のねらいを定め、実習生の状況を捉え、指導内容や方法を計画したものです。計画に沿って指導し、指導の結果を評価し、その評価を次の指導計画に反映させていきます。この計画（Plan）－指導（Do）－評価（See）の過程をPDSサイクルとよびます（**図3－1**）。図の通り、過去から現在、そして未来へと発展的に運用することで、指導計画はより良いものへと改善されていくのです。実習指導は、その実践に焦点があてられる傾向にありますが、むしろ上述のような過程に大きな意味があります。

　実習指導計画を作成する意義は、以下の5点にまとめられます。

① 　指導のねらい（目標）と方法との整合性を確認できる。
② 　現状に応じた指導計画を事前に作成することで、職員の協力を得やすくなる。
③ 　実習生の実習状況をモニタリングしながら、適宜指導の修正ができる。
④ 　学生の実習達成状況を評価するときの視点や根拠が明確になる。
⑤ 　実習指導の内容の見直しやよりよい指導を検討するときの資料となる。

図3－1　PDSサイクル

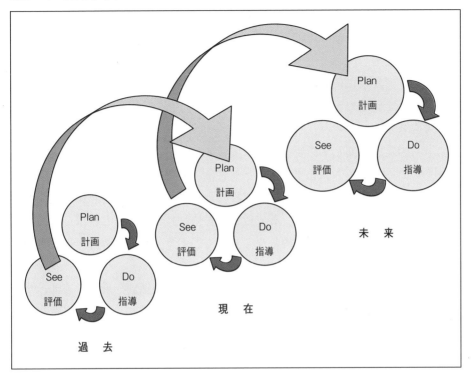

2　実習指導計画における指導目標

　実習指導計画は、５Ｗ１Ｈを踏まえて作成する必要があります。指導の構成要素である指導目標、指導対象、指導内容、指導方法とは次のように対応します。

なんのために	（Why）	⇒指導のねらい・目標
いつ	（When）	
誰に	（Who）	⇒指導対象
何を	（What）	⇒指導内容

なんのために　　　　（Why）　　　　⇒指導のねらい・目標
誰に　　　　　　　　（Who）　　　　⇒指導対象
何を　　　　　　　　（What）　　　　⇒指導内容
いつ　　　　　　　　（When）
どこで　　　　　　　（Where）　　　 ⇒指導方法
どのようにして　　　（How）

　計画は、めざすものに向かって、あらかじめ方法や順序を考えることです。「なんのために指導するのか」というねらいや目標が明らかにされることによって、実習生個々に対して、何をどう指導するかの内容や方法を具体化することができます。指導のねらいには、目に見える成果として表れにくいものや、成果の測定にはなじまない事象も含まれることがあります。目標は、誰もが単一の解釈ができるように、明快で達成状況を測定しやすいものを設定するとよ

153

いでしょう。

　これらを定めるにあたって、今回の受け入れ実習期間が、①養成校のカリキュラム上でどのような位置付けとなっているのか、②実習施設・事業等（Ⅰ）、実習施設・事業等（Ⅱ）の実習区分のいずれに該当するのか、③実習区分のなかでも、どの学習段階に位置しているのか、④養成校では本期の実習課題をどのように設定しているのか、⑤実習生の設定している実習目標はどのようなものか、を知る必要があります。

　これらの実習に関して必要な情報は実習要項（実習ガイドブック、実習手引き等）によって提示されます。実習指導者は、実習指導計画を作成する前に実習要項を必ず確認します。さらに養成校の企画する実習指導者懇談会（実習指導者連絡会等）にも参加して、養成校と実習施設の相互理解と連携を深め、実習施設内での受け入れ体制の調整をしておくことで、実習指導計画書が実行性のあるものとなります。

　実習生にとって学習の場となる実習環境は、施設の種別、理念や方針、サービス内容、職員の状況などによって大きく異なってきます。すでに実習を経験していたとしても、新たな実習環境での取り組みという点を考慮して、指導のガイドラインを実習導入期、実習目標展開期、達成状況確認期の3期に分けて記しています。施設の現実的な状況に即して実習指導者が指導のねらいや目標を設定し、さらに、それを職員間で検討し共通理解を得ておくことが重要です。ここでは実習指導のねらいと目標のみ記していますが、指導方法や内容なども含んだ実習指導のガイドラインを作成しておく必要があります。

実習指導のガイドラインを意図した実習指導のねらいと目標

1）実習導入期

【指導のねらい】

　施設環境で実習することの不安や緊張が、利用者との出会いや介護体験を通して軽減し、実習目標に向けて主体的に活動するための準備ができる。

【指導目標】

・事前オリエンテーションで説明を受けた内容が定着する。

・実習施設の日課や職員の提供する介護の概要が説明できる。

・利用者や職員とのコミュニケーションを通した関わりがもてる。

・口頭指示や模倣すれば行える介護については実施する。

・実習上の困難点について、安心して相談できる。

2）実習目標展開期

【指導のねらい】

実習生が主体的に利用者や職員に働きかけ、実習目標に沿った実習展開ができることによって学びが深まり、学習課題の達成への意欲が向上する。

【指導目標】

・実習目標に向けて、どのような行動をとるかが具体的に計画できる。

・実習目標の到達に必要な実習内容について調整ができる。

・実習体験で何を学び得ているのか、カンファレンスの場で表現できる。

・日々の実習場面での疑問を適切な時間や場で指導を受けることができる。

・利用者や介護実践への理解を深めるために積極的に働きかける言動がある。

・介護場面をできるだけ経験し、技術の習熟に必要な要点を理解できる。

3）達成状況確認期

【指導のねらい】

実習目標の到達状況を評価するための視点ができ、自己課題の再設定を通して、介護職をめざす者として、自己を動機づけていくことができる。

【指導目標】

・実習全般を通して何を学んだのかを言語化できる。

・介護体験を通して介護職に必要な能力について考えられる。

・カンファレンスの場で、実習達成状況を発表できる。

・記録物のまとめや実習評価項目を参照して、自己評価ができる。

・自己評価を通して、今後の自己課題を設定することができる。

3　実習指導計画の作成例

実習施設・事業等（Ⅱ）の受け入れ実習期間における実習生別の指導計画を作成してみましょう。各養成校により実習期間は作成例と異なります（実習生別の計画書の作成例は**表3－3**を参照）。

【実習生のプロフィール】

Ａさん、専門学校2年生の19歳、女性

実習経験：①老人デイサービスセンター10日間　　実習施設・事業等（Ⅰ）

　　　　　②知的障害者通所授産施設　　10日間　　実習施設・事業等（Ⅰ）

　　　　　③介護老人保健施設　　　　　10日間　　実習施設・事業等（Ⅰ）

実習への抱負：介護過程の展開を行う実習であり、利用者とできるだけ多くの関わりをもち、その方のニーズにあった計画立案ができるようにしたい。気持ちが焦ると自分のしていることも見失いが

ちになるので、落ち着いて物事に取り組めるようにしたい。

【施設環境】

特別養護老人ホーム100床：2階40床、3階30床、4階30床

1階はデイサービス、2階は、認知症対応の専門フロアとしている。3階・4階は介護度による区別はない。設立後7年経過し、毎年3〜4人程度は新人職員を採用している。介護職員は31人で、そのうち介護福祉士の占める比率は58%。施設理念は、「家庭的な雰囲気で、利用者が安心して楽しく過ごせる日々をつくる」である。

表3−3　実習生別の実習指導計画書

実習期間　〇月△日〜〇月△日　実習生名　Aさん　　養成校名　　　　　＊＊＊専門学校

実習場所　2階　　　　　　　　　　　　　　　　　　作成者　　　　W

実習生の目標：①受け持ち利用者のニーズに沿った計画立案ができる。

　　　　　　　②職員間の連携の実際を学び、介護福祉士としての役割を考える。

　　　　　　　③日常生活支援にともなう介護技術が一人で行えるようになる。

指導のねらい	指導内容	方法・留意点	担当者
実習生は気持ちが焦ると能力を発揮しにくいので、プレッシャーを与えないように配慮し、実習生の有する理解力や判断力を発揮できるようにする	（1日目） ・日常の流れを把握	・日勤業務の見学と、実習生ができることは見守りのもと実施させ、日中の生活の流れをつかめるようにする。	日勤Y
	・介護場面の見学	・利用者への自己紹介を促す。	日勤Y
	・実習終了時ミーティング	・実習内容の確認と翌日の計画立案へのアドバイスをする。	指導W
	（2日目） ・シーツ交換、移乗の見学、実施	・前日の日勤業務の内容について補足説明。シーツ交換や移乗を職員と実施。週間予定を把握させる。	遅出M
	・利用者とコミュニケーション	・食堂や居室を自由にまわり、利用者へ話しかけるように促す。	指導W
	・実習終了時ミーティング	・実習内容の確認と翌日の計画立案へのアドバイスをする。	指導W
	（3日目） ・入浴見学と衣服の着脱の実施 ・食事介助 ・排泄介助	・受け持ち利用者選択を視野に入れて、実習生が気になる利用者（複数）の入浴、食事や排泄などの介護場面を経験できるように調整する。	指導W
	・実習終了時ミーティング	・実習内容の確認と受け持ち利用者選択における相談と助言を行う。	指導W

【事前オリエンテーションでの印象】

　必要なことをメモし、質問をした時の受け答えもはっきりとしており、理解力や自分の意見を表現する力はある。ただ、「～の場合はどうすればいいのですか」と先々のことを想定して質問していたので、実習への気負いと不安をもっているように感じた。

【今回の養成校における実習課題】

　実習期間は20日間である。受け持ち利用者を1週間以内に決定し、アドバイスを受けながら介護計画を2～3週目で立案し、4週目を実施・評価の期間とする。介護過程の展開を学ぶことを目的としているため、実習フロアは固定し、利用者理解を深めるために必要であれば夜勤実習も計画してほしい。今後の実習段階は、チームケア体制や多職種の役割と機能を学ぶ総合実習があり、夜勤体験や主任業務、生活相談員、医務室、厨房などの実習予定である。

4　実習記録への対応

（1）実習生の伝えたい内容をくみ取る

　養成校で実習記録に関する指導を行っていると、実習生は「施設の職員さんにみてもらうのにそんなことは書けない」「素直に思ったことを書けば悪くとられるのではないか」などと言います。実習記録は、読み手にどのような受けとめ方をされるのかを意識しながら書かれるものです。実習記録を実習生の成長に役立てるものと位置付けるならば、実習場面で体験し、考えたことを素直に表現できるほうがよいのではないかと思います。

　「こうあるべき」や「間違っている」と判定をされることに実習生は怯えながら、稚拙な表現や語彙の少ないなかで記録を書いています。実習指導者は「実習生はこのような表現をしているが何を伝えたいのだろう」と、まずは伝えたい内容を理解しようとすることが大切です。

（2）実際の介護場面で直接指導した人がコメントする

　記録における指導では、実際の介護場面を想起しながら、①実習生の受けとめ方に誤解があれば修正をする、②その介護場面はどのような文脈のなかで生じたことなのかに気づかせる、③適切な表現に置き換えたほうが伝わることを指導する、④表現されていないが介護に必要な視点については補足するなど、記録を通して学ばせたいことを明確にして指導する必要があります。このような指導をするためには、実習生に直接関わった担当者がコメントすることが望ましいです。

（3）実習指導における記録指導の限界を知る

　介護実践は、言葉によって伝達可能なものだけでなく、暗黙知によって支えられている部分が多くあります。大串正樹は、言語化が不可能である暗黙知について次のように述べています。「暗黙知（tacit knowledge）は、個人の経験によって獲得された身体的・経験的な言表不可能な知識をいいます。技やスキルと呼ばれる職人芸的な知識でもあります。一つの単純な知識として取り出すことは不可能で、さまざまな経験的知識が実践の中で総合・体系化されて機能します。このことからもコンテクストに強く依存した知識といえます」[1]。

　言語化できない内容は、実践を共にすることでしか共有化できないため、記録だけに偏った指導にならないように注意する必要があります。言葉を前提とする記録による指導の限界を知っておくことも大切です。

（4）指導のタイミングを外さない

　実習生はさまざまな状況下で、体験をしたことに関する思いや判断を蓄積するものです。そのため、いざ記録を書くときになっても、「何を書こうか」「どう書こうか」と悩み、あふれでる感情がそのまま言葉にならないこともあり、首尾の完結を整えるために無理なコンテクスト（文脈）を用意することも多くみられます。まだ、すっきりと表現しきれていない実習記録が提出されたときにこそ指導のタイミングが存在するのです。「鉄は熱いうちに打て」とのことわざがありますが、記録へのコメントはタイムリーに行います。さらに、実習体験の言語化を促すためには、記録に関する面談を行うことが効果的です。

≪引用文献≫
1）　大串正樹『ナレッジマネジメント創造的な看護管理のための12章』医学書院、2008年、62頁

≪参考文献≫
澤田信子、小櫃芳江、峯尾武巳編『改訂　介護実習指導方法』全国社会福祉協議会、2006年
峯尾武巳、黒澤貞夫編『介護総合演習』介護福祉士養成テキスト13、建帛社、2009年
日本社会福祉士会編集『社会福祉実習指導者テキスト』中央法規出版、2008年
日本介護福祉士会監修『介護福祉士実習指導マニュアル』中央法規出版、2000年
坪山孝、能田茂代編集『介護総合演習』最新介護福祉全書第8巻、メヂカルフレンド社、2008年
梶田叡一『教育評価』第2版補訂版、有斐閣、2002年
平成30年度生活困窮者就労準備支援事業費等補助金　社会福祉推進事業介護福祉士の養成カリキュラム改正を見据えた介護実習科目の実習指導体制のあり方に関する調査研究事業『介護実習指導のためのガイドライン』日本介護福祉士会、2019年

第6節　実習指導のポイント

1　実習生の不安に対応する

　実習生の不安の一つに、実習施設内に自分自身の居場所を感じられないことから生じる不安があります。居場所を感じられないことから自分自身の存在に自信がもてないという心理状態になり、実習生は実習の意義や目的を見失うことがあります。このようなとき「実習施設の対応が悪い」「指導者が悪い」と責任を転嫁して自分自身の心を落ち着かせようとします。これらは実習施設批判という現象を引き起こし、お互いにいやな思いをすることもあります。

　実習初期における指導のポイントの一つは実習生にひと声かけることです。ひと声かける基本は「挨拶する」ことです。施設のすべての職員に実習生に挨拶してほしいと依頼をします。声をかける、挨拶するという行為は「相手の存在を気にかける」「認める」ということです。「気にかけてもらっている」「認められている」と感じられれば「気持ちがいい」「ここにいてもいいのかな」という安心感につながります。このことは、施設をはじめて利用する要介護高齢者の気持ちや、自分自身が知らない集団や土地に行ったことを考えれば容易に想像することが可能です。

2　理由を説明する

　実習生は職員の説明をうのみにし、無批判に正しいと判断しがちです。しかし、実習生として指導を受ける立場で考えればこれも仕方がない現象です。しかし、実習は単に教えられた技術を習得するだけでなく、基本的介護技術（生活支援技術）をもとに、一人ひとりの個別性に対応した応用力を学び、介護の必要性の理由を判断・検討する能力を養う必要があります。そのためには現象を理解し、理由を考え、その根拠について検討し、実践する力が必要です。

　たとえば、先の「挨拶」についても、その必要性について説明し、実習生に考えさせ、体験から理解できるように指導する姿勢が求められます。実習生に対して指導上「挨拶」を強調する理由は「社会的な礼儀」だけでしょうか。挨拶を通して施設職員や利用者に実習生の存在を認めてもらい、そのことを前提として職員や利用者とのコミュニケーションがはじまるという説明が欠如している結果であるといえます。

　また、認知症の人の行動が間違っていても、間違いを指摘したり、叱っては

いけないという指導や助言と同時に、理由を説明しているでしょうか。実習生にはぜひ理由を説明しましょう。そして、その理由の意味や根拠を実習体験から理解できるような指導場面をつくるように工夫しましょう。実習生が指導内容に共感、納得できなければ指導効果は期待できません。

3 経験を知識（言葉）につなげる

　経験から得られた知識を経験知（暗黙知）といいます。経験知とは実体験のなかで積み重ねられた言葉では言い表せない知識のことです。介護のなかにはこのような経験知がたくさんあります。しかし、経験の少ない実習生には理解に苦しむことがたくさんあります。たとえば、先に説明した認知症の人への対応を例に考えてみましょう。認知症の人の行動が間違っていても、間違いを指摘したり、叱ってはいけないということは経験上よく知られていることです。では、なぜいけないのでしょうか。なぜかと考えさせることが「指導する」ということであり、指導者は理由を知っていることが必要です。実習指導者には日頃から自らの経験を知識につなげる努力が求められています。

　ここでは、「実習報告書」のなかで、実習生が認知症への対応をどのように考え実行し、知識として言葉にできたかを紹介します。

　　「認知症高齢者は、客観的な現実世界ではなく、本人なりの主観的な世界のなかで生きているという。今回の実習中に出会った、不穏な状態でいるＫさんはまさに、客観的現実世界ではなく、Ｋさんなりの主観的世界のなかで生きており、一度不穏な状態になると、なかなか話を聞いてもらうことができなかった。そして、その場面でのＫさんへの声かけは、Ｋさんを現実世界へと連れ戻すための言葉であり、真実とは異なる対応も多く難しい対応であった。だがここで大切なことは、認知症高齢者自身が不安を感じることなく安心して生活できることへの支援である。確かにＫさんへの声かけは、主観的世界を壊すことにつながるが、Ｋさんは主観的世界の中で不安を覚え、困っているのである。したがって、ここでなすべきことは、認知症高齢者が体験している世界をケアする側が理解し、本人が納得するような言葉かけや、説明をすることだろう。それでは、ケアする側は認知症高齢者が体験している主観的世界を理解することができるのだろうか。長谷川（2007：7）は認知症を含めた要介護者のケアについて、『実績や客観的所見を根拠にしたケアと同時に個別的なその人の物語を尊重するケアが、ケアの質を高めることになる。』[1]と述べている。その人の物語とは、それまでその人自身が歩んできた人生である。もちろん、私とＫさんとでは生きてきた時代、年数が違うため、Ｋさん自身の物語すべてを正しく受

け止めることは難しいかもしれない。しかし、今回の実習ではKさんに親近感を覚えたように、共有できる話が存在したことで、物語の中でイメージしやすい部分もあった。だとすれば、主観的世界を理解する一つの手段として、認知症高齢者が体験したことを共有できる体験や話をもっていることがあげられるのではないだろうか。小澤（2003：195）は認知症ケアの基本視点として『病を病として正確に見定めること』と同時に『痴呆ケアは、これだけでは足りない。痴呆を生きる一人ひとりのこころに寄り添うような、また一人ひとりの人生が透けて見えるようなかかわりが求められる。そのために、現在の暮らしぶりを知り、彼らが生きてきた軌跡を折りにふれて語っていただけるようなかかわりをつくりたい』[2]と述べている。共有できる体験や話をもっていることは、その人自身が生きてきた軌跡を語っていただくための材料として大きな力となり、その方の人生やその人自身を知ることへの大きな足がかりとなるのではないだろうか。

　今回の関わりのなかでは、Kさんに納得をしてもらえる場面もつくることができ、不安を軽減することができたといえる。だがKさんが体験している主観的世界をどこまで理解することができたかは疑問が残る。しかし、その人の物語を理解するうえで、共有できる体験や話をもつことが大きな助けとなることは、間違いないだろう。一方、不穏な状態が出るということは、Kさんにとって施設内での生活が、まだまだ居心地のよい環境・関係とはなりきっていないからだろう。これらの点への対応を考え実行することを反省点としてあげておきたい。」[3]

4　まとめ

　実習指導は実習生との良好な人間関係を基本にします。良好な人間関係は良好なコミュニケーションを基本とします。コミュニケーションはお互いを気にかけ、存在を認める挨拶からはじまります。実習生を認め、成長を期待する対応の基本は「ほめる」ことです。そして、ほめるためには実習生の言動を注意深く観察することが必要になります。欠点や失敗は注意しなくても目につくものです。その反面、長所やよい点は注意していないと気がつかないものです。

　一方、実習生も実習指導者をみています。自分がどのようにみられているか、自分の第一印象はどのように映っているのかに注意を払う必要があります。実習指導者であるということだけでは指導力は尽きません。指導関係をつくりあげる工夫と努力から実習指導の力が養われてきます。実習指導者自身が「こんな印象を与えたい」というイメージを描き、自分自身の行動に注意を払うことからはじめてください。

実習指導は実習指導マニュアルがあれば誰でもできるわけではありません。実際に実習生を受け入れて経験から学ぶこともあれば、参考図書や研修会等から学ぶべき点もたくさんあります。そのうえで、施設の特徴を踏まえ自分にあった指導方法を、職場の仲間や実習生、養成校の教員といっしょに考えていってほしいと思います。

≪引用文献≫
1）　日本認知症ケア学会『改訂・認知症ケアの基礎』ワールドプランニング、2007年、7頁
2）　小沢勲『痴呆を生きるということ』岩波書店、2003年、195頁
3）　神奈川県立保健福祉大学介護福祉コース『実習Ⅲ報告書』2008年、66～67頁
　　（同上書にある「痴呆」の表現は引用文としてそのまま使用している。）

第4章

実習スーパービジョンの意義と活用および学生理解

第4章 実習スーパービジョンの意義と活用および学生理解

学習の内容

本章では、実習スーパービジョンの意義と活用について解説します。また、その前提となる実習する学生の理解についても解説します。

- 第1節では、実習におけるスーパービジョンの構造と機能について解説します。特に支持的スーパービジョンが学生には有効であると思われます。また、具体的な展開方法などについても解説します。
- 第2節では、学生の理解とスーパービジョンについて解説します。多様な学生が実習に施設・事業所を訪れます。施設・事業所で作成する実習計画が十分なものなのか、学生が十分な実習ができるのか等の不安が指導者にはつきものです。課題のある実習生とどのように関わり、指導したらよいかを事例を通して、スーパービジョンの実践として解説します。

第1節 実習におけるスーパービジョン

実習教育は各専門職養成教育の中心的な内容であることは誰もが認めることですが、各専門職の実習教育の内容が十分に精査され、実施されているかどうかは疑問です。実習とは学内で行われるものではなく、専門職が働いている現場で実施されるものであり、専門職養成教育として教育機関と現場が協働して取り組まなければならない課題であるはずです。しかし、これまでの介護福祉士の実習教育は現場（職場）に任せて教育をお願いするばかりで、相互に内容を精査する機会が少なかったように思われます。教育機関と現場がお互いのプログラムを精査し、その指導方法・指導内容を相互に吟味することで、実習教育の内容は飛躍的に高まるはずです。

実習教育の指導方法において、スーパービジョンが大きな役割を担っているはずですが、この内容についても吟味されていないのが現状だと思われます。そこで、ここでは実習スーパービジョンの構造と機能、その展開方法について述べていきます。

1 実習スーパービジョンの構造と機能

（1）実習スーパービジョンの構造

実習教育を展開していく際のスーパービジョンの構造を考えていくとき、実習生と関係者の具体的な関わりを基礎として考えていく必要があります。実習教育で登場する人的な要素は通常**図4-1**のように考えられています。しかし、

図4－1　実習教育に登場する人的要素とスーパービジョンの方向

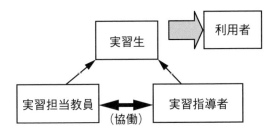

図4－2　実習教育に登場する重層的人的要素とスーパービジョンの方向

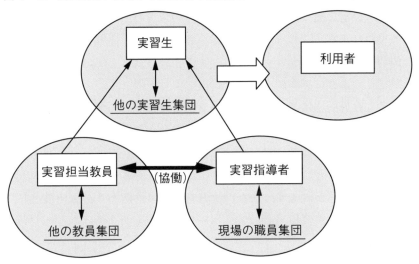

実習教育で登場する人的な要素はこれだけなのでしょうか。**図4－1**で示した人的要素で実習教育が展開すれば、非常に平板なスーパービジョンが展開されるだけになってしまうように思われます。実習の現状に即して考えれば、人的要素をもう少し重層的に捉えておく必要があるように思われます。その内容を表したものが**図4－2**です。

①同一集団内スーパービジョン

　実習生は単独で存在するわけではなく、同じ教育機関に多くの実習生がいます。同様に担当教員は一人かもしれませんが、教育機関には実習を担当する教員集団がいます。また、同様に現場の実習指導者は一人かもしれませんが、現場で実習生に関わる多くの職員集団がいます。それぞれの集団のなかでスーパービジョンが行われていると考えることが現状に即していると思われます。実習生同士、教員同士、職場の専門職同士のスーパービジョンです。

　実習生は他の実習生からスーパービジョンを受け（スーパーバイジー）つつ、同時に他の実習生に対してスーパービジョンを行う（スーパーバイザー）ことで、実習生が学んだ内容が深まっていくという興味深い現象を多くの教員が実

感しています。

　教員同士のスーパービジョンは、特に新人教員が実習教育に携わり、学生を指導しなければならないとき、とても有効な手段だと思われます。しかし、教員間には相互に学び合う慣習がないためか、仕事を教えあうということが少なく、それぞれが独立した立場で仕事をしているため、他の教員からスーパービジョンを受けるという機会が少ないように思われます。この点が改善され、個々の教員レベルを上げつつ、実習指導にあたりたいものです。

　教員同士のスーパービジョンの機会がもてないのであれば、その解決策の一つとして、経験豊富な施設の実習担当職員からのスーパービジョンが必要ではないのかと思われます。このような実習指導者がいれば、実習指導経験の少ない教員は個別にスーパービジョンを受け、実習指導教員としての力量を上げていくことができるように思われます。

　実習指導者も教員同様にスーパービジョンが必要です。しかし、実習指導者をスーパーバイズできる専門職は少なく、その機会が限られていることも事実です。できれば、実習指導者に対しては専門職集団のなかでスーパーバイザーを養成し、派遣するなどの方法がとられれば、指導スキルや指導内容が向上するのではないのかと思われます。また、実習教育に長く関わり、専門職として職場経験のある教員が実習担当者のスーパービジョンを引き受けることも考えられます。

　また、実習指導者は職場内の介護担当職員などのケアに対するスーパービジョンを担当することもあります。

②実習生に対するスーパービジョン

　実習生は担当教員、実習指導者から定期的にスーパービジョンを受ける必要があります。ある実習施設では、毎日実習終了後に実習生に対するスーパービジョンを実施している指導者がいます。学生はその日の悩みや課題を整理する支援を受けつつ、その日の実習を振り返ることができるので、「日々実習が深まっていることを実感できる」と感想を述べていました。

　定期的に実習生に対してスーパービジョンができないときには、課題がみられたときに早急にスーパービジョンを実施することが望まれます。

（2）実習スーパービジョンの機能

　スーパービジョンの機能をさまざまな文献で調べると、おおむね次の三つに整理されます。①教育的機能、②管理的機能、③支持的機能、です。実習スーパービジョンも同様に三つの機能があると考えることが妥当だと思われます。それぞれについて簡単に解説します。

①教育的機能

　教育機関で学生に対して実施されるスーパービジョンでは、この教育的機能をもつスーパービジョンが主要な位置を占めることになります。この教育的機能をもったスーパービジョンを行うスーパーバイザー（スーパービジョンの実施者）は実習担当教員、実習指導者、仲間の実習生等が考えられます。実習生がスーパーバイジー（スーパービジョンを受ける人）となります。教育的機能として行われるスーパービジョンは多岐にわたりますが、その主な内容は実習で必要になる知識や技術に不安がある場合には、それを解消していく方法を共に考えていくことになります。

　実習指導者と実習担当教員が連携しつつ、相互に実習生の実習で必要な知識や技術に対する不安を解消していくことが求められます。

②管理的機能

　管理的機能とは実習生が実習全体を管理していくことを支援することです。実習計画作成の支援、実習の具体的プログラム作成に関する実習指導者との打ち合わせ、実習期間中の進捗状況の確認とプログラムの変更の支援などを行っていきます。大切なことは、実習指導者や担当教員が主体的に実習生の実習を管理することではないということです。管理する主体はあくまでも実習生本人です。実習がその目的に沿って十分な内容となるような状況を実習生がつくり出していくことを支援することです。あるいは実習遂行上の課題を共有し、解決に向けて実習生自身が歩き出す背中をそっと押す作業かもしれません。

　もちろん、実習生自身が関与できない問題については、担当教員や実習指導者が実習の条件整備として解決していくことが必要になります。

③支持的機能

　支持的機能とは、実習生が抱く不安やおそれをスーパーバイザーが共有することで、実習生の精神的な安定を図ると同時に、実習生が不安やおそれに対峙していこうとする気持ちを引き出していくことです。実習生がはじめて、福祉の現場に出て行き、そこで現場の指導者のもとで学習するような場合、さまざまな不安を抱きます。実習生として施設の居住者・利用者に受け入れられるのか、職員集団とはうまくやっていけるのか、朝起きて遅刻しないで現場に着けるのか、実習日誌はきちんと書けるのか、数えあげればきりがないくらいさまざまな不安を実習生はもっています。

　実習生がこの一つひとつの不安から逃げ出さないで、向き合うことを一人で行うのはとても困難なことです。やがて一人で向き合うことになるのですが、それまでの期間、スーパーバイザーが実習生個々を受け入れ、不安と向き合う

支援をしていくことが必要となります。しかし、これらの不安やおそれをスーパーバイザーが主体となり、解決していくわけではありません。

2　実習スーパービジョンの展開方法

（1）スーパービジョンの形態

　具体的なスーパービジョンの形態には、①個別スーパービジョン、②グループスーパービジョン、③ピアスーパービジョンの三つの形態があるといわれています。実習スーパービジョンでも同様の3形態があると考えてよいでしょう。それぞれについて簡単に説明します。

①個別スーパービジョン

　個別スーパービジョンとは実習生とスーパーバイザー（スーパービジョンを行う人）が1対1で行うスーパービジョンのことです。このスーパービジョンでは、実習生とスーパーバイザーが時間を決めて定期的に行う場合と、実習生に実習遂行上の問題があるなど、必要なときに不定期に行う場合があります。個別スーパービジョンは実習生の個別の課題を明らかにし、この個別課題をスーパーバイザーが共有し、解決に向けて実習生が歩き出すことを支援する全過程であると理解することが必要です。

②グループスーパービジョン

　グループスーパービジョンとは、実習生をグループとして捉え、グループとしての課題を解決していくことを支援する方法です。実習生は個別に実習するわけではなく、同時期にさまざまな実習生が実習することになります。したがって、個々の実習生がもつ不安やおそれが実習生全体に共通する場合があります。このような不安やおそれはグループとして解決していくことを支援することができます。

　たとえば、「実習日誌を短時間で、内容豊かに書くことができるか不安だ」等は実習生に共通する不安です。このような課題に対しては、まずグループとして共通する内容について支援し、その後、まだ不安を抱いている実習生には個別に対応することが求められます。

③ピアスーパービジョン

　ピアスーパービジョンは実習生同士で行うスーパービジョンのことです。ピアとは仲間という意味で、同じ実習生としての立場でスーパービジョンすることです。この場合はスーパーバイザーが同じ実習生ということになるので、実

習生グループだけで行うことになります。実習担当教員や実習指導者は同席しないことが原則です。

　同じ体験をしている者同士が体験を語り合い、その不安やおそれを共有することで支えあうといった内容になります。実習担当教員や実習指導者は意識して、このようなスーパービジョンができる環境を設定することが望まれます。また、この際、話し合われた内容については守秘義務を守るような態度の養成も望まれます。

（2）実習教育の進行とスーパービジョンの展開

　実習教育がどのように展開されているのかをまず確認しましょう。「事前指導」→「配属実習」→「事後指導」という過程で実習教育が展開されているのが通例です。この実習教育の流れのなかでどの場面で誰が、どのようなスーパービジョンを実施するのかを考えてみましょう。

　実習教育場面ごとにスーパービジョンの展開を考えていきます。

①事前指導

　事前指導段階で考えられるスーパービジョンの方向性を矢印で示しました（図4−3）。事前指導の主なスーパーバイザーは担当教員です。しかし、実習事前指導の内容を深めていくには、実習担当教員の経験が浅く、教員が指導内容に不安を抱いているときなどは、ほかの経験豊かな実習担当教員に支持的なスーパービジョンを受けることが求められます。実習担当教員の経験や力量にもよるでしょうが、他の実習担当教員などのスーパービジョンがあって、学生のスーパービジョンが充実したものになることは間違いありません。

図4−3　事前指導のスーパービジョン

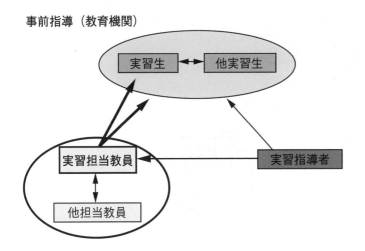

事前指導（教育機関）

さらに、他の教員だけではなく、現場の実習指導者のなかに経験豊かで、教育的な配慮ができる人がいれば、実習担当教員がスーパービジョンを受けることもすすめられます。スーパーバイザーである実習担当教員がまず支えられることが大切な段階だと思われます。

　事前指導の段階で実習指導者のなかから数名が実習生のグループスーパービジョンを担当する機会があれば、この後の配属実習の内容が豊かになることが期待できます。

　多くの実習生が事前指導の段階でさまざまな不安を抱えています。この不安を解消し、実習に対する意欲を引き出すことが事前指導におけるスーパービジョンの大きな目的です。この役割が実習担当教員にあることはいうまでもないのですが、担当教員が自分一人の力でこの役割を遂行しようとすることは現実的ではないと思われます。実習生同士のピアスーパービジョン、実習指導者の教育機関における、単発的なグループスーパービジョンなどを活用し、実習生を集団として、また個別に支えていくことが求められます。

②配属実習

　配属実習期間中に考えられるスーパービジョンの方向性を矢印で示しました（**図4－4**）。実習生に対する配属実習期間の主なスーパーバイザーは実習指導者です。実習生に対して、個別スーパービジョン、グループスーパービジョンを駆使し、実習生グループや個々の実習生を支え、実習生、施設の現場職員の双方にとって、実習が意義あるものだったと思われる内容にしていくことが実習指導者には求められます。

　この時にも注意しなければならないことは、実習指導者一人で実習生を支え

図4－4　配属実習のスーパービジョン

配属実習（施設・機関）

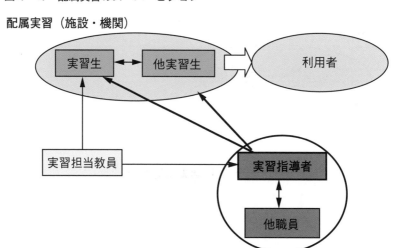

るわけではないということです。実習指導者自身も施設・機関の他の職員に支えられる必要があります。実習指導者のスーパーバイザーは管理的立場の職員だったり、施設長であったりすることもあると思います。また、必要があれば実習担当教員からスーパーバイズを受けることも大切かもしれません。さらに、実習生に対するスーパービジョンに実習担当教員も加わってもらうなどの配慮も必要になります。

　実習指導者として経験的にいえるのは、配属実習が充実したものになるためには、実習生に対するスーパービジョンも大切ですが、他職員に対するスーパービジョンも非常に大切だということです。実際に実習生にさまざまな指導をするのは現場の介護担当職員です。この人たちもさまざまな不安や実習指導上の悩みを抱えています。この人たちに対するスーパービジョンがなければ、実習生に対する十分な指導が困難になってしまいます。実習指導者はこの点を考慮して実習指導にあたりたいものです。

　その例として、よく他の職員に相談されたのが、実習日誌の職員コメントの内容です。「どのように書いたらよいのかわからない」「この内容でよいかみてほしい」というものでした。実習生に職員としての真意が伝わるかどうかに不安を覚えている職員に、「ありのままの気持ちを伝えることが大切である」と言っていたように思います。

③事後指導

　実習生に対する事後指導期間中の主なスーパーバイザーは実習担当教員です。この時期になれば、実習担当教員はスーパーバイザーとしての経験も豊富になり、十分に役割が果たせると思います。しかし、実習内容をより深く内省させ、介護福祉実習を通して明らかになった施設の課題、介護に関する課題、自己課題等を整理する段階では、実習指導者のスーパーバイズが必要な場面もあるはずです。できれば、実習担当教員と実習指導者が協力してスーパーバイズできる体制が望ましいと思います。このような体制をつくり出すよう教育機関が努力をする必要があります。

　また、事後指導期間には学生同士のピアスーパービジョンが有効となる場合が多いことを教育機関では経験的に捉えています。事後指導の期間は主なスーパーバイザーは実習担当教員ですが、そこに、実習指導者、実習を経験した仲間の実習生をスーパーバイザーとして活用することが求められます。

学生の理解とスーパービジョン

1 多様な学生への理解と対応（実習指導者の悩み）

　実習指導者は多様な人々（学生も含む）の現場実習を受け入れなければなりません。考えられる例をあげれば、ホームヘルパー資格を希望する人たち、介護福祉士実習、社会福祉士実習、看護師実習、医学部学生の実習、高校生や中学生などの体験実習、同一領域他職場からの交換職員実習等さまざまな人々が実習しています。実習指導者は、それぞれに十分な実習をしてもらい、少しでも施設の実習体験が学びに役に立つことを願っていると思います。そのためには、教育機関や実習生が設定する実習目標を実習プログラムに反映し、十分なものにすることが望まれます。

　しかし、1年を通じて絶え間なく実習生が施設にいる状況では、各実習生に対して十分なプログラムが作成できているのか悩んでしまうことが多いと思われます。また、社会人だけではなく、高校を卒業したばかりの18歳の若者ばかりか、中学生や高校生などの若者も実習します。そのような実習生に寄り添い、十分な指導ができるのか不安になってしまいます。

　ここでは専門職養成のための実習、介護福祉士資格を取得するための実習で指導者が悩んでいる内容を紹介し、事例で検討することにします。

（1）基本的な実習態度ができていない学生

　この点については実習反省会などで教育機関に対して、実習指導者がやんわりと述べる内容です。

　「挨拶ができない」「服装が実習の服装とは思われない」「話の最中に居眠りをしてしまう」「自分から動こうとしないで、指示を待っている」「実習日誌が書けない」等、さまざまです。これらすべての学生を受け入れ、実習教育の一翼を担うのは、次に続く専門職の養成が日本の介護福祉を発展させていくための重要な課題だからです。しかし、この状況が続くのであれば、実習指導者として多少考えておく必要があるのではないかと思ってしまいます。

　専門職の養成をする実習で「実習態度ができていない学生」を受け入れる必要があるのかどうかということです。そもそも実習態度は実習生を送り出す教育機関が責任をもつ内容です。実習態度ができていなければ実習には出せないのが原則です（現在、教育機関に身を置く自分自身の首を絞めかねない発言ではありますが）。実習指導者としては、このような問題で悩むことは本来の実

習の姿からはほど遠いと感じている方も多いのではないかと思います。しかし、現実的には社会情勢の変化や家庭環境の変化で、対人関係に問題を抱える学生が増えている傾向にあることも事実です。

　学力はあるのだが、対人関係がうまくいかないという学生、その場の雰囲気を敏感に察知できない学生に専門職としての素養がないのかと問われれば、そうでもないと感じていることも事実です。さまざまな経験を積めば専門職として働くことができると感じさせる学生も多いのです。ですから、個々の実習生の情報を教育機関と実習施設が共有し、どの程度まで学習がすすめば、実習が可能となるのかを話し合う必要があります。

　さらに、実習施設から「実習を受け入れる学生に最低限必要とする内容」を提示してもらうことが重要です。そして、この提示された内容に関して、実習段階に応じた内容の変化など、細かな話し合いを行うようにすれば、実習指導者は実習受け入れの段階での悩みは少なくなります。

（2）実習指導者の学び

　各施設で作成している「実習指導に関するマニュアル」を数多く取り寄せ、検討させてもらいました。また、全国で行われた実習指導者研修（介護福祉士会主催）の事前アンケート内容も検討させてもらいました。この結果から、実習指導者がどんなことで悩んでいるのか、その現状が浮かびあがりました。

　実習指導者が一番悩んでいる課題は、実習プログラムが実習生にとって十分なものになっているのか、自分の施設の実習が学生を育てる教育効果として十分機能しているのかといった点です。

　学生が作成する実習計画に合わせて、施設の個別実習プログラムの作成とその展開方法等は研修で学ぶことができます。しかし、実習指導者が作成した実習プログラムで、実際に実施していってよいのかどうかで悩んだり、不安になったりします。このような場面では自分自身（実習指導者）がスーパービジョンを受けることが大切です。職場にそのような人がいれば相談し、スーパービジョンを受けることをすすめます。

　また、職場にそのような人がいない場合には、教育機関の実習担当教員で経験が豊富な人がいれば、その人からスーパービジョンを受けることが可能だと思います。しかし、実際には職場の人間関係や仕事の忙しさ、教育機関との連携の薄さなどのせいか、実習指導者がスーパービジョンを受ける機会は少ないと思います。

　専門職団体で実習指導者のスーパーバイザーの育成を考える必要があると私自身は感じています。そのような役割が専門職団体にはあると自覚すべきだと思っています。なぜなら、実習生が多くの人に支えられなければ、実習の遂行

が不可能なように、実習指導者も多くの人に支えられなければ、実習指導者として成長していくことは難しいからです。そして、その役割は専門職団体にもあるのではないかと感じています。

2　実習日誌の指導と学生への対応

（1）実習に対する意識の形成

　実習生が実習施設に配属され、実習が開始されるときに一番困るのは、実習に対する意識が形成されていない場合です。「学校の授業だから実習に来た」といったレベルで実習に来られたのでは、職員にも利用者にも迷惑です。職員は学生のために時間を使って指導するのですから、普段より重労働になります。職員が行えばすぐに終わる介護を、一つひとつ丁寧に説明し、なぜそうするのかを学生に指導します。そうしているのは、自分たちの後に続く介護福祉士の存在が重要だと思うからです。また、利用者も同様です。自分自身を事例として介護の実際を学生に見せているのです。中途半端な意識で実習に来られても迷惑です。

　では、どのようにして実習生の意識を高めたらよいのでしょうか。まず、実習の目標を明確にすることです。養成校で実習の目標を作成していると思いますが、その目標が漠然としていて、日々どのようにして実習するのかという点まで決めていない学生が多いと思います。実習全体をデザインさせ、日々の目標まで決めさせましょう。これで実習生の意識は数段高まります。その実際を解説しますので参考にしてください。

（2）実習全体の目標から日々の目標までをデザインさせる

　実習生が作成する実習のデザインをSTEPごとに解説していきます。

STEP 1　　　　養成校で提示している実習目標と課題を十分に把握する

　実習生には、各養成校で示している実習ごとの目標と課題をしっかりと理解させることが必要です。そのうえで、自分自身がどのような実習を行いたいのかを明確にさせましょう。そんなことはないと思いますが、実習生に自分自身の思いだけで実習されても困ります。養成校でどのような指導を受けているのか、その点から確認し、そのうえで、実習全体の目標をつくらせる必要があります。

　指導者にとっても、当該学生の養成校がどのような目標を掲げて実習生を送り出しているのかを知る機会でもあります。ぜひ、この点から実習生に確認をとる作業をしていただければと思います。

　理解しやすいように、例をあげて説明します。

　ある4年制の介護福祉士養成校では、介護福祉実習を四つに分けて実施しています。

○介護福祉実習Ⅰ（1年次秋学期、見学・体験実習）
・小規模多機能施設2日間、グループホーム、デイサービス10日間

○介護福祉実習Ⅱ（2年次秋学期、生活支援実習、介護過程の展開Ⅰ）
・介護老人福祉施設18日間（2週間終了時に学内でカンファレンス等の実施）

○介護福祉実習Ⅲ（3年次春学期、生活支援実習、介護過程の展開Ⅱ）
・障害者支援施設（身体）、医療型障害児入所施設（重心）等で18日間（2週間終了時に学内でカンファレンス等の実施）

○介護福祉実習Ⅳ（4年次春学期、在宅実習）
・訪問介護事業所、居宅介護事業所で12日間（10日間終了時に学内に戻り、訪問介護計画作成の指導を受け、2日間を事業所と相談し実施）

　ここでは、介護福祉実習Ⅲ（障害者支援施設・医療型障害児入所施設）の実習を例に説明します。

介護福祉実習Ⅲの目標

1．尊厳をもって接するとはどのようなことなのかを具体的に考察し、実践することで介護福祉士として基本的な態度を養う。
2．介護を必要とする人に注目し、その人の考え方や生活習慣を知る。
3．自立支援をめざした個別介護のあり方について学ぶ。
4．個別支援計画の作成や個別支援会議への参加で、計画的介護の現状を知る。
5．本人との会話を通して、本人の思いと施設の現状について学ぶ。
6．計画を踏まえて、かつ、柔軟に現状に応じた実践力を養う。
7．介護を行う際、なぜそのようにするのかを説明することができる。
8．より良い支援方針を考え、方針に沿った介護を行うことができる。
9．福祉用具や生活環境をアセスメントし、その調整の方法を考えることができる。
10．適切で内容がわかりやすい日誌を書くことができる。

　この実習の目標をまとめれば、第一点が「施設で実施されている介護の内容を学ぶこと」であり、特に「個別ケアについて、どのように実施しているのかを学ぶこと」が大切であることがわかります。

　次に、個別支援計画（介護保険では「個別介護計画」にあたる）を作成し、実施、評価、修正までの介護過程を展開することが求められています。実習指導者もこの点を把握して、実習生の個別の目標を聞く必要があります。

　例としてあげた目標（前頁参照）に照らして、実習生の実習目標と行動目標を具体的にする作業がSTEP 2の課題です。その際、これまでの実習体験を振り返らせ、自分の課題となっていることがあれば、それも付け加えるように指導しましょう。

■実習目標（学内の目標）

・尊厳をもって接するとはどのようなことなのかを具体的に考察し、実践することで
　介護福祉士として基本的な態度を養う、など実際に実習生の目標となる内容を3〜
　4項目作成させましょう。

■私の実習目標（特に重点とする内容）

1）利用者の一日の生活を理解し、どのような介護が行われているのかの概要を知
　る。
2）個々の利用者の障害特性を理解し、障害に応じた介護技術を習得する。
3）利用者の気持ち（尊厳）を大切にする介護を実施し、専門職介護福祉士としての
　実際を学ぶ。
4）個別支援計画を作成し、計画にそって実践し、評価、計画の修正などの介護過程
　を展開する。

■私の行動目標

・利用者との会話の時間を多くとり、利用者の気持ちを理解するような行動をする。
・職員からの指導を大切にし、利用者の反応から個々に適した介護を実施する。

　そして、自分自身が特にこの実習で力を入れる目標を作成させます。この場合は、「私の実習目標」がその部分です。施設の生活の様子と個別ケアを理解し、実践できるようになることが第一の目標です。

　次に、事例を担当し、個別支援計画を作成し、計画にそった実施と評価が課題となります。この目標を達成するために、どのように行動したらよいのかを決めさせます。目標というより行動の指針といった程度でもかまいません。ここまですることでも、実習生の実習に対する意識は高まります。

STEP 3　　実習をデザインする（実習目標を具体化する）

　次のSTEPは、実習全体をデザインすることです。まず、自分の中間目標にどの程度の期間が必要になるのかを想定させ、その目標を達成するために、日々どのように過ごすのかという、「日々の目標」を設定させます。

　例としては、以下の内容になります。第一の中間目標を達成するために、3日間を使うことがわかります。

　そして、個別支援計画を展開するために、どのように日々を過ごすのかもデザインさせる必要があります。もちろん、デザイン通りに実習が進行することはないのですが、日々の目標は中間目標を達成するための項目だと理解させ、その日にできなければ、別の日に実施するように指導しましょう。

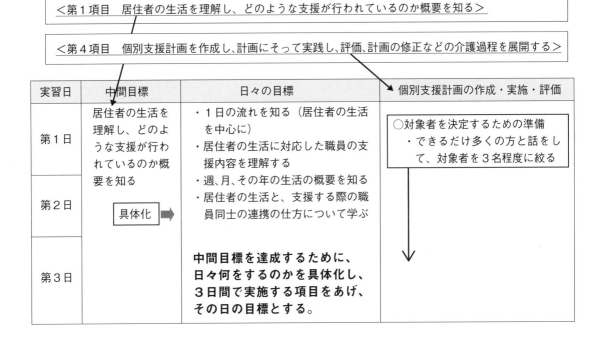

　上の図が具体的な記載内容です。自分が力を入れる項目を中間目標として、その目標を達成するために日々の目標をどのように設定するのかが示されています。

　同様に、次の図に4日めからの中間目標と日々の目標も例示します。

　実習指導者から、「ここまで丁寧に指導するのか」という声が聞こえてきそうですが、自分で指導しなくてもよいのです。養成校の先生に「ここまで指導していないと実習は受けない」、「ここまでは養成校の役割だ」と宣言してかまわないと思います。少なくとも、専門職の養成ですから、このぐらいできないで実習などできるはずがありません。実習指導者が厳しく、養成校教員の役割と実習指導者の役割を明確にしない限り、いつまでも、意欲のみられない学生が実習するということが続いてしまいます。専門職を守る意味でも、実習生には事前にするべき内容をはっきりと提示しましょう。

<第２項目　個々の利用者の障害特性を理解し、障害に応じた介護技術を習得する>

<第４項目　個別支援計画を作成し、計画にそって実践し、評価、計画の修正などの介護過程を展開する>

実習日	中間目標	日々の目標	介護過程の展開
第4日 第5日 第6日 第7日 第8日 第9日	個々の利用者の障害特性を理解し、障害に応じた介護技術を習得する 個々の利用者の障害特性を理解し、障害に応じた介護技術を習得する **具体化** ➡	・食事介助、入浴介助、排泄介助、整容介助、衣服の着脱介助、移乗介助の知識を確認し、介助の補助を通して、実際を体験する ・各生活場面の介助を実施し、障害の特性を理解し、必要な技術を学ぶ ・障害特性に合わせた、生活場面の支援を一人で実施できるようにする ・障害特性に関する知識・技術習得状況を自己評価し、不足する部分を補う	○対象候補者のアセスメント 　・シートを使ってアセスメントの実施 　・利用者の思いを知る 　・これまでの個別支援計画でどのようなことが実施されてきたのかを知る
第10日 第11日 第12日		**中間目標を達成するために、日々何をするのかを具体化し、9日間で実施する項目をあげ、その日の目標とする。**	○対象者確定、計画の作成および修正 　・学内指導が受けられる状態まで計画を作成する

第13日以降も同様に、中間目標を達成するために日々何をするのかを具体化し、目標とする

中間目標：利用者の気持ち（尊厳）を大切にする支援を実施し、専門職介護福祉士としての実際を学ぶ

　ここまでは本来、養成校の教員の役割です。その点を徹底させましょう。

　しかし、ここまでの計画をつくって学生が実習に望んだら、この計画を尊重し、実習の予定を作成するのは実習指導者の役割です。現場の介護職員にも実習の目的を理解させ、できる限り学生の目標を達成することができる実習予定表を作成する責任があります。教員としては、学内で指導した内容が尊重されて実習が行われることが、学生の成長につながると思っています。教員と実習指導者の信頼関係はこのような点から生まれるのだと思っています。

（3）実習日誌の作成を指導する

　次は、具体的な実習日誌の作成方法についての指導です。この点についても、例をあげて、わかりやすく解説します。

　実習日誌の様式にはさまざまなものがあります。その様式にそって日誌を作成することになりますが、実習指導者として、何をどのように書いてほしいのかということを明確にする必要があります。実習指導者が実際に実習の現場で指導することはあまりないと思われるので、日誌に記載された内容から指導することになるからです。

　さまざまな記録用紙、記載方法があると思われるので、これも、例をあげて説明していきます。まず、日々の記録用紙（実習日誌）の例です。

＜日々の記録の例＞　　　　　　　　　　　　　　　　　　　　　　　　*介護福祉実習Ⅲ*

月　　　日　　　曜日			（実習第　　　日）
日々の目標：1）1日の流れを知る　2）利用者の生活に対応した職員の動きを知る			
時間	居住者の生活の様子	職員の対応	実習生としての対応

　前項で作成した「日々の目標」から、施設の実習計画にしたがって「本日の目標」を事前に書くように指導します。そして、実習当日の朝のミーティングで実習生に本日の目標を発表する機会があれば、実習生の意識も高まると思います。

　実習初日であれば、例のような目標が多いと思われます。例に沿って、STEP形式で説明します。

STEP1　　視点をつくる

例1　　日々の目標：1日の生活の流れを知る

例1の修正　　日々の目標：1日の流れを知る（居住者を中心に）

　「日々の目標」に記載される内容でよく見かけるのは、**例1**のような目標です。この目標で実習をするとどのようなことが起こるでしょうか。実習生は朝から晩まで、1日の流れを観察し、自分も流れについて行き介護をすることになります。これでは、実習生が1日で疲れてしまいます。

　まず、観察の視点を明確にすることを指導しましょう。「1日の生活の流れを知る」では目標が漠然としすぎています。修正した内容では「（居住者を中心に）」という視点を書き込ませました。これで、実習生は視点が定まります。「今日は居住者に視点をあてて実習すればよい」ということになります。

図4−5 目標と視点

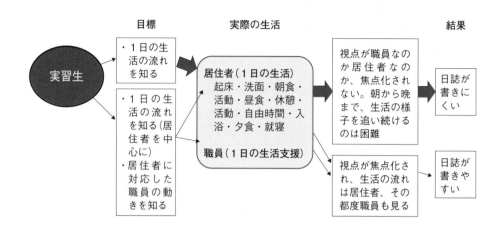

視点が漠然としていると、観察する範囲が広いので、曖昧な観察になる。何を見たいのかを明確にする目標とし、観察の視点をつくる指導（この場合は、居住者中心に、少し職員にも視点をあてる）

STEP 2　場面を決める

例2　日々の目標：居住者と多く関わり、個々の特徴、能力を把握する

例2の修正　日々の目標：居住者と多く関わり、個々の特徴、能力を把握する
　　　　　　　　　　　　（食事の場面から）

　例2のような目標を立てたとします。居住者と関わるという視点ははっきりとしています。この点では、**例1**よりも具体化され、進歩した目標だと思います。しかし、この内容を実際に実施しようとすれば、ここでも実習生は1日で疲れてしまいます。朝から晩まで、居住者と多く関わり、個々の特徴と能力を把握することになります。その内容で実習日誌を作成するとすれば、何時間かかるのかなと思ってしまいます。

　次に、**例2の修正**を見てください。「（食事の場面から）」と具体的な場面が指定されています。この目標に向けて実施するのは食事という場面だと付け加えるだけで、目標とすることがより具体的になります。これであれば、食事の場面で目を皿のようにして観察し、支援の方法（どのようにしているのか）を観察している実習生の姿が目に浮かんできます。ここまで「日々の目標」を具体化することで、実習生が「今日何をどのようにするのか」が意識できるようになります。

　単純に日々の目標を書かせるだけではなく、ここまでを指導しましょう。

STEP3　日誌の記載方法を指導する

例3　日々の目標：入浴介助の見学と補助を通して入浴支援の留意点を知る

　例3の「日々の目標」であれば、視点は職員であり、場面は入浴であることがはっきりします。このように日々の目標をつくることで、実習日誌の記載方法も決まってきます。この例3で日誌を作成する手順を説明します。

　まず、入浴介助を見学し（視点は職員）、補助を通して、入浴支援の留意点を理解するということですから、実際に記載するときも、職員の欄から記載します。記載の順序を例示しましたので、参考にしてください。

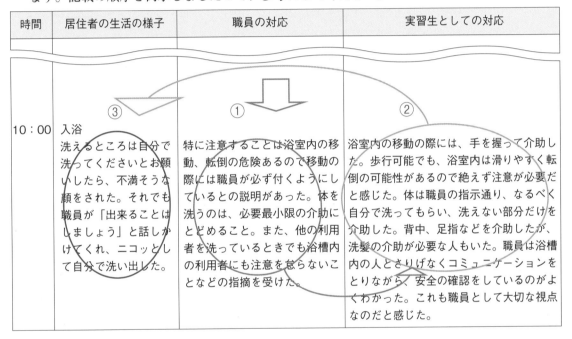

時間	居住者の生活の様子	職員の対応	実習生としての対応
10：00	入浴 ③ 洗えるところは自分で洗ってくださいとお願いしたら、不満そうな顔をされた。それでも職員が「出来ることはしましょう」と話しかけてくれ、ニコッとして自分で洗い出した。	① 特に注意することは浴室内の移動、転倒の危険あるので移動の際には職員が必ず付くようにしているとの説明があった。体を洗うのは、必要最小限の介助にとどめること。また、他の利用者を洗っているときでも浴槽内の利用者にも注意を怠らないことなどの指摘を受けた。	② 浴室内の移動の際には、手を握って介助した。歩行可能でも、浴室内は滑りやすく転倒の可能性があるので絶えず注意が必要だと感じた。体は職員の指示通り、なるべく自分で洗ってもらい、洗えない部分だけを介助した。背中、足指などを介助したが、洗髪の介助が必要な人もいた。職員は浴槽内の人とさりげなくコミュニケーションをとりながら、安全の確認をしているのがよくわかった。これも職員として大切な視点なのだと感じた。

　①のように、最初に職員からどのような指導を受けたのか、職員の様子を観察し、そこで学んだ内容を記載することになります。そして、次に、自分がその指導や学びからどのような点を意識し、具体的にどのような行動をとったのかを記載します。ここが、実習日誌で一番重要な点です。その場面で自分が何を意識し、その意識からこのような具体的な行動（行為）をとったということが書かれている必要があります。この記載があるかないかが実習指導の肝だからです。

　さらに、自分が行った具体的な行動に対して、利用者・居住者がどのようにリアクションしたのかまでが書かれていると、とてもよい日誌になります。その場面での学びと具体的な行動がどのようにつながっているのか、また、その行動に対して居住者はどのように評価（リアクション）したのかがわかります。

　最初は、自分のことを書くだけで精一杯ということになりそうですが、徐々

に自分の行為に対する居住者の反応を記載することで、自分の行動に対する評価がわかることを伝える必要があります。自分の行為を評価するのは居住者であることを意識させましょう。

　この場面では、「自分で洗えるところは洗って」と言ったら不満そうな顔をされたのに、「職員が言えばニコッとするのか」という、この点を考察することになります。

　次頁に、実際に記載された日誌の例を示します。

　途中までですが、実際に実習生が書いた日誌の字句を訂正して、掲載しました。場面ごとに段落を変えて読みやすい日誌にすること等を指導しています。

　さて、この場面で実習生が何を考え、どのようなことを学んだのか（考察）を次に示します。

　この場合は、実習生自身がこの場面で何が課題になっていたのかを考察し、次の日の実習でどのような点に注意しなければならないのかといった点まで考察しています。とてもよくできる実習生です。本来であれば、この点を実習指導者が指導することになるのです。実習生が「洗えるところは自分で洗ってく

＜考察の部分の例＞

今日の目標について ……　（自分で何を書くのか項目を作る）
入浴支援では浴室の環境（床が滑りやすい）から、歩行の介助をする際には転倒に注意することを学んだ。床がお湯でぬれていて滑りやすく、居住者さんが転倒しそうになったら支えきれるのか不安だった。実際に歩行するのは短い距離でも、十分に注意が必要であることを改めて感じた。次に、自分で出来る部分は自分で洗うように指導されたので、「洗えるところは自分で洗ってください」とお願いしたら、不満そうな顔をされたのに、職員が「できることはしましょう」と話しかけたら、ニコッとして自分で洗い始めた。何故、私が伝えたことには不満を示し、職員ならニコッとするのか。介助をしている時の自分の行動は職員に教えられた通りに実施したはずである。実習生だから、何でもやってくれるという意識が居住者さんにあるので、「やって欲しい」という意思表示だったのかなと思った。そのような場合、実習生の対応はどうすればよいのか疑問であったが、職員と居住者さんの入浴支援の場面で考えさせられた。職員が何かを依頼する前に、いろいろな話をしながら、とても楽しい雰囲気があり、何も言わないで石けんの付いた洗いタオルを居住者さんに渡していた。とても自然にタオルを受け取り、自分で出来る範囲を洗い始めた。自分の場合は、楽しい雰囲気どころか、職員に言われたことを忠実に守って、言葉では優しい雰囲気を出しながら「洗えるところは自分で洗ってください」と言っただけであった。それまで、頭の中は次に何をするのか、そんなことばかりを考え、職員に言われたことを忠実に実行するということしかなかった。これでは、居住者さんが不満そうな顔をするに決まっている。もっと居住者さんの方に注目し、支援を行わなければならないことを学んだ。明日は、支援の際に居住者さんにもっと気持ちを近づけ、注目した対応で実習しなければと思った。
＜実習時にできなかった質問・疑問＞
＜コメント＞とても良い気づきをしていますね。しかし、職員はその場面で楽しい雰囲気をつくるだけではなく、これまでの支援のなかで居住者との人間関係を深めています。ですから、その場面の雰囲気をつくることも大切ですが、時間をかけてお互いに信頼する関係をつくることが人を支援する場面では大切なことだと考えています。そのような関係をつくれる介護福祉士をめざしてください。　（Ｔ）

＜実習日誌の例＞

月　　日（　　）	実習10日目	氏名

日々の目標：入浴介助の見学と補助を通して入浴支援の留意点を知る
　　　　　　：個別支援計画対象者のアセスメント（昼食時）

時間	居住者・利用者の生活の様子	職員の対応	実習生としての対応
8：30	実習開始	ミーティング：夜勤者から昨夜の様子と体調について報告があった。報告されている居住者は昨日の日中から体調を崩していて、夜間の状況を本日の日勤者、看護師に報告し、継続して状況を確認することが申し合わされた。	朝のミーティングに参加：夜勤者の報告を聞く。本日の目標を職員の前で発表する。
9：00	食後の片付け：食後、食べ終わった食器を所定の場所に片付けをしている居住者、そのままテーブルにおいて退出する居住者がいた。	観察した内容を職員に確認した。自分が考えたことだけではなく、食器を片付けることが食事という生活の一部として当然と思っていることも大切な要素であるとの指摘を受けた。食器の後片付けは職員の仕事として捉えている居住者もいるとのことである。	食器を片付けている居住者は上肢機能が良好で、意識もしっかりしている居住者である。上肢機能が良好で、どの食器をどの場所に片付けるのかを理解することができる居住者なのだということがわかった。テーブルに残った食器の片付けを職員と共に行った。
10：00	入浴：洗えるところは自分で洗ってくださいとお願いしたら、不満そうな顔になった。それでも職員が「できることはしましょう」と話しかけてくれ、ニコッとして自分で洗い出した。	特に注意することは浴室内の移動、転倒の危険あるので移動の際には職員が必ず付くようにしているとの説明があった。職員が身体を洗う場合でも、必要最小限の介助にとどめること。また、他の利用者の支援をしているときでも浴槽内の利用者にも注意を怠らないことなどの指摘を受けた。	浴室内の移動の際には、手を握って介助した。歩行可能でも、浴室内は滑りやすく転倒の可能性があるので絶えず注意が必要だと感じた。体は職員の指示通り、なるべく自分で洗ってもらい、洗えない部分だけを介助した。背中、足指などを介助したが、洗髪の介助が必要な人もいた。職員は浴槽内の人とさりげなくコミュニケーションをとりながら、安全の確認をしているのがよくわかった。これも職員として大切な視点なのだと感じた。
12：00	昼食：会話をしながら、ニコニコと完食する。後で居室に来るように言われる。	昼食の時間を使って個別支援計画の対象者と話をするようにと指示された。	個別支援計画を作成する居住者の食事介助を実施した。楽しい雰囲気をつくることを心がけ、趣味の話から始めた。

ださい」と言ったことに対して、なぜ、不満そうな表情をしたのか、その場面で必要な行動とはどんなことだったのかを指導することが実習の内容を深めることにつながっていきます。

日々の実習で学ばなければならないこと、そして、その学びを実践するときの注意点など、現場でなければ指導できない内容です。担当する介護職員が指導できればよいのでしょうが、なかなかそこまでの指導は難しいように感じています。ぜひ、実習生の実習が日々深まるような指導をお願いしたいものです。

3 事例を通して対応を考える

A君（専門学校1年生）　男性　18歳

初めての実習でなかなか自分から動くことができずに、見ているだけの状態が続いていた。職員は積極的ではないと感じていて、いろいろと指導するが、なかなか積極的になれない状態が続いていた。

このような報告を受けた実習指導者はA君に話しかけ、実習の進捗状況について質問した。A君自身も自分がなかなか積極的に介護場面に入っていけないことを話してくれた。

どうして介護場面に入っていけないのかを質問すると、「ある介護職員さんに介助方法について叱られた」と話してくれた。きちんと指導された通りに実施したかどうか確かめると、「別の介護職員さんに指導された通りに食事の介助を実施したが、そのやり方では時間がかかってしまうので、このようにしたほうがよい」と別の方法を指導された。しかし、その方法では利用者の意思を尊重しているとは思われず、前の介護職員に指導された介助方法を続けていたら、叱られ、そのことがショックで、なかなか手を出せない状態が続いている様子であった。

今は、いろいろな介護職員のやり方をよく観察している最中であることを話してくれた。しかし、2週間の実習も後半の1週間を残すだけであり、このままでは当初の目的を達成することは困難である。

この事例に対して、実習指導者がしなければならないことを考えてみましょう。実習指導者が実習生本人と話し合うことだけで解決する課題ではないと思われます。実習生自身にも、施設の介護担当職員にも課題があることも確かです。実習指導者の役割としては施設の介護内容について話し合うこと、さらに実習生に現在の状況を打開するためにどのようにしたらよいのか、真剣に話し合うことが求められます。

＜解決の方向性とスーパービジョン＞

　実習指導者が考えなければならないことは、どのようにすれば早期に問題が解決するかということです。実習生の残された実習期間は１週間しかありません。残りの実習を充実したものとし、実習生が目標としていた実習内容をある程度実施して実習が終わることが当面の課題となります。

　そのためには問題解決の方向性をしっかりと見極め、早急に実施していくことが求められます。そこで、実習指導者は次のような課題解決の方向性と過程を考えました。①問題状況の把握、②問題状況の把握から解決の方向性を探る、③解決に向け対応策の決定、④具体的な対応策の実施と経過の観察です。これは、ソーシャルワーカーが相談者の課題を解決していく過程そのものでもあります。その意味では、実習指導者にはソーシャルワーカーとしての素養も求められます。このような解決の方向を決め、その過程で誰にどのように関わるのかを意識する必要があります。

　そして、解決の一つの手段として、スーパービジョンが必要になります。ただし、スーパービジョンですべての問題を解決するのではないことを十分に理解しましょう。

（1）問題状況の把握

　問題状況を把握する際に、**図４－６**の二つの方向で考えていく必要がありそうです。それぞれに対応策を講じない限り、この状況を解決することはできないかもしれません。現状では、実習生にいろいろな話を聞いただけであり、この状態で問題解決の糸口を探るには、無理があります。なぜなら、一つの現象（この場合は実習生の見ているだけでなかなか積極的に介護場面に入っていけ

図４－６　問題状況の把握

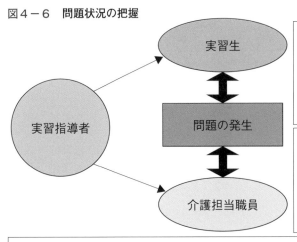

＜問題状況・意識＞
1）なかなか自分から介護の場面に入れない。
2）担当職員からは積極性がなく、見ているだけ。
3）指導された内容を憶えて、実行できない。

＜指導上の課題＞
1）各職員の指導方法がまちまちである。
2）自分の介助方法だけを指導している。
3）介護担当職員間で個別の介助方法が検討されていない。

問題が発生するときには、実習生だけに課題がある場合は少ない。職員にも課題がある場合が多いので双方から問題の状況を把握する必要がある。

ないという現象）はさまざまな要因が重なって、起こっていると考えるのが通常だからです。したがって、その要因である、当事者から広範に情報を入手する必要があります。この場合の当事者とは実習生、介護担当職員、介護職を統括する責任者等が考えられます。それぞれから情報を入手し、解決の糸口を探ることが必要となります。

　直接、問題の発生した場面に関わっているわけではないのですが、A君の教育機関での様子や性格などの情報も必要になるかもしれません。事前に実習担当教員に連絡し、情報を集めるなどの対策を講じておく必要があるかどうかも検討しましょう。

　実習指導者は実習生のA君が学校ではどのような学生なのかを知りたくて、専門学校に電話し、実習担当教員に事情を聞きました。「学内では比較的積極的で、何事にも熱心に取り組んでいる学生である」ことがわかりました。

　そこで実習指導者は、B・C両介護担当職員とその場の出来事について話し合いました。実習生をどのように捉え、どのような指導をしたのかなどが主な内容です。その結果、以下で示した内容がわかりました。

＜B介護担当職員と話し合った結果わかったこと＞

B介護担当職員（最初に食事介助を指導した職員）からの情報の整理

　食事介助の場面でどのように指導をしたのかを聞いた。実習生でもあり、時間がかかってもよいので十分に利用者の意向を尊重した介助を実施するよう指導した。指導内容は以下の通りであった。
　1）利用者の意向を尊重し、主食と副食をバランスよく摂取させること。
　2）決して利用者をせかさないで、飲み込んだことを確認してから次の一口を介助すること。
　3）主食と副食を混ぜないで、交互に食べてもらうように注意すること。
　4）なるべく会話を増やし、楽しい食事にするように心がけること。
等であった。
　自分自身が学生として実習した時、一番いやだなと感じたのは、主食の上に副食をのせて、スプーンで混ぜながら食事介助をさせられたことであった。また、この時間に終わるようにと指導され、「急がせながらの食事介助であった。当時の専門学校で習った食事介助は急がせないで、食事を十分味わう介助を心がける」であったから、そのように指導したことを話してくれた。
　B介護担当職員の実習生の印象は「とても熱心で、介助に真剣に取り組んでいる」というものであった。

＜Ｃ介護担当職員と話し合った結果わかったこと＞

Ｃ介護担当職員（次に食事介助を指導した職員）からの情報の整理

　食事介助の場面でどのように指導をしたのかを聞いた。実習生の食事介助はいつも時間がかかり、全体の行動が遅れてしまうので、できる限り周りの状況をみながら介助することも大切であることを指導した。指導内容は以下の通りである。

　　1）本人は食事の時間を楽しみにしているので、十分楽しんでもらいながら食事介助すること。

　　2）体調にもよるが、時間がかかりすぎると食事の時間そのものが負担になってしまうので、体調に注意し、食事が負担にならないように時間を考えながら食事介助するように。

　　3）食事介助はその人に合わせた時間を十分にとる必要はあるが、施設などの集団で生活する時は集団全体との調和も大切で、周りの人の進行状況に応じて、食事介助方法を考える必要がある。

　今回の食事介助をみていて、無用な会話が多く、食事の時間が長くなりすぎると本人に負担になってしまうので、ペースを上げて介助するように指導した。しかし、なかなか話を止めないので、もっと食事に集中するようにと指導したことを話してくれた。

　Ｃ介護担当職員の実習生の印象は「介助には熱心だが、職員の指導を理解できない頑固な実習生」というものであった。

（2）問題状況の把握から解決の方向性を探る

　実習指導者として一番難しいことは、実習生のスーパービジョンだけではなく、場合によっては、介護担当職員のスーパービジョンも担当しなければならない点です。実習期間内に起きる問題の多くが実習生と現場で実際に指導する介護担当職員との間で発生していることが多いと思われます。実習生だけに問題がある、あるいは、介護担当職員だけに問題がある例は少ないと思います。双方に問題があるから改善しなければならない状況が発生していると考えるのが通常です。したがって、本事例の場合も実習生、介護担当職員双方に話を聞きながら、個別スーパービジョンすることが望まれます。しかし、介護担当職員に対しては現場の管理責任者である介護課長に実施してもらうことにしました。この場合には早急に対応することが望まれていると判断したからです。介護担当職員に対するスーパービジョンの内容については、実習指導者と介護課長が連携をとることにしました。

（3）解決に向けた具体策の決定

①解決に向けた具体策

　解決の方向性は二つあります。介護担当職員に対するスーパービジョンと実習生に対するスーパービジョンです。本来は、一人のスーパーバイザーが担当すべきでしょうが、今回は早急に解決しなければならないので、実習生に対しては実習指導者、介護担当職員には介護課長がスーパービジョンを担当することになりました。実習生に現れる問題の背景には介護担当職員全体で考えなければならない内容が多く含まれているからです。当事者である介護担当職員のスーパービジョンを通して、介護職員全体の課題を浮かび上がらせ、早急に解決していくことが求められます。

②具体策の実施

　本事例の実習指導者は実習生に対して、個別スーパービジョンを行いました。今後どのようにしていったらよいのかを中心としたものでした。その際、実習生があげていた関係介護担当職員から事情を聞いたこと、その指導内容については現在、介護担当職員全体で話し合っていることを教えました。

　以下、実習生に対する個別スーパービジョンの内容です。

<実習生に対する個別スーパービジョンの内容>

　実習担当職員は実習生の気持ちを十分引き出すことに注意しながら、話を継続することで実習生自身が解決の糸口を見つけることを心がけてスーパービジョンを行った。

1）問題の場面で「なぜ、そのような行動をとってしまったのか」を中心に話を聞くことからはじめた。

　　その場面がなぜ問題になってしまったのかを再度考え、実習生の態度、介護担当職員の指導内容を吟味する。実習生本人が「C介護担当職員の指導内容をなぜ無視してしまったのか」という点を吟味した。

実習生：あの場面で周りがすぐに食事が終わってしまうことは意識していた。しかし、食事をせかすことには疑問があったので、時間をかけても食事介助を終わらせようと努力していた。C介護担当者の意見を無視したわけではないと思っているが、結果としてそうなってしまった。しかし、そのことで、叱責されるとは思わなかった。

実習指導者：「その場面で意識しなければならないことは、食事を楽しく、時間をかけてもよいという点だけでよかったのだろうか。介助者の視点ばかりが意識されていなかったであろうか（もちろん、食事を楽しく、時間をかけて実施することは利用者の視点でもあるが）。利

用者はどのような状態であったのかを把握していたのだろうか」という
ことをまず考えてみましょうとアドバイスし、その場面で利用者の
表情がどうであったか思い出してみることにした。

実習生：あまり楽しくない表情であったことはよくわかっていた。だか
らこそ、楽しい会話で場の雰囲気をつくることが必要だと感じていた。
それで、食事介助の時間が長くなってしまった。

実習指導者：C介護担当職員が「体調にもよるが、時間がかかりすぎる
と食事の時間そのものが負担になってしまうので、体調に注意し、食
事が負担にならないように時間を考えながら食事介助するように」と
指導したことを意識していたかを振り返ってみることにした。

実習生：意識していたが、どう判断してよいのかわからなかった。今の
状態が負担になっていると判断してよいのかどうか迷っていた。話し
かけて、利用者の意識を確かめながらと思っていたが、なかなか話し
てくれないので、自分ばかり話してしまう状態になっていた。

2）実習指導者は、その場面で実習生が何を意識し、どのような行動をとっ
たのか、その行動の背景となった判断はどうだったのかということを丹
念に実習生自身が振り返るようにした。個別スーパービジョンではその
場面で、実習生が何を意識し、具体的にどんな行動をとったのか、その
意識と行動の背景となった判断、具体的な行動がその場面で適していた
のかどうかを再考する機会となった。

　そして、その場面の解釈に、「実習生個人の視点による解釈から判断するの
ではなく、実習指導者としての視点を加味して再度解釈していく」ことで、よ
り広い視点から「その場面でどのように行動すべきであったのか」共に考える
ことが大切だと思われます。実際のスーパービジョンでは、実習生自身が回答
を出していくことを支援する姿勢が大切です。

<スーパービジョンの結果>
1）問題の場面で意識しなければならないことは、「利用者の状態が食事
に耐えられるかどうかの判断を自分でしていたが、このような難しい判
断は、職員にアドバイスをもらう」ことを意識すべきであった。
2）職員のアドバイスの背景には職員としての経験を通した判断があるか
ら、実習生である自分の判断を押し通すことには疑問が残る。職員の判
断に耳を傾け、実行した結果から職員の判断の背景となっているものを
吟味し、自分の判断の幅を広げることが実習の学びであるという理解を
する。

３）Ｃ実習担当職員との関係は気まずいものとなっているので、あの場面
　　では、自分の判断で押し通したことが実習生として問題があったことを
　　説明し、関係を改善するよう努力する。

４）しかし、一人の人に対する食事介助の方針が、職員間で統一されてい
　　ないのは実習生としては困ることなので、改善してほしい。

　　このようなことが、確認できた。その後の実習生の行動を実習指導者は
見守ることにした。次回の個別面談の予定を確認し、スーパービジョンを
終了した。

　同様に介護課長もＢ・Ｃ介護担当職員のスーパービジョンを実施しました。
内容は実習生に対するものとほぼ同じものです。「あの場面で、指導者として
何を意識し、行動した基準はどのようなものだったのか」「その意識と指導方
法、伝え方は職員として適切なものであったのかどうか」などです。

＜介護担当職員のスーパービジョンの結果＞

１）介護場面では実習生であっても居住者からみれば、職員と同等である。
　　具体的に介助させている場面では、十分な職員サイドの指導が必要であ
　　る。それがなければ結果として、居住者に迷惑をかけてしまう。この点
　　を職員全体で確認し合うことが大切である。

２）指導する場合は一方的に職員の判断を押しつけるのではなく、実習生
　　の意識や判断を聞き、それに対し、理由を明確にしてアドバイスするこ
　　とが大切である。これも職員全体で、確認し合う。

３）介助内容を介護職員全体が確認し、一人ひとりの状態に応じたきめ細
　　かい介助を実施していくことが大切である。そのためには、ケースカン
　　ファレンスなどで確認された介助方法を全体に周知し、絶えず文字で確
　　認できるような環境をつくることが大切である。そうした個別支援方法
　　をまとめた冊子を簡単に作成する。

４）Ｂ・Ｃ介護担当職員も実習生に対して行った指導内容については疑問
　　が残るので、実習生と話し合う機会をもつ。

　　このようなことが、確認できた。介護課長は再度全体で確認しなければ
ならない内容を朝の報告会で報告し、介護職員全体に浸透するよう努力し
た。また、Ｂ・Ｃ介護担当職員が中心になり、個別介助方法の簡単な冊子
を作成することになったことも報告した。実習生の指導にあたる場合は、
その内容を読み、職員間で介護方法の統一をしてから指導にあたるように
指示した。

このようなスーパービジョンの結果を皆さんはどう思いますか。

（4）経過の観察

　実習生とB・C介護担当職員との話し合いの機会をもつように実習指導者は場面設定をしました。その際、C介護担当職員はあの場での叱責の内容が誤解を招いていたことを十分説明しました。あの場面で実習生にどのような行動を期待したのかをC職員が話し、実習生自身もスーパービジョンを受けて、その場面の自分自身の意識と判断に問題があったことを素直に話しました。この結果、実習生はとてもいきいきと介護の場面に参加し、なぜこのような介護がなされているのか、具体的な行動の際、どのようなことを意識すればよいのかなどを介護担当職員に質問する回数が増えていきました。

　介護担当職員も質問されればそれに回答し、職員の判断を押しつけるのではなく、「何が大切なことだと思うか」、実習生の考え方なども随所で聞きながら実習が進められました。また、B・C介護担当職員は食事の介助方法について、介助を受けている居住者全員の支援方法、その際の留意点、視野に入れなければならないことなどをまとめ、職員全体に周知し、食事介助の実習指導がスムーズに運ぶ結果となりました。

（5）事例からみえてきたこと（実習指導者の重要性）

　このような事例はとても希であることは十分承知しています。「実習生のレベルはそんなところまでいっていない」「職員だって、こんな面倒なことをやるのであれば、簡単に実習を受け入れ、指導することに賛成しないと思う」「居住者の介助だけで手一杯の状態だし……」といった声が聞こえてきそうです。

　実習スーパービジョンの経過全体を考えてほしくて提示した事例だということを理解してください。単純に実習生と話し合うだけではなく、実習生に問題が生じたら、実習生のケースワークをしなければならないということです。そして、そのケースワークの一過程としてスーパービジョンがあり、とても重要な位置を占めていて、スーパービジョンがどのような方向で行われなければならないのかということを学んでいただきたいと思って提示した事例です。この事例を通して、実習生のケースワークとスーパービジョンについて学びを深めていただきたいと思いますが、介護担当職員に対するスーパービジョンの重要性もわかっていただけたと思います。

　実習指導者が実習生と真摯に向き合い、実習生自身の個別の話に耳を傾けることは困難なことだと思います。しかし、実習指導者が実習生を支えてくれなければ、施設のなかで実習生は孤軍奮闘する状況に陥ってしまいます。実習生にとっては実習指導者は特別な存在であるということも十分理解していただき

たいと思います。実習生は実習指導者との関係を基礎に、他の職員との関係を広げたり、施設の利用者・居住者との関係も広げていけるのだと思います。そして、このような関係の広がりが実習の充実につながっていくことになります。

　実習が充実することで、学生はその後の学習が飛躍的に積極的なものになります。自分自身が将来、どのように働きたいのかという将来の姿を実習を通してつかめるからです。実習指導者としてのスキルを高めつつ、施設職員の立場から介護福祉士養成教育の一翼を担っていただきたいと思います。

≪参考文献≫

岡田まり・柏女霊峰・深谷美枝・藤林慶子編『ソーシャルワーク実習』社会福祉基礎シリーズ⑰、有斐閣、2002年

塩村紀美子著『ソーシャルワーク・スーパービジョンの諸相－重層的な理解－』中央法規出版、2000年

『平成20年度介護福祉士養成実習施設指導者特別研修事前アンケート結果』全国社会福祉協議会中央福祉学院

日本社会事業学校連盟・全国社会福祉協議会編『社会福祉施設現場実習指導マニュアル　第5版』全国社会福祉協議会、2001年

福祉士養成講座編集委員会編『社会福祉援助技術演習Ⅱ　第4版』中央法規出版、2008年

第5章

介護過程の
理論と指導方法

　本章では、実習生が実習を通して学ぶべき介護過程の理論とその指導方法について解説します。
・第1節では、介護過程の意義と目的について理解します。
・第2節では、介護過程の展開方法（アセスメント、個別介護計画の立案、実施、評価と修正）について理解します。特に、利用者個々の状態・状況に応じた介護過程の展開と具体的な指導方法については、事例を通して学ぶことになります。
・第3節では、実習期間中の介護過程の展開と実習指導計画、指導のポイント等について理解します。

第1節　介護過程の意義と目的

1　介護過程とは

　介護過程が介護福祉士養成の教育課程に登場したのは、平成19(2007)年の介護福祉士養成カリキュラム改訂の時であり、教育課程の実施は平成21(2009)年から始まっています。その際、「新しい介護福祉士養成カリキュラムの基準と教育内容の例」が示されました。介護過程の教育内容のねらいには「他の科目で学習した知識や技術を統合して、介護過程を展開し、介護計画を立案し、適切なサービスの提供ができる能力を養う」ことが記されていました。

　また、平成20(2008)年3月に社団法人日本介護福祉士養成施設協会が発刊した「介護福祉士養成新カリキュラム～教育方法の手引き～」には科目のねらいと留意点が示されました。そのねらいには、「介護過程は、利用者を主体とする生活支援活動の展開方法であり、介護職員の専門的知識・技術を持って行われる。具体的には、利用者理解を図りながら、必要な情報収集行い、情報の分析・解釈に基づいて介護内容や方法を計画し、実施・評価する一連の過程をいう」と示されています。介護過程は利用者理解から実施・評価する一連の過程であることが示されたものの、なぜ介護過程を実践しなければならないのかについては示されませんでした。

　介護過程の目的が明確に示されたのが、平成29(2018)年の介護福祉士養成課程カリキュラムの改訂です。介護過程のねらいにおいて「本人の望む生活の実現に向けて、生活課題の分析を行い、根拠に基づく介護実践を伴う課題解決の

思考過程を習得する学習とする」ことが示されました。介護過程は本人（利用者）が望む生活の実現のために、根拠に基づく介護実践の過程であることが明確に示されました。

2　介護過程の意義と目的

（1）介護職チームの介護の道筋を明確にする

　これまでの介護は多くの介護職員が利用者の状況を把握し、利用者の状況に合わせて個々に介護を展開してきたように思われます。したがって、利用者理解が進まない新人職員は先輩職員の介護方法を模倣するだけで、なぜそのような介護を実施するのかという背景まで迫って考えることが難しかったように思われます。

　今回の介護福祉士養成のカリキュラム改訂の根拠となった「介護人材に求められる機能の明確化とキャリアパスの明確化に向けて」（平成29年10月4日社会保障審議会福祉部会福祉人材確保専門委員会）報告書では「利用者の多様なニーズに対応できるよう、介護職グループ（チーム）によるケアを推進していく」ことが明確に示されました。そして介護職チームにおける各介護職の役割の明確化と役割を担うための教育が必要であることが提言されました。この提言により介護福祉士養成課程カリキュラムが改訂されたのです。

　介護職員がチームで介護するとすれば、利用者に対する介護の目標を明確に定め、具体的な実施方法が検討された個別介護計画がなければなりません。さらに、個別介護計画がチームとして共有される必要があります。介護過程は介護職チームが介護を提供する道筋を明確にし、多様な介護職員（介護の初心者から介護福祉士まで）が提供する介護を均一化し、利用者の望む生活の実現に向けた介護職チーム全体の取り組みの過程でなければならないのです。

（2）根拠（利用者の望む生活）のある介護

　利用者が望む生活を実現するための介護は、まず、利用者を理解することが前提となります。利用者を理解するためには、利用者との関係を形成する必要があります。この関係の形成は通常は言語を通して行われます。しかし、介護の対象となる人は言語で意思疎通ができる人だけではありません。介護福祉の特筆すべきところは、この関係の形成が言語を介さなくても可能だということです。介護という行為は身体が身体に働きかけることです。利用者の意思が身体を通して表れ、それを感じ取ることができます。もっと別の表現をすれば、介護者が自らの身体を通して介護することで、利用者の身体が表す意思を感じ取ることができます。利用者への介護に対する反応が、利用者の身体の構え、

まなざし、表情等で返ってきます。このやりとりがコミュニケーションであり、この身体のコミュニケーションを通して利用者の意思が感じとれることが介護の大きな特徴です。

利用者の意思をくみ取り、身体状況、精神状況、環境（人的・物的）等を分析し、望む生活を実現するための課題を抽出し、その課題を利用者と共に乗り越えていく過程が介護過程なのです。介護という行為は、利用者の意思、利用者の望む生活に根拠を置き、その生活を実現するために課題となるものを分析し、克服していく筋道を示し、実践していくことで根拠のある介護となります。

（3）多職種連携と介護過程

「利用者の望む生活の実現」が介護実践の目的となります。しかし、「利用者の望む生活」の実現を達成するためには、介護だけではなしえません。健康と命を支える医療・看護職、運動の改善な日常生活動作の改善を図る理学療法士や作業療法士、嚥下の改善などを図る言語療法士、栄養状態を改善する管理栄養士等、さまざまな専門職が関わることになります。これら専門職のサービスをマネジメントするのが介護支援専門員です。

図5−1　ケアプラン全体

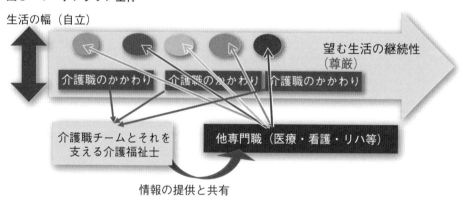

図（**図5−1**）は介護支援専門員が策定する居宅介護計画（施設入所の場合は施設サービス計画（以下「ケアプラン」という）です。利用者の生活が大きな矢印だとすれば、この矢印の幅を狭めないことが利用者の自立を守り、望む生活の実現が利用者の尊厳と関わっています。望む生活（現在の生活の継続、修正等）が地域に向かっていることがケアプランの大きな要素となります。そして、このケアプランを推進していくのが介護職を含めた各専門職となります。もちろん、家族、友人、地域の人々も生活の継続には必要な要素となることもあります。

介護職員はこのケアプランに面（長時間・多岐にわたって）で関わります。介護職員の関わりの内容を計画したものが個別介護計画であり、計画の実施経過が介護過程ということになります。また、他の専門職もケアプランに関わりますが、おそらく介護職よりは長い時間関わることはないと思います。その意味では、他の専門職は点で関わることになります。この点で関わる場合にもそれぞれの専門職がどのように関わるのかといった計画を作成し、実践していくことになります。

介護過程は介護職チームの実践過程ですが、同時に他専門職との連携が前提となっていることがわかります。ケアプランを作成するときに本人や家族、専門職が集まりプランの内容を検討する会議がサービス担当者会議です。各専門職のプランを集約したものがケアプランです。ですから、個別介護計画はケアプランの一部を形成しているので多職種と連携していることになります。

3　介護過程の展開

介護過程の展開はPDCAサイクルで考えられています。Plan（計画）、Do（実行）、Check（評価）、Action（改善）のサイクルを螺旋状に回していくことだと考えられています（**図５－２**）。

図５－２　介護過程の展開（PDCA）

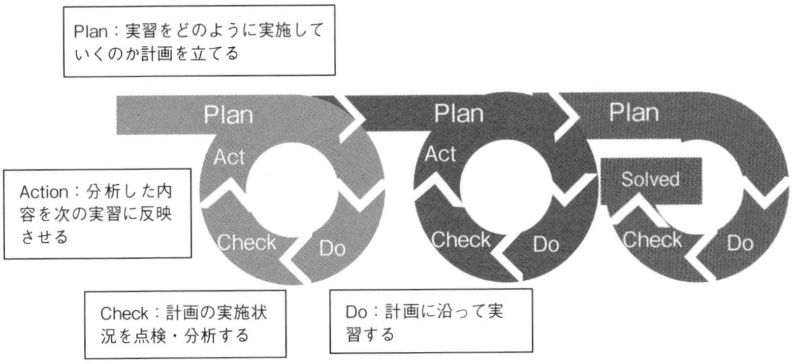
Plan：実習をどのように実施していくのか計画を立てる
Plan
Plan
Plan
Act
Act
Solved
Action：分析した内容を次の実習に反映させる
Check
Do
Check
Do
Check
Do
Check：計画の実施状況を点検・分析する
Do：計画に沿って実習する

実際の介護過程はこのサイクルを基礎として、個別介護計画のためのアセスメント、計画立案、介護職チームでその内容を検討し、共有する会議で計画を確定し、利用者に対する説明と同意、計画の実施、実施経過の記録、評価という各評価という段階に沿って展開されることになります（**図５－３**）。

評価では、計画そのものが利用者の意向に沿ったものであったのかが問われます。介護の対象となる人たちには意思の表明が難しい人がおり、職員の推測で意思を確認する場合が少なくありません。したがって、職員の思い込みで計

画が立案されることが危惧されることから、PDCAサイクルを螺旋状に回していくことが重要です。次に、会議で計画の目標が共有されるのですが、ここでも介護職全体の意思統一ができないと統一したサービスの提供とはなりません。また、評価のためには実施した内容とその時の利用者の反応が記載される必要があります。計画がうまくいった場合でも、うまくいかなかった場合でも、立案から順に検討することが求められます。そして、この内容が積み重なっていくことで、介護の根拠が明確になります。

図5－3　介護過程の流れ

アセスメント

個別介護計画立案

会議で計画を確定

説明と同意

計画の実施

実施経過の記録

評価

第2節　介護過程の展開方法

1　介護過程とケアマネジメントの関係性

　介護過程の展開をする場合に、一番の課題となっていたのは、ケアプランと個別介護計画が同一視されていた点です。ケアプランには介護の担当部分が記載されているため、それが個別介護計画であると誤解される場合が多くありました。実際に、介護保険施設では施設内で生活するので、サービスの提供は施設となりますので、ケアプランがそのまま個別介護計画と思われても仕方がありませんでした。

　しかし、あくまでも個別介護計画は介護の担当者が個別の介護をどのように実施していくのかといったプランをさします。以下の図（**図5－4**）は日本介護福祉士会が平成30(2019)年度に実施した介護実習指導者研修で使用したものです。

図5－4　介護過程とケアマネジメントの関係性

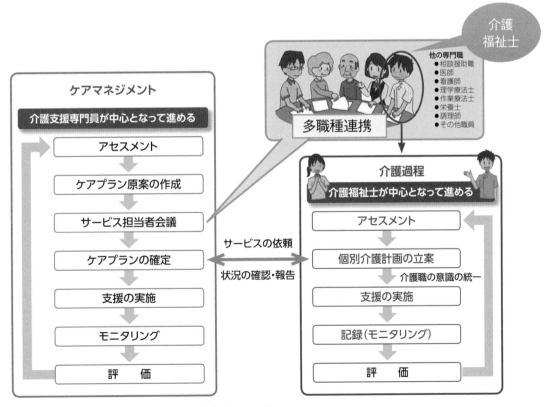

（出典：日本介護福祉士会介護実習指導者研修資料より（2019））

この図（図5-4）を参考にケアマネジメントと介護過程の違いを解説します。施設サービス計画（ケアプラン）の作成者は介護支援専門員です。要介護認定で決定した区分の範囲内（本来はその他のインフォーマルのサービスを組み合わせることが求められている）で利用者の意思を尊重し、生活を豊かにするための計画を作成します。施設の場合は、その計画を受けて介護福祉士を中心とした介護職員が提供する介護をどのように展開するのかという個別介護計画を作成します。訪問介護に置き換えれば、ケア全体をマネジメントする役割が介護支援専門員であり、全体の中で訪問介護の部分をマネジメントするのがサービス提供責任者ということになります。この一連の実践過程が介護過程だということになります。介護過程は思考過程ともいわれますが、それは実習生が対象者を持たず、介護過程をシミュレーションでしか実施できない状況が一部にあったためです。実際には、介護過程は施設・事業所の介護福祉の実践過程そのものです。ですから、実習でも重要な位置を占めるのです。

2 施設・事業所における介護職が行う介護過程とは

ここでは、施設・事業所において、介護職が行う介護過程について説明します。前述の通り、ケアプランと介護過程の関係性を理解しておく必要があります。ケアプランは、介護支援専門員が中心となり、多職種チームとして目標を達成するための全体の計画であるのに対し、個別介護計画は、ケアプランを踏まえた、介護職チームの計画といえます。

この両者の関係を、施設のケアプランの一例で考えてみましょう。ケアプランには、総合的な援助の方針、利用者の課題（ニーズ）、長期目標、短期目標、そして多職種の援助内容が示されています。介護職は、これらを共有したうえで介護過程を展開します。その際、日々の生活支援において、利用者の健康状態、心身機能、人間関係、また趣味や最近の関心ごとなど、さまざまな視点から、専門的な知識と経験に基づきアセスメントします。そして、利用者の課題（ニーズ）の解決に向けた支援方法を導き出します。その結果、ケアプランに示された介護職の援助内容が、個別介護計画では、利用者を主体とした、より詳細な個別ケアになることが想定されます。

また、介護職は、個別介護計画を実施・評価するなかで、ケアプランに示された、利用者の課題（ニーズ）や長期目標・短期目標の的確性を判断する力も必要です。利用者の実態とあわない場合は、個別介護計画の実施記録や評価・分析内容を根拠とし、サービス担当者会議等で、ケアプランの修正を提案することも必要です。そうすることで、より利用者の望む生活に近づくことができます。このように、介護職が行う介護過程は、ケアプランと連動し、チーム全

体のサービス向上に貢献しうる専門的な技術といえます。

3 アセスメントとは

　介護場面におけるアセスメントは、介護過程のプロセスの一つで、最初の段階に位置します。ここでは、情報収集から得た利用者の心身状態や生活環境をもとに生活全般の課題（ニーズ）を抽出し、今後、利用者にどのような支援が必要なのかを判断します。そのため、後に続く個別介護計画の立案・実施・評価の質を左右する重要な段階と言えます。利用者が有する能力を最大限に活用し、自らが望む生活を継続するためには、介護職の適切なアセスメントが必要です。

　では、アセスメントのプロセスをみていきましょう。アセスメントは（１）情報収集（２）情報の解釈・関連づけ・統合化（３）課題（ニーズ）の明確化の順に進められます。不適切なアセスメントは、このプロセスのどこかにつまずきがあると考えられます。

（１）情報収集

　情報収集は、「観察」によって利用者の状況を明確化することからはじまります。それは、利用者が現在どのような状況にあるのか、今もっている力や自分でできることは何か、また、利用者の人生観や価値観、生活習慣など、事実をありのままに観察しその人の生活全体を把握することです。したがって、観察から得た情報が、少なすぎたり、曖昧だったり、介護職の価値観や先入観に偏っていたら、利用者の生活状況や真の姿を捉えることは困難です。情報はできるだけ数値化し、できないものはなるべく自分の解釈や感情を交えないよう、客観的な情報を多角的に収集することが必要です。情報収集はアセスメントの基盤となる重要な作業といえます。

①情報の種類

　情報には、客観的情報と主観的情報があります。客観的情報とは、観察、検査、測定器による測定等により得られた情報です。主観的情報とは、利用者の言葉、話した内容などから得られた、利用者の主観的な情報です。介護職は、これら両側面から情報を収集することが大切です。たとえば、利用者の苦痛や不安は主観的なものであり、検査結果などを用いて裏付ける必要があります。逆に血圧や体温などは正常値であっても、利用者は苦痛や不安を感じている場合もあるからです。

②情報収集の方法

　介護職は、どのような方法を用いると、介護現場に散在する膨大な情報のなかから、質の高い情報を効率的に入手できるのか知っておく必要があります。情報を入手する方法は2種類あります。直接的方法と間接的方法です。

　まず、直接的方法の代表的なものは面接です。面接場面で介護職は、五感（視覚・聴覚・嗅覚・触覚・味覚）による観察と傾聴・共感・受容を基盤としたコミュニケーションを用い、利用者あるいは家族と信頼関係を築きながら内面にある思いや考えを察します。勿論、観察には血圧計や体温計などで測定した客観的な数値も含まれます。

　次に間接的方法には記録があります。介護現場には、支援内容や排泄量・食事量など利用者の状態を記した介護記録があります．また、主治医の意見書や介護支援専門員，看護師など他職種のサービス内容がわかる記録もあります。それらの記録から、利用者に関する情報を多角的に収集できます。さらに記録は、他の方法で知り得た情報と照らし合わせ事実を検証する場合にも有効です。

　もう一つは、チームメンバーや他職種との連携です。同職種や他職種との情報共有や情報交換は、利用者が現在の生活に至った背景や利用者のもっている力や自立への可能性を見極める機会となります。一つの情報で利用者を断片的に理解するのではなく、さまざまな方法を駆使して情報を収集することで、より深く利用者を理解することができます。

③情報収集の視点

　介護職には、個別性を尊重した支援が求められます。そのため、面接場面は勿論のこと、食事や入浴、買い物などの日常生活においても適時観察し、利用者の状況に応じて必要な支援を判断します。その際、介護者が観察の視点を認識し情報を意識的にとることが重要です。支援時間の長短に関わらず、この意識の差が、情報の質と量の差となって現れます。では、どのような情報を集めればよいのでしょうか。まず、性別や年齢、要介護状態区分などの利用者の基本的な情報が必要です（表5－1）。その他、日常生活や社会参加に関わるADL（日常生活動作）やIADL（手段的日常生活動作）の状況などがあります（表5－2）。また、国際生活機能分類（以下、ICF）の構成要素も情報収集の視点として参考になります（表5－3）。介護職は生活を支援する専門家であり、ICFの「活動」状況は、特に意識して情報収集をすることが大切です。このような視点を意識することで、身体的側面、心理的側面、社会的側面の3側面から情報を収集することができます。収集した情報はアセスメントシートに記入し整理することで、情報の漏れや見落としを防ぐことができます。不足している情報に気づいたら引き続き収集する必要があります。

表5－1　課題分析標準項目（基本情報に関する9項目）

NO.	標準項目名	項目の主な内容（例）
1	基本情報（受付、利用者等基本情報）	居宅サービス計画作成についての利用者受付情報（受付日時、受付対応者、受付方法等）、利用者の基本情報（氏名、性別、生年月日・住所・電話番号等の連絡先）、利用者以外の家族等の基本情報について記載する項目
2	生活状況	利用者の現在の生活状況、生活歴等について記載する項目
3	利用者の被保険者情報	利用者の被保険者情報（介護保険、医療保険、生活保護、身体障害者手帳の有無等）について記載する項目
4	現在利用しているサービスの状況	介護保険給付の内外を問わず、利用者が現在受けているサービスの状況について記載する項目
5	障害老人の日常生活自立度	障害老人の日常生活自立度について記載する項目
6	認知症である老人の日常生活自立度	認知症である老人の日常生活自立度について記載する項目
7	主訴	利用者及びその家族の主訴や要望について記載する項目
8	認定情報	利用者の認定結果（要介護状態区分、審査会の意見、支給限度額等）について記載する項目
9	課題分析（アセスメント）理由	当該課題分析（アセスメント）の理由（初回、定期、退院退所時等）について記載する項目

（出典：厚生省老人保健福祉局企画課長通知　平成11年11月12日老企第29号「介護サービス計画書の様式及び課題分析項目の提示について」）

表5－2　課題分析標準項目（アセスメントに関する14項目）

NO.	標準項目名	項目の主な内容（例）
10	健康状態	利用者の健康状態（既往歴、主傷病、症状、痛み等）について記載する項目
11	ADL	ADL（寝返り、起き上がり、移乗、歩行、着衣、入浴、排泄等）に関する項目
12	IADL	IADL（調理、掃除、買物、金銭管理、服薬状況等）に関する項目
13	認知	日常の意思決定を行うための認知能力の程度に関する項目
14	コミュニケーション能力	意思の伝達、視力、聴力等のコミュニケーションに関する項目
15	社会との関わり	社会との関わり（社会的活動への参加意欲、社会との関わりの変化、喪失感や孤独感等）に関する項目
16	排尿・排便	失禁の状況、排尿排泄後の後始末、コントロール方法、頻度などに関する項目
17	じょく瘡・皮膚の問題	じょく瘡の程度、皮膚の清潔状況等に関する項目
18	口腔衛生	歯。口腔内の状態や口腔衛生に関する項目
19	食事摂取	食事摂取（栄養、食事回数、水分量等）に関する項目
20	問題行動	問題行動（暴言暴行、徘徊、介護の抵抗、収集癖、火の不始末、不潔行為、異食行動等）に関する項目
21	介護力	利用者の介護力（介護者の有無、介護者の介護意思、介護負担、主な介護者に関する情報等）に関する項目
22	居住環境	住宅改修の必要性、危険個所等の現在の居住環境について記載する項目
23	特別な状況	特別な状況（虐待、ターミナルケア等）に関する項目

（出典：厚生省老人保健福祉局企画課長通知　平成11年11月12日老企第29号「介護サービス計画書の様式及び課題分析項目の提示について」）

表5－3　ICF構成要素・定義・具体的内容

構成要素	ICFの定義		具体的内容
「健康状態」	変調または病気		病気（急性あるいは慢性の疾患）、変調、傷害、ケガ（外傷）、更には、妊娠、加齢、ストレス、先天性異常、遺伝的素質のような状況も含む非常に広い健康上の問題
「心身機能」「身体構造」	「心身機能」：身体系の生理的機能（心理的機能を含む）		精神機能、感覚機能と痛み、音声と発話の機能、心血管系・血液系・免疫系・呼吸器系の機能、消化器系・代謝系、内分泌系の機能、尿路・性・生殖の機能、神経筋骨格と運動に関連する機能、皮膚および関連する構造の機能
	「身体構造」：器官・肢体とその構成部分などの、身体の解剖学的部分		神経系の構造、目・耳および関連部位の構造、音声と発語に関わる構造、心血管系・免疫系・呼吸器系の構造、消化器系・代謝系・内分泌系に関連した構造、尿路性器系および生殖系に関連した構造、運動に関連した構造、皮膚および関連部位の構造
「活動」「参加」	「活動」：課題や行為の個人による遂行のこと		読む、書く、計算、問題解決、意思決定、コミュニケーション、運動・移動、セルフケア（食事、更衣、洗面、排泄、入浴など）、家事行為、社会参加のために必要な活動（交通機関の利用、運転など）など
	「参加」：生活、人生場面への関わりのこと		仕事、家庭内での役割を果たすこと、地域社会への参加など、人生において何らかの役割を果たすことなど
「環境因子」	人々が生活し、人生を送っている物的な環境や社会的環境、人々の社会的な態度による環境を構成する因子のこと		物理的環境（住居と構造、食品、薬、福祉用具など）、社会的環境（公的、私的・任意のサービス・制度・政策など）、人的環境（家族、親族、友人、対人サービス提供者、保健の専門職など）
「個人因子」	個人の人生や生活の特別な背景であり、その人の特徴となる因子のこと		性別、年齢、性格、生活歴、ライフスタイル、習慣、価値観など

（出典：ICF　国際生活機能分類（ICF）―国際障害分類改定版―　2008年　中央法規出版）

（2）情報の解釈・関連づけ・統合化

　情報の解釈は、集めた情報が利用者にとってどのような意味をもつのかを考え、関連づけは、その情報と情報の関連性を明らかにします。そして、それらの情報を統合化し、利用者の全体像を理解します。ここでは、利用者Aさんの「最近、立つときにバランスを崩す」という情報に着目します。この情報のもつ意味は、利用者の状況によって異なるため、さまざまな視点から解釈することが必要です。たとえば、バランスを崩す原因は何か、どのような訓練を行っているのか、立つことへの意欲はあるのか、立つときの周辺環境は整っているのか、どのような福祉用具を使用しているのかなど考えを廻らせ、「最近、立つときにバランスを崩す」という事実が生じている背景を紐解いていきます。

　では、ICFの健康状態、生活機能（心身機能・身体構造・活動・参加）、背景因子（環境因子・個人因子）の要素に基づき整理してみましょう。「最近、立つときにバランスを崩す」という情報は、ICFの「活動」状況になります。バランスを崩す原因は、「健康状態」の高齢、右下肢の浮腫・痛みや「心身機能・

身体構造」の右上下肢の麻痺、筋力低下などの情報と関連づけると把握することができます。また、現在の訓練状況は、「参加」のリハビリの様子、使用装具や訓練内容は、「環境因子」の情報と関連づけると把握できます。さらに、立つことへの意欲については、「主観的体験」の立つことに不安をもちながらも、その一方では自分の力で立ちたいという気持ちもあることが理解できます（図5－5）。

図5－5　ICFの構成要素の関連図

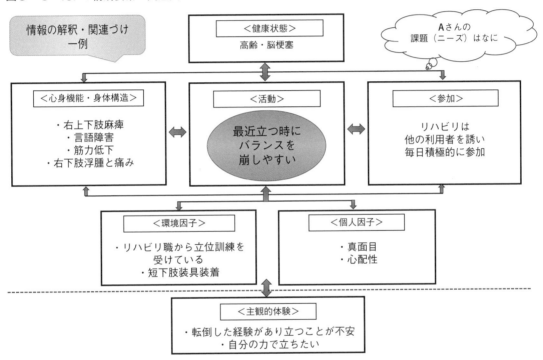

このように、ICFは、すべての要素が関係し合う相互モデルであること、また、A氏の潜在能力、またリハビリテーションによって引き出し現実化できる能力に着目するなど、利用者のマイナス面だけをみるのではなくプラス面を重視することが特徴です。以上のように、ICFの構成要素を用いると、情報の解釈、情報と情報の関連性が明確になり、利用者の全体像もより総合的に捉えることができます。他のさまざまなアセスメントツールにおいても、この思考過程を用いることができます。解釈・関連づけ・統合化された情報は、抽出した課題（ニーズ）の妥当性の根拠となるものです。情報を豊富に集めただけで、その情報の持つ意味や関連性を吟味しなくては、利用者の真のニーズを捉えることはできません。

（3）課題（ニーズ）の明確化

　利用者が望んでいる生活と現在の生活の差に着目し、両者に差があれば、そこに解決すべき課題（ニーズ）があると考えます。課題（ニーズ）は、現在、満たされているか否かを明確にするだけでなく、今後の予測を含めて判断する必要があります。そして、ニーズが満たされていない原因を分析し、解決に向けた方向性（支援内容）を判断します。満たされているニーズに対しては、さらに良くする視点で分析・判断することも大切です。

①真のニーズ

　一般的にニーズとは「必要」「欲求」と言われていますが、介護過程におけるニーズとは、真のニーズを意味します。そこには、言葉には表れない利用者の思いが含まれます。一つ例をあげれば、「家に帰りたい」という帰宅願望がある場合、おそらく、その欲求の裏には、不安や寂しさなど、その状況を招いている個別の理由があると考えられます。このように表面化した言葉だけにとらわれるのではなく、利用者の全体像からその事実が起きている背景因子に目を向け分析することが重要です。また、認知症高齢者や言語障害のある利用者は、自分自身が何に困っているのか、どのような支援があれば自らが望む生活をおくることができるのかについて明確に伝えることが難しい場合があります。このような時も介護職は収集した情報を専門的な知識と経験に基づき判断し、利用者の真のニーズを明らかにします。

②ニーズが満たされない原因の分析と必要な支援の方向性

　ここでもＡさんの情報をもとに考えてみましょう。Ａさんは、「自分の力で立ちたい」という希望はあります。しかし、実際には、立つときにバランスを崩し、Ａさんの希望と、現在の生活には差があることがわかります。この状況は、ニーズが満たされていないといえます。では、原因はどこにあるのでしょうか。Ａさんは高齢で筋力低下があります。また、過去に転倒しており立つことに対して不安を抱いています。さらに、右下肢の浮腫・痛みにより、短下肢装具が合わないことも考えられます。このように、ニーズが満たされていない原因は、Ａさんの健康状態や主観、あるいは短下肢装具の不具合など、Ａさん自身とＡさんを取り巻く環境の両側面からあらゆる情報をもとに分析することが必要です。なぜなら、その原因によって、必要な支援の方向性（支援内容）がかわるからです。必要な支援は、原因を取り除くことが最も効果的ですが、それは、言い換えれば、今までの利用者の生活が変化するということです。利用者の自立への可能性を見極めるとともに、過重な負担にならないよう判断する必要があります。

③課題（ニーズ）の優先順位の考え方

課題（ニーズ）が明確になったら、次に必要なことは優先順位の判断です。個別介護計画は、複数のニーズをもとに作成し、優先順位の高いニーズから解決していくことになります。しかし、介護施設の生活において、利用者のニーズは同時に進行しており、安易に順位をつけて並べることはできません。したがって、どのような根拠をもとに優先順位をつけたのかが重要となります。そこで参考になる一つの視点が、「マズローの欲求段階説」です。この段階説は、①生理的欲求、②安心と安全の欲求、③所属と愛の欲求、④承認の欲求、⑤自己実現の欲求で構成されており、①の生理的欲求から順に、ある程度満たされると次の欲求に移行すると考えられています。そのため、利用者のニーズがどの段階にあるのかを分析すれば、優先順位を決定する参考になります。但し、常に下位段階から順に上にいくとは限りません。利用者のなかには、障害により生理的欲求が十分満たされていなくとも、自己実現を目指し自分の可能性にチャレンジする人もいます。あくまでも参考にする視点と捉えておく必要があります。

4　個別介護計画の立案

個別介護計画は、アセスメントをもとに課題（ニーズ）の解決に向けた目標や具体的な支援内容をまとめたものです。個別介護計画の作成においては、利用者を主体とし、本人の意思・意向を反映すること、また、利用者一人ひとりの望む生活を継続する視点を含めること重要です。また、個別介護計画は、一人の利用者に複数の介護職がかかわるチームケアを想定して作成します。それは、一つの目標に向かってチームケアを効率よく遂行するための指示書であり、常に、介護チームで共有できるようにします。個別介護計画に含む内容は次の通りです。

（1）優先順位をつけた課題（ニーズ）

まず、アセスメントから抽出した課題（ニーズ）の優先順位を検討します。重大性・緊急性の高い順に優先順位を決定し個別介護計画に反映します。その際、前述したマズローの欲求段階説を目安に考えることもできます。表記の仕方は、利用者の主体性を尊重した表現にします。

（2）援助の方針と援助目標

援助の方針は、利用者が望む生活状況を簡潔に示し、介護チームが支援すべき方向性を表します。援助目標は、長期目標と短期目標に分けられ、長期目標

は、利用者の課題（ニーズ）が軽減あるいは解決した状況を表します。短期目標は、長期目標を達成するための段階的かつ具体的な目標を表します。一つの課題（ニーズ）には一つの長期目標があり、ニーズが満たされない原因が複数あれば、短期目標も複数になります。一般的に長期目標は、約6か月〜1年を、短期目標は、約3か月〜6か月の期間を設定します。このように、いつまでに、どこまで達成するのかが明確であると、目標の進捗状況を把握することができ、また、目標の達成状況も客観的に評価することができます。

個別介護計画の主流となる表記の仕方は**表5−4**の通りです。

表5−4　課題（ニーズ）・方針・目標の表記の仕方

課題（ニーズ）	利用者が望む生活を、利用者を主語にして「〜したい」「〜できるようになりたい」と表す
援助の方針	利用者が望む生活の全体像を簡潔に箇条書きにし、介護者を主語にして「（利用者が）〜　になるように支援する」と表す
長期目標	課題（ニーズ）が軽減あるいは解決した状態を、利用者を主語にして「〜できるようになる」「〜の状態になる」と表す
短期目標	長期目標達成を目指した段階的目標であり利用者を主語にして「〜できるようになる」「〜の状態になる」と表す

（出典：最新介護福祉全書第7巻「介護過程」、2014年、メヂカルフレンド社　P134をもとに一部改編）

（3）援助方法

　援助方法は、短期目標を達成するための具体的な方法です。それは、利用者のニーズが満たされていない原因を取り除く方法、または、満たされているニーズに対しては、さらに良くする方法になります。そのため利用者の保有する能力の活用や利用者が求めていること、実施する際の環境整備、他職種と連携などを考慮し、個別的で実践可能な援助方法になるよう検討します。さらに、援助方法は、どの介護者が見ても理解でき実践できるよう5W1Hを踏まえてより具体的に記入します。

5 実施

　個別介護計画に沿って支援を実施します。ここでは、具体的な援助内容や援助方法を介護チーム内で共有し、一丸となって個別介護計画を実施することが大切です。実施前は、利用者に援助の目的や方法を説明し同意を得る必要があります。実施中は、利用者を観察し、安全面、尊厳の保持、自立支援を考慮します。実施することに気を取られ、知らない間に介護者主体の計画になっている場合があります。常に利用者が主体であることを意識しましょう。実施後は、実施日時、援助内容（利用者の反応・状況、支援の結果）を、所定の記録用紙

に記入します。実施の経過を記録に残すことは適切な評価につながります。

6　評価・修正

　評価とは、個別介護計画に沿って実施された援助内容および援助方法について、利用者の反応や状況、支援の結果をもとに分析することです。課題（ニーズ）を解決するために、支援の方法や内容は適切であったか、目標が達成されたかどうか、また達成するための残された課題は何か、再アセスメントし必要に応じ個別介護計画を修正します。修正する場合はその根拠となる内容を記録に残しておくことも大切です。評価は終着地点ではなく、利用者との関係が続く限り介護過程のプロセスは繰り返されます。

　最後に、介護過程とPDCAサイクルについてふれておきます。介護過程は、アセスメント、個別介護計画の立案、実施、評価のプロセスを繰り返すことで、利用者の新たな課題（ニーズ）を解決する手法です。一方PDCAサイクルは、Plan＝計画　Do＝実施　Check＝評価　Act＝改善の4段階のステップを繰り返すことで、生産技術における品質管理などを継続的に改善する手法です。昨今、このPDCAサイクルを介護現場で活用し課題解決に取り組む介護施設があります。どちらの手法も、課題が解決するまでプロセスを繰り返すことが重要となり、その手法により、エビデンスに基づく業務あるいは介護実践が可能になることは共通しています。したがって、介護過程は、まさにPDCAサイクルといえます。

7　チームの形成と実践

　利用者の生活を支援するのは介護だけではないことを「多職種連携と介護過程」で述べました。生活支援のチームは専門職だけで構成されるわけではありません。必要であれば、家族、地域の活動団体、自治会長、民生児童委員等も支援のチームとして考えることになります。このチームはケアプランのチームです。このチームをマネジメントするのが介護支援専門員であり、障害の相談支援専門員です。そして、チームの目標はケアプラン、サービス等利用計画に示されます。この目標がサービス担当者会議で共有されます。

図5－6 （再掲） ケアプラン全体

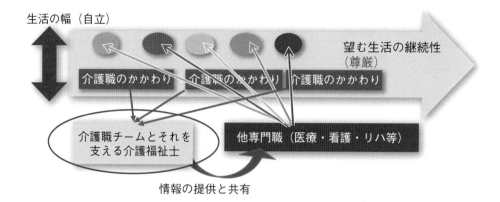

一方、赤丸で囲まれた部分の介護職がチームとなるためには個別介護計画と
介護過程の展開が必要です。何故なら、介護職がチームとなるためには利用者
の支援目標が必要だからです。介護職としての支援目標が個別介護計画です。
介護職のチームはケアプランで他専門職とチームを組み、介護職間でもチーム
を組む必要があります。介護実践とは介護職チームの実践でなければならない
からです。この点を学生に指導することが大切となります。

8 事例を通して介護過程を理解する

ここで、二つの事例を提示しますので、これまでの説明を踏まえて介護過程
を展開してみます。学生は実習先の施設・事業所で出会う利用者のなかから、
介護過程の対象となる利用者を決めなければなりません。この対象者を決める
作業を実習指導者は支援する必要があります。この作業も養成校では教員がシ
ミュレーションしますが、実際の実習の場面ではとても難しいケースにチャレ
ンジし、十分な成果を上げることができないこともあります。学生が十分に介
護過程を展開することができるような指導、助言を期待します。

養成校では事例を用いて、介護過程の展開をシミュレーションしています。
特に力を入れているのが個別介護計画の立案に関してです。利用者がいないの
で、養成校では、介護過程の展開を実際にシミュレーションすることができま
せん。したがって、個別介護計画の立案と実施方法を事例で学ぶことになりま
す。アセスメントを通して，情報の収集、分析、統合し、個別介護計画を立案
するまでです。

介護過程の展開は実践過程ですから、実際に利用者と個別介護計画を実施す
るところは実習の場面でしかできないのです。介護過程の醍醐味は実践するこ
とで個別介護計画の評価ができるのですが、その実践がないので、入念なアセ

スメントを実施し、その情報を分析し、統合することで利用者の望む生活の実現を阻んでいる生活課題を抽出し、その課題に利用者と共に取り組むところがメインとなります。

　実際に個別介護計画の実施に関しては架空の内容ですが、それでも学生はこれまでの知識を用いて、実施経過まで作成します。また、職員間で個別介護計画を共有するカンファレンス等も貴重な意見となりますが、事例でそこまで指導することは困難です。事例を通して学べる範囲は限られていますが、事例を通して介護過程の学びを繰り返しています。是非、指導者もこの事例を展開し、介護過程の展開に関して学生が不足していると感じている部分を丁寧に指導していただければと考えます。

紙上事例❶：栗平ゆりさん（仮名：90歳、女性）

＜入所前の生活と入所理由＞

　栗平ゆりさん（仮名）は、A特別養護老人ホームに入所している90歳の女性で、要介護度は3です。施設入所前は長男（70歳）と二人暮らしでした。現在長男は糖尿病が悪化、ほかに家族はなく、在宅で治療しながら一人暮らしをしています。栗平さんは両足に変形性膝関節症があり、3年前に転倒骨折し、このときから下肢筋力の低下が著しく、日常生活の継続が困難となり、介護が必要になりました。長男は糖尿病が悪化し、母親の介護ができないため入所となりました。

　入所前の自宅での生活は、裁縫や編み物など手仕事が好きで、若い時は着物の仕立てをしていたことからいろいろな物を趣味で作っていました。現在は洋服で過ごしていますが「着物で長く暮らしてきたので、ときどきは着物が着たい」と職員に話しています。そのほかには本を読むのも好きで、司馬遼太郎の作品が特に好きだったそうです。また、相撲のテレビ観戦も好きで、相撲の時期になると楽しみにしていたとのことです。1日の生活は、朝の家事仕事を終えると、庭の花に水やりをして咲いている花を眺め、お茶を飲む時間をたっぷりとり、残った時間で裁縫や編み物、読書をして1日を過ごしていたとのことです。長年主婦として家事一切を切り盛りし、長男の妻亡き後、長男の面倒をみてきたことが自分の誇りのようです。体型は、身長135cm、体重32kgで、姿勢は円背、両脚はO脚になっています。

＜入所後の生活のようす＞

　入所して6か月が経過しました。入所後しばらくは居室に閉じこもりがちでしたが、3か月もすると、談話コーナーでほかの入所者と話しているときもあ

り「おしゃべりは楽しい」と言っています。ワイドショーや歌謡番組、相撲中継が好きで、談話室の決まった場所でテレビを見ていますが、本人は「テレビが好きなわけではないが、何もすることがないから」「本は、老眼で字が見えなくなってきたので読むのがおっくうなの」と話しています。

　最近、夕方になると「そろそろ帰ります」と言い、車いすから立ち上がろうとすることが多くなりました。現在は職員の声かけにより落ち着きます。夜、就寝時間に寝つけないときは、軽い睡眠剤を服用しています。睡眠剤を服用した翌朝は、介護職員の声かけによって目覚めており、「まだ眠い感じがするのよ」と訴え、離床時の車いすへの移乗は全介助で行っています。

　ベッドから車いすへの移乗動作は見守りが必要です。職員がベッドサイドに車いすを配置すると、ゆっくりと自分で乗り移ろうとしますが、バランスを崩して転倒しそうになることがあります。施設内の廊下は自走可能です。車いすへの移乗時や、トイレでの便座への移乗時等の際、座位からの立ち上がり時に両膝の痛みが増強することがあるようです。「この膝が痛いのよね」と両膝をさすり、立ち上がりに時間がかかり途中よろけることがあります。

　トイレ内でのズボンや下着の上げ下ろしに時間がかかり、下着を濡らすこともあるため、尿とりパッドを勧めると「仕方ないわ」と言い使用しています。身の回りのことは職員が収納した後に自分で入れ直しをしていますが、2週間ほど前、職員が衣類を収納する際、タンスの引き出しから汚れたパッドが出てきたことがありました。

　上着は自分で着脱できますが、ズボンや靴下などは介助が必要です。介護職員の介助のもと、好きな衣服を選んで着ています。食後の洗面では、総義歯を外す、磨く、入れることは自分でできます。鏡の前で義歯の手入れが終わると洗顔と整髪をし、身だしなみはいつもきちんとしています。毎日着替えは行いますが、勧められても入浴しないときがあります。理由を聞いても話してくれません。

　食事の摂取量は1日の平均が3分の1程度と少なく（施設の食事は1,500cal／日）、漬け物、佃煮などが好きだと言っています。時々、お茶や汁物などでむせることがあります。

　長男は、月に2回ほど面会に来所していますが、ふだんから「息子はちゃんと食べているかしら」と言って一人暮らしの長男のことを気にかけています。

栗平ゆりさん（仮名）女性（90歳）

〔紙上事例❶で示した情報を、情報収集用紙の項目にそって整理したもの〕

【プロファイルや価値観に関すること】

＜情報収集記録用紙＞

①	家族の状況	長男（70歳）と二人暮らしだった。現在長男は糖尿病が悪化、ほかに家族はなく、在宅で治療しながら一人暮らしである。
②	入所理由	両膝関節症があり、3年前の転倒骨折から下肢筋力低下、介護が必要となったが、長男は糖尿病が悪化、介護ができずに入所となる。 入所後しばらくは居室に閉じこもりがちになった。3か月もすると、談話コーナーで入所者とおしゃべりを楽しむようになった。ワイドショーや歌謡番組、相撲中継が好きで、談話室の決まった場所でテレビを見ている。
③	趣味や特技	裁縫や編み物など手仕事が好き。若い時は着物の仕立てをしていた。趣味は読書だが、「今は老眼で読むのはおっくう」と話す。相撲観戦を楽しみにしている。
④	安らぎに関すること	自宅では、庭の花の水やりの後、お茶を飲むのが楽しみだった。現在は朝食後ベッド周りを整えた後、談話コーナーでお茶を飲んでいる。
⑤	誇りに関すること	長年主婦として家事いっさいを切り盛りし、長男の妻亡き後、長男の面倒をみてきたこと。
⑥	日常生活での自己決定	生活全般にわたり自分の意見を述べ、特に入浴や衣類の収納については自分で決めたい思いが強い。
⑦	生活へのこだわりについて	家事全般を長い間ひとりで担ってきており、食事のメニューや洗濯物の干し方、衣類のたたみ方や収納の仕方などにこだわりをもっている。
⑧	身だしなみ	現在は洋服だが、「着物で長く暮らしてきたのでときどきは着物を着たい」と職員に話している。
⑨	日常生活で気になること	最近夕方になると「そろそろ帰ります」と言い、席を立つことがある。職員の声かけで落ち着くが、夕食後に荷物を持って居室から出てくることもある。
⑩	疾病について	両膝関節症がある。
⑪	要介護度	要介護3

【日常生活行為に関すること】

①	起床	夜間不眠のときは睡眠剤を服用しており、介護職員の声かけによって目覚めている。起床時の動作は日中よりも緩慢で、「まだ眠い感じがするのよね」と言い、離床の動作は見守りのなか自分でゆっくり行っている。
②	更衣	上着は自分でできるが、ズボンや靴下などは介助が必要。介護職員の介助のもと、「今日は寒いかしら？」などと言い、季節に合わせた衣服を選んで着ている。
③	整容	身だしなみは気にしており、洗面、整髪、着衣を整えることなどを自分から行う。
④	食事	漬物、佃煮などが好きで、食事の摂取量は1日の平均が1／3と少ない。ときどきお茶や汁物などでむせることがある。
⑤	排泄	声かけ、見守りを行い、着脱衣の介助を行っている。
⑥	保清	着替えは毎日行うが、勧められても入浴しない場合がある。理由は話さない。
⑦	移動	ベッドから車いすへの動作は見守りが必要。車いすを正しく置くことはできない。施設内の廊下は自走可能。車いすへの移乗時、トイレでの便座への移乗時等の際、座位からの立ち上がり時に痛みが増強するらしく、「この膝が痛いのよね」と両膝をさすり、立ち上がりに時間がかかる。
⑧	睡眠	夜間不眠があり、軽い睡眠剤を服用。
⑨	その他	身長135cm、体重32kg。円背。入浴や衣類の収納については自分で決めたい思いが強く、職員が収納した後に自分で入れ直しをしているが、2週間ほど前、職員が衣類を収納する際、汚れた尿取りパッドがタンスの引き出しから出てきたことがあった。

<1. アセスメント>

利用者氏名	栗平 ゆり（仮名）さん	年齢	90歳	性別	男・女	実習生氏名	○○ ○○

情報	解釈・関連づけ・統合化	課題（必要な介護）
①最近、夕方になると「そろそろ帰ります」と言って席を立つことがある。	1. ①②③ 家のことが気になり帰ろうとするのではないかと考えられる。本人の好きなことを行ってもらえれば気分も紛れ、家のことが気になり、帰宅願望の訴えも減少するのではないかと思われる。	1. 好きな手仕事を行ってもらい、帰宅願望の訴えを減少させる。
②夕食後も荷物を持って居室から出てくることがある。		2. 定期的にタンスの中を確認する。
③歌謡番組や相撲観戦を楽しみにしている。また、裁縫や編み物など手仕事が好き。	2. ④ 汚れたパッドをタンスにしまうのは衛生的にも良くないため、定期的にタンスの中を確認する必要性がある。	3. 食事摂取量を増やし、むせを予防する。
④2週間ほど前、職員が衣類を収納する際、汚れたパッドがタンスの引き出しから出てきた。		
⑤食事の摂取量は1／3と少ない。	3. ⑤⑥ 食事量が少ないと、一日に必要な栄養が摂取できずに体力が低下する可能性がある。また、水分はむせることがあるので、とろみをつける必要があるのではないか。	
⑥時々、お茶や味噌汁などでむせることがある。		

解釈・関連づけ・統合化で説明している内容を導き出すために必要な情報を、全て記入するように指導します。

解釈・関連づけ・統合化では、現在の状態の「原因」はどこにあるのか、このままではどのようになる可能性があるのか、を考えます。栗平さんの例1では、帰宅願望の原因は何か、この状況を栗平さんの情報と関連させ、知識を統合して考えるように指導してみましょう。2と3は、指導者になったつもりで添削してみましょう。

解釈・関連づけ・統合化で説明している内容を踏まえ、栗平さんに必要な支援を考えます。栗平さんの例1では、特養に入所せずに生活するために必要なことを考えます。その際、学生が記入している「好きな手仕事を行ってもらう」のは個別ケアの視点として重要です。「帰宅願望の訴えを減少させる」ことが目的ではなく、「好きな生活を送られるように支援する必要があるのか」を考えられるように指導するとよいでしょう。2と3は、指導者になったつもりで、添削してみましょう。

＜1. アセスメント＞

職員による記入例

利用者氏名	栗平 ゆり（仮名）さん	年齢	90歳	性別	男・⼥
情報	解釈・関連づけ・統合化				課題（必要な介護）

情報

①最近、夕方になると「そろそろ帰ります」と言って車いすから立ち上がろうとする。

②「テレビが好き」なわけではないが、何もすることがないから」とテレビを見ている。

③裁縫や編み物など手仕事が好き。

④入所後6か月が経過。

⑤長男の面会は月に2回。

⑥一人暮らしの長男のことが気にかかる。

⑦汚れたパッドがタンスの引き出しから出てきた。

⑧生活全般にこだわりがある。

⑨下着を濡らすことがあり、本人の希望でパッドを使用している。

⑩排泄は、声かけ・見守りを行い、着衣の介助を行っている。

⑪食事摂取量1/3。

⑫時々、お茶や汁物などでむせることがある。

⑬90歳。

⑭夜寝つけないときは軽い眠剤を服用。職員の声かけに「まだ眠い」感じがするし、車いす移乗は全介助。

⑮車いすへの移乗時自分で乗り移ろうとつまづき転倒しそうになる。

⑯変形性膝関節症。

⑰座位からの立ち上がり時に「この膝が痛い」のよ」と訴える。

⑱移乗時や排泄動作時の、立ったり、座ったりの際に膝の痛みを訴える。

解釈・関連づけ・統合化

1.①②③④⑤⑥より

夕方の帰宅願望は、一人暮らしの長男のことが気になっていること、自分の役割がなく何もすることがない施設生活に適応できず、という環境変化に適応できず、また、状況に応じて医師に助言を求めるなど、連携を図りながら様子を見守る必要がある。今後も家庭の事が気になり施設内での生活リズムが確立できず、ますます不活発な生活になる可能性がある。家事全般を長い間一人で担ってきたことや手仕事が好きであったことを活かし、施設内生活において施設内の生活リズムを確立し、施設内のQOLを高める役割を確立する。

2.⑦⑧⑨⑩⑮⑯⑰⑱⑲より

汚れたパッドをタンスに隠したのは、変形性膝関節症により動作時に痛みがあることや加齢による下肢筋力、加齢に伴う指の巧緻性の低下や円背やO脚により排泄動作に時間がかかること、職員をコールしなければならないほどないことが要因となりパッドに排泄してしまった可能性がある。本人の希望でパッドを使用しているが、差恥心もあって、汚れたパッドの処理判断に困りタンスに入れたのではないかと思われる。排泄物で汚れたパッドをタンスにしまうのは衛生上よくないことから、本人のプライドを傷つけないような支援をする必要がある。また、移乗時に身体的原因からバランスを崩すことがあることから転倒の危険性があり、高齢による転倒は複後から転倒の要因となるため高齢者には特に注意が必要である。

3.⑪⑫⑬⑲より

食事摂取量が一日の平均が1/3とりないのは、嚥下に伴う機能が加齢により低下し、むせてしまうことも考えられる。また、円背による姿勢不良や嚥下機能の低下により食事が

課題（必要な介護）

1.
施設内で役割をもち、生活リズムを確立できるように支援する必要がある。

2.
衣類収納時、本人といっしょにタンスの中を確認していく必要がある。また、移乗時の転倒予防のために排泄の状況を把握し、現在の介助方法（見守り・声かけ・着脱介助）をその時々の心身状況や本人の気持ちに寄り添ったものに見直していく必要がある。

3.
円背や嚥下機能低下による誤嚥や食事摂取量の低下を防止する必要がある。円背については車いすやテーブルの高さを本人

⑲身長135cm、体重32kg、円背で下肢はO脚。
⑳毎日着替えはするが、入浴を進めても入らない。

しづらく、摂取量が低下している可能性がある。むせた状態が続くと誤嚥性肺炎の原因となり、さらに食事摂取量の減少などが起こる可能性がある。また、BMIは17.9とやや低く体重減少は体力が低下した高齢者の免疫機能を低下させ、より抵抗力の低下が促進されることとなり、感染症を引き起こす原因となる。

4.⑬⑭⑮より
夜間つけない時は睡眠剤服用するが、90歳の高齢ということもあり、薬の吸収力が低下し、起床時は眠気が残っていると考えられる。この状態で移乗や食事を行うと、転倒や誤嚥の危険性がある。

5.⑯⑰⑱より
O脚で両膝変形性関節症により、膝の軟骨のクッションが弱くなり、膝を支える筋力が落ちることにより、動作時に痛みを生じることで動作を制限する可能性がある。動作制限により、筋力はさらに低下し自力での重い半身移乗能力も低下する可能性がある。痛みの程度、起こる状況を把握し、動きを始める徐々に膝を慣らして行うなどし、関節炎の炎症を悪化させないようにする。

6.⑳⑰より
入浴を勧めても入らないのは、入浴時にほかの利用者ともに入ることと、裸の状態で日々異なる職員からの介助が嫌なにこと、原因は不明であるが、入浴の効果は循環促進やリラックス効果、さらには動くことで関節痛等もよくなる、介護職側からは全身状態の観察やコミュニケーションの場にもなることから、拒否の原因を明確にする。

が食事しやすい姿勢に補正したり、クッションなどを使用して姿勢の安定を図ったりする必要がある。また栄養士と相談して、食材にトロミをつけたり、状態によって食形態の変更も検討したりする必要がある。

4.
睡眠剤服用した次の日の起床時は、覚醒状態を把握し、状態にあった介護方法を行う。

5.
痛みの起こる状況を把握し、移乗動作時は膝に負担がかからないように高さ調整等の物理的な環境を整え、動きを始める慣らす等の配慮をする必要がある。

6.
入浴拒否の原因を探り、気持ちよく入浴ができるように支援する必要がある。

＊実習時間や実習内容の関係から、1・2・3に関する援助が実践可能である。特に、食事は健康の維持・増進のために重要な援助であり、日々の摂取量が少ない栗平さんにとって、まず解決すべきことと考え、1・2・3に関する計画を立てて「3」を実践する。

学生記入例

<2. 個別介護計画>　アドバイス前

目標	介護内容
1. 楽しみをみつける	1−1) 本人が好きな手仕事などを提供する。 2) 塗り絵、ちぎり絵など本人がやりたいといったものを行ってもらう。
2. 不潔行為を予防する	2−1) 毎日、夕方にタンスの中を確認する。 2) 汚れたパッドがみつかったときは処分する。
3. むせることなく、食事を摂取する	3−1) 食事が残っているときは、もう少し食べるように勧める。 2) 声かけしても食べない場合は、嫌いなものなのか確認する。 3) 水分にトロミをつける。

介護内容（計画）は、誰が読んでも同じ行動ができるように、具体的に書く必要があります。

栗平さんの例1では、いつ、どこで、どれくらい行うのかが具体的ではありません。また、介護職はどのような方法で援助するのか書かれていません。その他、計画実施中に留意すべき点などがあれば、それも記入するよう指導してください。

2と3は、指導者になったつもりで添削してみましょう。

目標は、課題に記入した内容をもとに、介護職が支援を行うことで、どのような結果（成果）が得られるかを考えて設定します。目標は利用者中心の視点に立ったものなので、主語は利用者になります。また、評価のときの基準と考えるよう、観察や測定が可能な具体的な内容にします。

栗平さんの例1の場合、支援の結果、「楽しみをみつけること」が期待される結果（成果）でしょうか。「楽しみをみつけることで、「家のことを気にせずに、施設で安定した生活を送ってもらえるようになるだろう」と考えたのであれば、これが目標になります。

2と3は、指導者になったつもりで添削してみましょう。

<2. 個別介護計画> アドバイス後

目　標	介護内容
1. 家のことを気にせず、安定した生活を送る。	1−1) 夕食前の時間帯に、本人の好きなテレビ番組を見てもらう。 2) 夕食後に、刺し子・雑巾縫いなど簡単な手仕事を行ってもらう。 3) 長男に面会に来る日を手紙に残してもらい、訴えがあったときに本人に読んでもらう。
2. 介助のもと、失敗なく排泄を行う。	2−1) 日ごろの排泄間隔や本人の様子に応じて声かけを行い、見守り介助する。 2) 排泄の状況を記録する。 ＊パッドが濡れていたか、トイレで排泄があったかなどがわかるようにチェック表に記入する。 3) 衣類収納時、タンスの中を確認する。 ＊収納時は、本人のプライドを傷つけないよう配慮する。できるだけ、栗平さんと立ち会い、本人の言うとおりに収納しながらタンスの中を確認する。
3. 姿勢を整えて食事を摂る。	3−1) 食事前にお茶を飲むよう勧める。喉を潤す程度の水分量とし、むせていないかを必ず観察する。 2) 配膳時に献立を説明し、食事内容を確認してもらう。 3) テーブルにいすを近づけ食事が見えるようにし、必要に応じて腰部にクッションをあてるなどして姿勢を補正する。また、いすに深く腰掛けているか、かかとが床についているかなどを確認して、食事姿勢を整える。 4) ゆっくり食べるように声かけする。 5) 食事中は見守りを行う。 ＊むせがひどい場合は、トロミをつけるか本人に確認する。 ＊食事摂取量をチェック表に記入する。

※実習時間や実習内容の関係から、食事についての実践が可能である。また、食事は健康の保持・増進のために重要な援助であり、日々の摂取量が少ない栗平さんにとってはまず解決すべき内容と考え、「3」を実践する。

＜3. 実施・評価＞

学生記入例（修正後）

介護目標	介護内容	実施・結果	評価
（3）姿勢を整えて食事を摂る。	1) 食事前にお茶を飲むよう勧める。 2) 配膳時に献立を説明し、食事内容を確認してもらう。 3) テーブルにいすを近づけ食事が見えるようにし、必要に応じて腰部にクッションをあてるなど、いすに深く腰掛けているか、かかとが床についているかなどを確認して、食事姿勢を整える。 4) ゆっくり食べるように声かけする。 5) 食事中は見守りを行う。 ＊むせがひどい場合は、トロミをつけるか本人に確認する。 ＊食事摂取量をチェック表に記入する。	2月2日（月） 昼食時、食事を配膳し献立を説明する。一つひとつの器を指さし、栗平さんに軽く確認してもらう。その後、食事の姿勢を確認し、お茶を飲むよう勧めると軽くむせていた。食べ始めるとむせ込みは見られないが、1/3程度食べたところで箸を置いた。もう食べないのか確認すると「お腹が一杯」とのことであった。器を指しながらお浸しが残っているので「残っていること」を伝える。一口食べ、「いらない」とのことだったので下膳する。 朝食：主食1/2　副食1/3　夕食：主食1/3　副食数口 2月3日（火） 昼食時に実践する。昨日同様献立説明を行い、姿勢を確認した後、お茶を一口飲んでいただく。その際、むせ込みがみられる。トロミをつけるか確認すると、大丈夫とのこと。しかし、みそ汁を飲むとまたむせていた。再度トロミをつけるか確認するが、トロミはつけないでいいと言うため様子を見る。主食を半分、副食を少し食べるように勧めるが、「お腹が一杯だからいらない」と話す。漬け物が残っているので「漬け物はいらないだろうかしら。どこにあるの」と言うため、器を手渡すと召し上がる。ほかは、勧めても「いらない」と言うため下膳する。 朝食：主食1/2　副食1/3　夕食：主食1/3　副食1/3 2月4日（水） 朝食時に実践する。献立説明時、佃煮がついていることを話すと「あら、おいしそうねぇ」と話す。しかし、器の位置がわからないようだったので、ご飯の上にのせるかを尋ねると「そうしてもらおうだい」と返答があるので、様子を見ていると、主食と佃煮と佃煮ばかりを食べているので、ほかのおかずがあることを指で示しながら伝えると、何口か召し上がっていた。主食全量、副食は数口程度摂取し、水分摂取時に軽くむせ込みがみられた。 昼食：主食1/3　副食1/3　夕食：主食1/2　副食1/3	3日間、計画を実施した。各食事時、軽いむせ込みやむせがみられたが、本人の希望もありトロミはつけずに様子を見た。3日間だけで判断するのは難しいが、実施2日めの昼食時にむせ込んだときも食事量に変化ではむせ込んだときもトロミをつけることはないため、今後もトロミをつけることは本人に確認しながらの実施でよいのではないかと思う。 最終日の朝食時、二人の好物のある佃煮があることがわかると主食のみが全量摂取していた。しかし、献立説明しても器の位置が変わらないらしく、2日めにも「どこにあるの」と聞いてきたことから、認知症により食事前に献立を説明するだけでは覚えていることができない可能性も考えられる。 献立がわかっても食事に変化はみられないかもしれないが、今後はこの計画を継続するとともに、食事量に変化はなくてもバランス良く栄養が摂取できるよう、声かけなどを工夫していく必要があると考える。

219

＜栗平ゆりさん：事例に沿った指導ポイント＞

　学生は当初、食事摂取量が少ないことについて、「栄養摂取量が少ないと体力が低下する」と摂食・栄養面から予測を立て、「むせないようにトロミをつける必要がある」と食事形態に関する課題を抽出しています。

　しかし、「食事の摂取量は3分の1と少ない」という情報から読み取れることはこれだけではありません。たとえば、以下の視点でみることによって栗平さんへの介護はまったく違うものになります。

○日頃の食事摂取量と比べてどうか（多いのか、少ないのか）。
○間食や水分摂取量も含めた摂取量はどうか。
　→もとから少食だとすれば、とり立てて「摂取量が少ない」とは言い切れません。間食も含めて1日に必要な摂取量を満たしているとも考えられます。その場合、栄養バランスの面から1日の食事内容を検討する必要が考えられます。

　日頃全量摂取しているのに、最近減ったとすれば、心身両面の背景を検討する必要があります。たとえば、以下のような点です。
○健康状態の悪化や体力の低下（内科疾患や下肢痛の増強、1日の運動量など）
○排泄状態の悪化（便秘・下痢など）
○食事環境や食事姿勢、摂食機能の問題（座位保持や嚥下状態の悪化、食堂の環境など）
○認知機能の低下（食事に対する意識・関心の低下など）
○心理状態の不安定（悩みやストレス）

　現場の介護職は、1日の生活を見渡して自然に多面的なアセスメントをして適切な個別介護計画を立案・実施していますが、実習生は目の前の現象自体を「課題・問題」として捉え、それを解決していかなければならないと思う傾向があります。授業で「生活全体の視点から利用者を捉える」と学んではいますが、それが具体的にどのようなことなのかを授業中に体感することはできません。また、それを実習生一人で実践し理解することも困難です。そのため、実習中に指導者と交わすやりとり（意見交換、相談・助言）が大変重要になります。

　また利用者を多面的に捉えようとすると、医学など各分野に関する基礎知識も備えていなければなりません。1日に必要なカロリー、栄養バランス、排泄のメカニズムなどに関する知識の必要性を学び、それを確かなものにするためにも、実習における介護過程の展開は重要な意味をもちます。

紙上事例❷：高幡　豊さん（仮名：72歳、男性）

＜発症前の生活＞

　高幡さんはＴ市在住で、25歳で結婚し、代々続く梨農家を妻（70歳）と二人で営んでいます。３人の娘がいますが、それぞれ結婚し、長女と三女は遠方に住んでいます。次女は隣の市で夫と二人の孫と暮らしていて、週末にはよく孫を連れて遊びに来ます。

　責任感が強く決断力もある人で、町内会ではリーダーシップを発揮する信望の厚い人。タバコと仕事の後のお酒が好き。趣味はカラオケとテレビの野球観戦と時代劇。孫の顔を見るのを一番の楽しみにしています。

　前立腺肥大のため頻尿傾向であり、ほかに高血圧と診断され、定期通院と内服薬および食事制限でコントロールしていました。医師からお酒やタバコを控えるよう言われていましたが、「俺はこのままでいいんだ」と言ってなかなか聞き入れませんでした。

＜入院してからのようす＞

　高幡さんは３か月前、農作業中に突然左手・左足に力が入らず、ろれつも回らなくなり、そのまま意識を失って倒れました。救急車で地元の総合病院に運ばれ、脳出血の診断で入院。直後の高幡さんは、左上下肢の不全麻痺で身動きがとれず、構音障害で発語も不明瞭になりましたが、数日後にはリハビリ訓練が開始され、徐々に歩行や言語の機能が回復していきました。

　入院後３か月が過ぎ、医師から「脳の状態は安定し、機能も回復してきたのでそろそろ退院です」と言われました。しかし、自力で何でもできるわけではなく、言葉もスムーズに出てこないのに自宅で暮らすことが困難と考えた妻は、医療ソーシャルワーカーに相談し、地元の介護老人保健施設（以下「老健」）に入所してリハビリを継続したのち、自宅に戻ることとしました。

　介護保険を申請し「要介護２」と認定されました。「大丈夫だ、家に帰る」と言う高幡さんを妻が説き伏せ、Ａ老健に入所しました。

＜入所後の様子＞

　Ａ老健に入所して１か月が経過しました。入所予定期間は３か月。高幡さん夫婦の意向や自宅の様子などを踏まえて「自宅復帰に向けた歩行、排泄の自立」を主な援助方針とするケアプランが立てられました。

　医療面では「脳出血の再発防止に向けた血圧コントロール（入所後の平均は140/96mmHg）、前立腺肥大の経過観察」という方針が立ち、医師、看護師による健康管理と理学療法、作業療法、言語療法を継続しています。１日３回血圧

測定し、食事は減塩食です。

担当介護職員は青柳さん（仮名）です。高幡さんは、訓練中は短下肢装具とＴ字杖を使用して見守り歩行をしていますが、不安定なためフロア内では見守りが必要で、時間を決めて青柳さんが付き添って歩行練習をしています。

通常は車いすを自力操作して移動します。ベッドからの起き上がりや移乗は、柵や手すりにつかまって自力で行います。時々「大丈夫だ、大丈夫だ」と言って装具をつけずに歩行しようとすることがあり、そのような時は決まってバランスを崩して転倒しそうになります。座位時にも時々バランスを崩すことがあります。

排泄は、リハビリパンツと尿取りパッドを着用し、日中はトイレ使用で一部介助、夜間は尿器を自力使用していますが、間に合わず下着などを汚すことも多いです。１日８〜９回の排尿があり、夜間も数回起きますが、今のところ良眠できているようです。

食事は利き手の右手を使って、減塩食を自力摂取。嚥下は問題ありません。入浴は家庭用浴槽を一部介助で使用し、洗顔や歯磨きは右手使用で自立、更衣は一部介助です。衣類は妻が選んだものを好んで着ています。

言葉は、まとまった会話にはなりませんが、短い単語をゆっくりと発音することはでき、妻は何とか高幡さんの言いたいことを理解することができるようになりました。言語機能が回復するにつれ、思っていることがうまく伝わらないせいか、イライラして妻を怒鳴りつけることが多くなりました。

＜退所、自宅復帰に向けて＞

訓練で向上した機能や生活意欲を維持しつつ、退所後の生活をできるだけ高幡さんの意思に沿ったものにするために、青柳さんは新たな介護過程の展開を検討し始めました。高幡さんも妻も自宅復帰への意思はあるのですが、現状では不安な点が多いらしく、妻は「大丈夫、大丈夫と言うけれど、古い家だから段差だらけだし、あんなにフラフラするなら、すぐ転んでしまうのではないかしら？」「私が畑に出ている間、ひとりでトイレに行けるのかしら？」と不安を漏らしています。

高幡 豊さん（仮名）男性（72歳）（たかはた）

〔紙上事例❷で示した情報を、情報収集用紙の項目にそって整理したもの〕

【プロファイルや価値観に関すること】

<情報収集記録用紙>

①	家 族 の 状 況	妻と二人暮らし。3人の娘がいてそれぞれ既婚。長女・三女は遠方に、次女は隣の市で夫、孫二人と4人暮らし。
②	入 所 理 由	脳出血発症後のリハビリ訓練の継続と自宅復帰の準備のため、急性期医療機関から入所。
③	趣 味 や 特 技	趣味：カラオケ、テレビでの野球観戦と時代劇鑑賞
④	安 ら ぎ に 関 す る こ と	週末に孫を連れて遊びに来るのを楽しみにしている。自宅での生活と畑仕事に早く戻りたい。
⑤	誇 り に 関 す る こ と	妻と二人で営む梨農家。町内での信望も厚く、責任感も強い。
⑥	日常生活での自己決定に関すること	決断力と責任感があるが、医師からの健康上のアドバイスを聞き入れないなど、思い込みによる独断と頑固な面もみられる。不安定な歩行状態を自覚せず「大丈夫だ」と言って歩き出し、転倒しそうになることもある。
⑦	生活へのこだわりについて	仕事のあとのお酒とタバコが好き。
⑧	身 だ し な み	妻の選んだものを好んで着ている。更衣は一部介助。
⑨	日常生活で気になること	早く自宅に戻りたい。歩行が不安定。言葉が思うように出てこないせいか、イライラして妻に当たってしまう。
⑩	疾 病 に つ い て	前立腺肥大（内服）、高血圧（血圧測定と内服、食事制限）脳出血による左不全麻痺、構音障害
⑪	要 介 護 度	要介護2

【日常生活行為に関すること】

①	起　　　床	柵や手すりにつかまって自力で行う。
②	更　　　衣	一部介助。座位バランスを崩すことがある。
③	整　　　容	健側（利き手の右手）を使って自立。
④	食　　　事	健側を使って自力摂取可能。減塩食。
⑤	排　　　泄	排尿は1日8〜9回。前立腺肥大による頻尿化傾向。尿取りパッド使用。日中：見守り歩行にてトイレ使用し、自立。移乗や座位時にバランスを崩すことがある。夜間：尿器を自力使用。間に合わず下着を汚すことがある。
⑥	保　　　清	入浴：家庭用浴槽使用で一部介助。洗顔、歯磨き等：健側（右手）使用で自立。
⑦	移　　　動	訓練中：短下肢装具とT字杖使用、見守りにてゆっくり歩行。フロア内：担当介護職が付き添い、時間を決めて廊下で歩行練習。　　　通常は車いすを自力操作で移動。不安定ではあるが移乗も自立。　　　「大丈夫だ」と言って装具をつけずに歩行し始めて転倒しそうになることがある。
⑧	睡　　　眠	夜間、排尿のため数回起きるが、今のところ良眠できている。

<1. アセスメント>

利用者氏名	高幡　豊（仮名）さん	年齢	72歳	性別	男・女	実習生氏名	○○　○○

情報	解釈・関連づけ・統合化	課題（必要な介護）
①「大丈夫だ」「大丈夫だ」と言って、下肢の装具を着けずに歩行しようとする。 ②訓練中は、短下肢装具とT字杖を使用。 ③歩行は不安定で、見守り・付き添いが必要。 ④1日8〜9回の排尿。 ⑤リハビリパンツと尿取りパッドを使用している。 ⑥日中はトイレ使用で一部介助。 ⑦夜間は尿器を自力使用しているが、間に合わず汚すことも多い。 ⑧構音障害があり、思っていることがうまく伝わらないとイライラして、妻を怒鳴りつけることがある。 ⑨短い単語をゆっくりと発音することは可能。 ⑩趣味はカラオケ	1.　①②③より 短下肢装具を装着せずに歩行すると転倒の危険がある。本人は「大丈夫だ」と言っているが、下肢の装具をつけて歩いてもらうようにする。 2.　④⑤⑥⑦より 汚すことを恐れて排尿回数が多くなっていると考えられるが、1日に何回もトイレに行くことになり大変なのではないかと思う。排尿を気にせず落ち着いた生活を送るために、本人が楽しんで集中して行える日中活動を提供していく必要があるかと思う。 3.　⑧⑨⑩より 自分の気持ちをうまく伝えられない状態が続くとストレスが溜まり、発語が少なくなる可能性がある。カラオケが趣味とのことなので、歌を歌いながら発語を促す機会を作り機能を維持していく。	1. 歩行時は、短下肢装具を着け、安全に歩行できるように見守る。 2. 楽しみとなる活動を行い、排泄を気にしないようにする。 3. 現在の発語機能を維持するため、カラオケなどの活動に参加する。

【情報欄への注記】
解釈・関連づけ・統合化で説明している内容を導き出すために必要な情報を、全て記入するように指導します。

【解釈・関連づけ・統合化欄への注記】
解釈・関連づけ・統合化では、現在の状態の「原因」はどこにあるのか、このままではどうなるのか、を考えます。高幡さんの例2では、排尿回数が多い原因はどのような可能性があるのか、このままではどのような状況になる可能性があるのか、排尿回数が多い状況と関連させ、知識を統合して考えるように指導するとよいでしょう。特に、高幡さんの頻尿の原因となる病気については、学生に文献などを調べさせて考えてみるよう助言してもよいでしょう。1と3は、指導者になったつもりで添削してみましょう。

【課題（必要な介護）欄への注記】
解釈・関連づけ・統合化に必要な支援を考えます。高幡さんの例2では、必要な介護が間違っていることに気づくと、高幡さんの排尿の問題は、1の歩行の問題とも関連することも説明しながら、課題を考えるようアドバイスしてください。1と3は、指導者になったつもりで、添削してみましょう。

<1. アセスメント>

職員による記入例

利用者氏名	高幡　豊（仮名）さん	年齢	72歳	性別	男・女

情　報	解釈・関連づけ・統合化	課題（必要な介護）
①脳出血による左右片麻痺がある。 ②高血圧のため降圧剤で血圧コントロール。1日3回血圧測定している。 ③食事は減塩食。 ④3か月間の老健入所後は自宅復帰する予定。 要介護2。 ⑤施設内では短下肢装具とT字杖を使用し、職員の見守りのもとで歩行している。 ⑥トイレに行くときは「大丈夫だ」と言って装具をつけずに歩行しようとし、転倒しそうになることがある。トイレ内でもバランスを崩しやすい。 ⑦妻は自宅で転倒しないように歩行することと、一人でトイレに行けるようになることを期待し、現状に不安を持っている（現在、1日8〜9回）。 ⑧前立腺肥大により、頻尿傾向である（現在、1日8〜9回）。 ⑨リハビリパンツと尿取りパッドを使用。トイレにて一部介助で排尿。 ⑩夜間はベッドで尿器を使用するが、間に合わず汚すことも多い。 ⑪脳出血による構音障害があり、短い単語をゆっくり発音できるレベル。 ⑫イライラして妻を怒鳴りつけることがある。 ⑬趣味はカラオケ、テレビ鑑賞など。 ⑭もともと責任感が強く、町内でもリーダーシップを発揮する信望の厚い人だった。	1. ①②③④より 高血圧が原因で、脳出血を起こしたと考えられる。現在は、減塩食を摂取し、降圧剤を服用して血圧をコントロールしているが、今後も食事管理と内服を確実に行わないと、脳出血が再発する可能性も考えられる。 2. ①④⑤⑥⑦⑧⑨⑩⑭より トイレに行く際、短下肢装具をつけずに歩いてしまうのは、前立腺肥大により頻尿傾向であり、夜間も間に合わずに汚してしまうことがあることから、短下肢装具をつけている間にまにあわなくなって失禁してしまうという焦りや、責任感の強さから、「人に迷惑をかけたくない」という気持ちがあるのではないか。このまま、短下肢装具をつけずにトイレまで歩くことがあれば、バランスを崩し転倒する可能性がある。 3. ①⑫⑬⑭より 妻を怒鳴りつけるのは、構音障害により自分の気持ちをうまく伝えられないことが原因で、そのストレスを妻にぶつけているのだと考えられる。もともと責任感が強く、町内でもリーダーシップを発揮する信望の厚い人であったため、うまく話すことができないことで、他者とのコミュニケーション意欲や発語機能が低下する可能性もある。	1. 血圧の安定により健康状態を維持する。 2. 安全に排泄動作（歩行、トイレ内動作）ができる。 (1) 短下肢装具を装着して歩行の安定を図る。 (2) トイレ内動作の安定を図る。 3. 趣味を生かし、他者との交流を楽しみながら、現在の言語機能の維持向上を図る。 ＊高幡さんの場合、在宅復帰後の生活に向けた援助としては1〜3それぞれ重要であり、介護計画は各項目について立案する。しかし実習時間や実習内容の関係から、実践は2（安定した排泄動作のため、短下肢装具を着実に装着し転倒を防止すること）にしぼって行うこととする。

225

<2. 個別介護計画>　アドバイス前

目標	介護内容
1. 転倒の防止	1－1) 歩行時、短下肢装具を着ける。 　　2) 歩行時は、高幡産の左側について付き添い、歩行を見守る。
2. 楽しみをみつける	2－1) ベッドサイドで将棋を行う。 　　2) 興味を持ちそうな本（写真集など）を何冊か用意し、読んでもらう。 　　3) 車いすで散歩に出かける。
3. 発語機能を維持する	3－1) カラオケクラブに参加を促す。 　　2) 好きな歌を聞き、その歌を歌ってもらう。

介護内容（計画）は、学生記入例は、誰が読んでも同じ行動ができるように、具体的に書きます。

高幡さんの学生記入例は、目標と同じように、学生にアセスメントからやり直しをさせる必要があります。介護内容までを一度書かせてから指導する場合、高幡さんの記入例のように書き直しが多くなくなります。アセスメントの段階で目を通して指導し、その後目標・介護内容を指導する方法もあります。

目標は、課題に記入した内容をもとに、介護職が支援を行うことで、どのような結果（成果）が得られるかを考えて設定します。目標は利用者中心の視点に立ったものなので、主語は利用者になります。また、評価のときの基準となるよう、観察や測定が可能な具体的な内容にします。この例では、2の目標は間違ったアセスメントから導き出された目標です。そのため、1の歩行との関連を含め、学生にアセスメントからやり直しをさせる必要があります。その際、記入例にある「転倒の防止」は主語が利用者ではないので不適切であること、評価ができるように観察・測定可能な内容にするよう指導してください。

学生記入例（修正後）

＜2. 個別介護計画＞　アドバイス後

目標	介護内容
1. 自分自身で服薬管理ができるようにする。	1－1）服薬カレンダーに1回分の薬をセットし、本人に声かけしながら確実に内服するよう促す。 2）面会時には妻にも確認するよう勧める。 3）看護師とともに、妻に血圧測定の方法を説明する。 4）減塩食の摂取状況を確認し、妻にも伝える。栄養士と連携し、妻にも調理可能な自宅復帰後の減塩食メニューを検討する。
2. 安全に排泄動作（歩行、トイレ内動作）ができ、転倒しないようにする。	2（1）歩行の安定 1）歩行時は、短下肢装具を介助にて装着する。 ①歩行時にはナースコールで介護職員を呼ぶようにと説明し、同意を得る。 ②「大丈夫だ」というときは、装具をつけずに歩くことの危険性を説明する。 2）介護者は、高幡さんの左側について付き添い、歩行を見守る。 3）日々の歩行状態を介護日誌に記録し、理学療法（歩行訓練）付き添い時に理学療法士に報告し、生活場面でのアドバイスを受ける。 4）短下肢装具の着脱や歩行の着脱時の見守り時のポイントを妻に説明する。 2（2）トイレ内動作の安定 1）トイレ内での立ち上がり時は、手すりにつかまり、健側に重心を置きながら着座を着いて移動や衣類の上げ下ろしをするよう声かけをする。介護者は本人の左側につき、声かけしながら一部を介助する。 2）体調不良や尿意便意が近い時は、介護者は本人の左側につき、声かけしながら一部を介助する。 3）トイレ内での動作介助について妻に説明する。
3. 趣味を生かし、他者との交流を楽しみながら、現在の言語機能の維持向上を図る。	3－1）日頃から本人の趣味（音楽、野球、時代劇など）に関する話題を提供する。 2）毎週日曜日に行われるカラオケクラブへの参加を促す。 3）終了後に感想や曲にまつわるエピソードを聞く。できるだけ他者と会話ができるように介護者が間に入り会話を助ける。 ＊歌いたくない時は、無理強いしない。ほかの人が歌っているときは手拍子などを促す。参加中の本人の様子を観察する。

※高幡さんの場合、在宅復帰のためには安定した排泄動作ができることが必要となる。そのため、短下肢装具を確実に装着し転倒を防止する必要があると考え、「2（1）」の計画を実践することとする。

227

＜3. 実施・評価＞

介護目標	2. 短下肢装具を着用して安全に歩行でき、転倒しないようにする。	
介護内容	実施・結果	評 価
2 （1）歩行の安定 1）歩行時は、短下肢装具にて装着する。 ①歩行時にはコールで介護職員を呼ぶように説明し、同意を得る。 ②「大丈夫だ」というときは、装具をつけずに歩くことの危険性を説明する。 2）介護者は、高橋さんの左側について付き添い、歩行を見守る。 3）日々の歩行状態を介護日誌に記録し、理学療法（歩行訓練）を添い時に理学療法士に報告し、生活場面でのアドバイスを受ける。 4）短下肢装具の着脱や歩行の見守り時のポイントを妻に説明する。	9月1日（月） 日中、4回ほどコールがある。13時に装具を着けようとすると「大丈夫だ」と言うため、装具を着けずに歩くことは転倒の危険性があることを伝える。ほか家に行くの3回は、特に装具を着けずにトイレまで歩行している。 15時30分から廊下で歩行の練習を行う。ゆっくりではあるが、特にふらつくこともなく歩行している。 9月2日（火） 10時に居室に伺うと、装具を着けずに立ち上がろうとしている。どうしたのか尋ねると、「トイレに行く」とのことであった。装具を着けずに歩くのは危険だと話すと「大丈夫だ」と言って歩こうとする。転倒しそうになる。しぶしぶ装具を着けるのを納得する。 排泄終了後、ベッドに戻り装具を外す際、「歩くときはコールで呼ぶように」伝えるが、返答はなくすぐに横になってしまう。 14時から歩行の練習を行う。昨日よりも早いペースで歩く。危ないので見守られる。いつものペースで歩いていた。 9月3日（水） 日中4回、トイレに行きたいとのことでコールがある。装具を着け、歩行を見守る。特に「大丈夫だ」という訴えはない。 14時から歩行の練習を行い、ふらつくことなく廊下を1往復する。 9月4日（木） 10時と13時にコールがあり、居室に伺うと、装具を着けずにトイレまで歩こうとする。13時には・・・・・・	5日間実践したが、装具を着けずに歩こうとすることが5回ほどあった。説明すれば装具を着けることもあれば、「大丈夫だ」と言って歩き出してしまうこともあり、その際はふらつきも見られ転倒の危険性があった。 歩行練習の時には、特に装具を着けることに抵抗は見られず、トイレに行くときに装具を着けずに歩こうとすることから、トイレは居室内にあり、距離が近いことから装具がなくても大丈夫だと思っている可能性も考えられる。また、排泄の失敗を恐れて焦っていることとも考えられる。 9月2日以外は歩行時にコールがあったので、引き続きこの計画を実施していくとともに、なぜ装具を着けずに歩こうとするのか本人の気持ちを確認していく必要がある。

228

＜高幡豊さん：事例に沿った指導ポイント＞

　構音障害で短い単語をゆっくり発音する高幡さんにとって、自分の気持ちをうまく伝えられないことは相当のストレスになります。回復途上であることから、今後の変化に期待と不安が入り混じっているでしょう。「流ちょうに話したい」と気持ちははやるのに、言葉がなめらかに出てこないことで自信をなくすことも考えられます。

　言語聴覚士は発語機能の回復のために訓練を実施する専門職ですが、介護職は利用者の生活全体を支える専門職です。カラオケなどの機会を提供することはもちろん重要ですが、複雑な心情を抱えているであろう高幡さんの生活を穏やかなものにするためには、もう一歩踏み込んだ観察（情報収集）や解釈が求められます。

　例をあげると、以下のような点です。

○高幡さんにかかわる人（家族や職員）が与えるストレス要因
　→妻との関係だけでなく、ほかの利用者や職員との関係など、ストレス要因と思われるものを幅広く検討します。介護職からの何気ない声かけ、応答や態度がストレスになっていることもあります。人間関係を調整したり、かかわり方を見直したりすることが、高幡さんがリラックスして過ごせるきっかけになる可能性もあります。

○高幡さんの表情の観察
　→言語機能が低下している場合、心情を言葉で表しにくい分、表情や仕草など非言語的な部分を観察し、介護過程の情報として取り込むことが重要です。

○カラオケなどの機会を高幡さんの生活にどのように生かすか
　→カラオケを通じて自然な発語を促し言語機能を維持向上させると同時に、他利用者との交流によってストレスを発散し、多少の障害があっても「話すことが楽しい、話したい」と思えるような心理面も含めた幅広い環境づくりが重要な意味をもちます。

　実習生は、疾患や障害の治癒や回復は医療専門職だけが担っていると考える傾向があります。そのため介護職の計画なのに訓練的な視点のみで立案することも多いようです。健康であれ疾病や障害があれ、それを踏まえて利用者の生活はどのような状態にあるかという視点を忘れずにアセスメントできるよう指導したいものです。

　また、カラオケなどのレクリエーションも、企画そのものが目的になってしまい「その企画を利用者の個別性に合わせてどのように生かすか（どのように

関わるか)」という点が欠けてしまう傾向にあります。高幡さんがカラオケに参加する計画なら、どのように声かけし、どのように誘導し、どんなメンバーでどのようなかかわり方で楽しんでいただくか、実施中はどのような点を観察するか、といった点も考えられるように指導していきたいものです。

9 実習における介護過程の展開とその指導

（1）介護過程の展開における実習指導計画と留意点

　「実習施設・事業等（Ⅱ）」は、一つの施設・事業等において一定期間以上継続して実習を行うなかで、利用者ごとの個別介護計画の作成、実施後の評価やこれを踏まえた計画の修正といった一連の介護過程を、実践することに重点をおいた実習となります。そのため、介護過程の指導体制が整っていることが、実習生を受け入れる一つの条件となります。

　介護過程の展開における実習指導計画とは、学生が実習を通し介護過程の展開を系統的に学ぶことができるよう、指導内容・方法を具体的にまとめたものです。この実習指導計画の存在は、施設内の指導体制づくりや、実習指導者と養成校の教員の指導方法の共有に役立ち、より適切な指導につながります。実習指導計画の一例を（**表5－5**）に紹介します。

　実習指導計画を作成するにあたり、以下の点に留意する必要があります。一つめは、介護過程の展開は、学生一人ひとりの進捗状況に合わせ、実習期間を通しきめ細やかな指導が必要です。実習指導に無理が生じない受け入れ時期や人数を調整することも必要です。二つめは、養成校によって実習期間が異なり、仮に実習期間は同じであっても、介護過程をどの段階まで展開するのかで目標が異なります。養成校の「実習の手引き」等を参考に、指導方法や内容を明記しておく必要があります。三つめは、介護過程の展開について経験と知識を有した実習指導者の必要性です。それは、学生が学内で学んだ、介護過程の展開方法を実践で活かすことができるように、また、その実践を評価できる指導力が求められるからです。これらの留意点について、事前に養成校と話し合い実習指導計画を作成することが大切です。

（2）指導のポイント

①個人情報の保護

　介護過程の展開においては、利用者の状況をより詳細に情報収集し記録に残します。またカンファレンスなどで、互いにその情報を共有しあうケースもあります。したがって、個人情報の取り扱いについて事前にオリエンテーションする必要があります。必要以上の個人情報の収集はプライバシーの侵害にあた

る点も伝える必要があります。また、担当利用者および家族に対しては、学生
への情報提供について同意を得ておく必要があります。

②対象者について

　介護過程の展開は、まず、担当利用者を決定することから始まります。学生
は、実習前の経験や知識をもとに、担当したい利用者像をある程度イメージし
て実習に臨みます。しかし、実習がスタートすると、環境に慣れること、業務
を理解すること、それに加え、短期間で対象者を決定しなくてはならず悩む学
生がいます。特に初めて介護過程を展開する場合は、コミュニケーションが取
れないと情報収集ができないのでは？　自立度が高い利用者の場合、課題（ニー
ズ）はあるのだろうか？　担当することで利用者の負担にならないだろうか？
など、さまざまな不安がよぎります。その場合は、学生の不安を受け止め、対
象者を決める視点や利用者の生活状況についてアドバイスが必要になります。

③アセスメント

　対象者が決定すると、アセスメントに入ります。学生は、学内でさまざまな
事例を通して情報収集の視点や方法を学びます。しかし、それは紙面上の限ら
れた情報になります。実習は、直接、利用者と関わり、膨大な生情報から必要
な情報を収集し理解することになります。そのため、情報を見落とす、逆に表
面的な情報を多く収集することがあります。そのような場合は、学生の記録を
指導する時間を確保し、情報収集の視点についてアドバイスが必要です。学生
は、五感を活用し、利用者との関わりのなかで情報を収集しますが、実習指導
者や職員からの情報も活用するなど、利用者の全体像をつかむことができるよ
う指導します。また、学生は、情報は集めたが、その情報の持つ意味や関連性
を上手く整理できず、課題（ニーズ）が分からないと、悩むことがあります。
それは、情報が不足している、あるいはその事実が生じている背景を考えるこ
とができないなどの原因が考えられます。そのことに、学生自身が気づけるよ
う指導する必要があります。

④個別介護計画立案・実施・評価

　個別介護計画の立案においては、抽出した課題（ニーズ）に優先順位をつけ、
個別介護計画に反映することができない、また、目標のなかでも、特に短期目
標が、評価できる具体的なものが設定できず悩む学生がいます。この場合は優
先順位の考え方や、課題（ニーズ）の解決を阻害している要因について再確認
するよう指導が必要です。また、学生は、実施の成果を求めがちです。利用者
主体の支援が継続されるよう適宜指導が必要です。その際、個別指導とカンファ

レンスなどを活用し他者の意見を聞くことで、実践を振り返ることが効果的です。

　最後に、介護過程の展開における指導は、プロセスの一つひとつにおいて、学生の躓きに早期に気づき指導することが重要です。

表5－5　介護過程実習指導計画（例）

介護過程実習指導計画

実習段階：介護実習Ⅲ
実習期間：2020年○月○日〜○月○日
実習施設：特別養護老人ホーム○○○苑
指導者名：○○　○○　　　　　　　　　　　　　　　　実習生名（　　　　　　　　　　　　　　　　）

日程	課題	実習内容	留意点
実習初日	オリエンテーション	・介護過程実習指導計画の説明 ・介護過程の実習目標の確認 ・担当利用者の決定方法 ・個人情報保護	
1週目 （○月○日〜○月○日）	担当利用者の決定	・各フロアのローテイション ・各利用者の特性や生活状況の理解 ・担当利用者の決定	・担当利用者について報告、相談をする ・振り返りのカンファレンスを実施
2週目 （○月○日〜○月○日）	アセスメント	・担当利用者の情報収集 ・情報収集用紙の作成 ・他職種から利用者の話を聞く ・ケース会議、行事への参加	・情報収集用紙を指導者へ提出・指導を受ける ・不足情報や情報に間違いがある場合は修正し再指導 ・振り返りのカンファレンスを行う
		・アセスメントの実施 ・アセスメント用紙の作成	・アセスメント用紙を指導者へ提出・指導を受ける ・情報の解釈、関連付けなど不適切な場合は修正し再指導 ・振り返りのカンファレンスを行う
3週目 （○月○日〜○月○日）	個別介護計画の立案	・個別介護計画の立案 ・個別介護計画用紙の作成 ・他職種の業務理解	・個別介護計画用紙を指導者へ提出・指導を受ける ・長期・短期目標、援助内容など不適切な場合は修正し再指導 ・振り返りのカンファレンスを行う
4週目 （○月○日〜○月○日）	個別介護計画の実施・評価・修正	・個別介護計画の実施 ・個別介護計画実施記録の作成	・実施において困ったことは適宜指導者に相談する ・個別介護計画実施記録を指導者へ提出・指導を受ける ・振り返りのカンファレンスを行う
		・個別介護計画の評価・修正 ・必要に応じアセスメントを修正 ・必要に応じ個別介護計画を修正	・修正したアセスメント・個別介護計画を提出し指導を受ける
実習最終日	介護過程の展開の振り返り 指導者評価	・介護過程の展開を終えての振り返り（自己評価） ・指導者評価 ・指導上の課題など気づいた点	

第6章

多職種協働および地域における生活支援の実践と指導方法

多職種協働および地域における生活支援の実践と指導方法

学習の内容

　求められる介護福祉士像の実現に向けて、新しいカリキュラムの「領域の目的」、「科目の教育内容のねらい」「教育に含むべき事項」「留意点」を踏まえ、これらを教授するための「教育内容の例」について見直しがされました。

　本章では、実習生が実習を通して学ぶべき「多職種協働の実践」と「地域における生活支援の実践」について解説します。

・第1節では、多職種協働の実践の意義と目的
・第2節では、多職種協働の実践方法と実習生への指導
・第3節では、地域における生活支援の実践の意義と目的
・第4節では、地域における生活支援の実践の方法と指導を理解する内容となっています。

第1節　多職種協働の実践の意義と目的

1　多職種協働の実践

　介護のニーズが高度化・多様化しているなか、多くの国民が自宅等住み慣れた環境での生活を望んでいます。こうしたなか、政府が推進する中長期にわたる基本的な指針である「高齢社会対策大綱」が改訂されました。そのなかで、医療・介護・予防・住まい・生活支援サービスが一体的に提供される地域包括ケアの確立をめざすことが明示され、重度な要介護状態となっても、住み慣れた地域で自分らしい暮らしを人生の最後まで続けることができるよう考えられました。介護・医療・保健の各分野どれも単独では介護を必要とする人の生活を支えることはできません。地域包括ケアを実現するためには、介護・医療・保健の専門職が協働して包括的かつ継続的なケアを提供できる「多職種協働の実践」が必要なのです。

2　介護を取り巻く多職種

　介護を取り巻く多職種とは、「介護を必要とする人に対し、共有した目標に向けてともに働く職種の人」をさします。

　たとえば、医師、歯科医師、看護職、リハビリテーション専門職の医療職、介護福祉職や医療ソーシャルワーカー、介護支援専門員（ケアマネジャー）、

地域包括支援センターの職員である福祉職、さらに、社会福祉機関の職員、民生委員、NPO法人の職員等があげられます。職種として定義すると上記のような専門職に限定されてしまいますが、他方、家族やボランティア団体、自治会のメンバー等インフォーマルな社会資源を含め幅広く捉えることができます。

3　多職種協働で介護を行う意義

多職種協働（Inter professional work）とは、異なる専門性を持った職種が集まり、共有した目標に向けてともに働くことです。介護の現場では一人の利用者に対し、さまざまな立場の視点を生かし、意見交換しながらよりよいケアを追求することが「多職種協働」といえるのではないでしょうか。

たとえば、摂食・嚥下障害のある利用者の食事場面では、食事姿勢の調整や食事形態、嚥下機能や栄養評価等さまざまな視点から捉え、支援する必要があります。職種が違えば、摂食・嚥下障害という現象に対する捉え方や利用者に対するアプローチの方法などに違いがでてきます。視点に違いがあるということをお互いの職種が理解したうえで、それぞれの専門である知識や技術を活かしあい、重層的・包括的な支援を構築できることが多職種協働で介護を行う意義といえます。

また、多職種間で仕事をすることによって、各専門職に求められているものが明確になると同時に、自身の職種の専門性とは何かということもあらためて認識することになるでしょう。「多職種がお互いを理解しあうためには①個々の専門職の役割と機能、②それぞれの専門職の価値と倫理、③個々専門職の基礎となる知識、④それぞれの専門職の倫理的な制裁規定、⑤個々専門職の最近の論点、⑥ソーシャルワーク専門職との重複部分及び緊張関係などについて理解していることが必要です。」[1] 専門職として行える範囲を自覚することが、介護福祉士の専門性についてもより理解を深めることになるのではないでしょうか。

多職種協働の実践方法と実習生への指導

1 実習前の準備

　介護福祉士養成課程新カリキュラムの「介護実習」では「多職種協働の実践」の留意点に、「多職種との協働の中で、介護福祉士としての役割を理解するとともに、サービス担当者会議やケースカンファレンスなどを通じて、多職種連携やチームケアを体験的に学ぶ内容とする。」と示されています。

　そこで実習を受け入れる前の準備として以下3点をあげておきましょう。

（1）実習を受け入れる体制をつくる

　実習指導者は実習に関する実質的な責任者として位置づけがされていますが、実習指導者一人では指導できないことはいうまでもありません。特に、日々の実習にあたるのは介護福祉職員です。さらに、他の専門職や利用者、直接関わらないかもしれませんが、利用者家族も実習生に影響を与えます。たとえば、実習生に自身の紹介文（趣味や特技を含め）を書いてもらい、入居されている利用者や家族の目に留まる廊下や居間に貼りだし、実習生を紹介している高齢者施設があります。施設では、介護福祉士養成の実習だけでなく、看護師やリハ職、栄養士等さまざまな養成校からの実習を受け入れています。利用者家族にとって、日々入れ替わる実習生のことを意識していることは少ないかもしれません。しかし、実習生の紹介文を読むことで、何を目的にどの学校から実習に来ているのか、どんな学生なのかを知る機会となり実習生に話しかけてもらうきっかけとなります。これは、そこで働く他職種の職員にも同様のことがいえます。施設全体で実習を受け入れる体制をつくることで、実習生は安心して実習を行うことができます。

（2）実習受入チームをつくる

　実習指導者を2人体制にしておくことで、日々の指導や介護福祉士養成校教員との連携、あとに記載しているように評価を行うときにも有効です。受入チームを構成するときには、ベテランの職員だけではなく、養成校を卒業して間もない職員を含め幅広い勤務年数の職員で構成することによって、多面的な指導が可能になります。また、実習生の養成校の卒業生をメンバーに入れることで、実習課題についてもスムーズに指導することができるのではないでしょうか。

（3）活用できるマニュアルの作成

　介護実習を受け入れるために、実習マニュアルとプログラムの整備が必要となりました。実習の受け入れフロアによって、また、介護福祉職員によって実習生への指導方法が違うと実習生は混乱します。実習受入チーム全員が統一された指導を行うためにも、「活用できるマニュアル」の整備が必要です。さらに、実習を指導するチームがそのマニュアルを使用して教えることができるようにマニュアルの内容を熟知しておく必要があります。

（4）円滑なコミュニケーションが図れる職場環境づくり

　施設、在宅に関わらず、介護の現場は24時間365日利用者の生活を守る仕事です。そのために時差出勤等の働き方や雇用形態が多様化しています。したがって、部署内、部署間の連絡の共有といったコミュニケーションが特に大切になってきます。

　日ごろから介護・医療の各職種間が「顔の見える」関係で情報共有を行い、人間関係を構築しておくことで、多職種協働の実践が可能となります。さらに、職種の理解を深めあうためにもお互いから学びあう機会を積極的につくることが大切です。

2　多職種協働の実践のための実習生への指導

　多職種協働の実践は、施設のもっている機能や独自性の違いによりさまざまな方法が考えられるでしょう。

　ここでは、カリキュラムで示されている留意点に沿って3点あげておきます。

（1）他職種から学ぶ機会をつくる

　養成校では、介護福祉職を取り巻く他の職種の専門職について調べ、多職種連携の意義と目的、配置基準について学びます。

　様々な職場（看護・栄養・リハビリ等）で実習する機会をつくることによって、養成校で学んだ知識を実践と結びつけることができます。たとえば、利用者・場面を特定し、リハビリ職、管理栄養士、看護師から実際にどのような支援を行っているのかを実習させてもらい、そのなかで職種の役割や介護福祉職との連携方法について学ばせます。それぞれの専門職の職務範囲や限界性を理解することによって、職種の理解を深めることができます。

（2）さまざまなカンファレンスへの参加の機会をつくる。

　カンファレンス（conference）とは、「あるテーマをもって相談・協議・打

ち合わせをする」という意味です。実習期間中にもさまざまなカンファレンス
が行われていることでしょう。

①多職種で行うカンファレンスへの参加

養成校では、さまざまなカンファレンスの目的や運営方法等を学びます。多
職種で行うケアカンファレンスに実習生が参加し、一人の利用者にそれぞれの
職種がどのように関わっているのかを学ぶ機会をつくります。その際、実習指
導者は実習生と同席し、生活支援の専門職として利用者を代弁して発言するこ
との意味と必要性を説明できることが大切です。

②介護福祉職で行うカンファレンスへの参加

介護福祉職が統一したケアを行うためのケースカンファレンス（介護職間の
会議）に実習生を参加させます。生活課題が解決された場合や新たな生活課題
があらわれた場合などにケア方法の評価や見直しを行いますが、個別介護計画
の効果を検討するときのさまざまな視点やケアの統一方法について学ぶことが
できます。

③「実習カンファレンス」を利用する

介護実習で行う評価には「中間カンファレンス」「最終カンファレンス」と
いう実習カンファレンスがあります。そこでは、実習生や実習指導者、担当教
員、に加えて実習先の管理者や他の専門職などが出席する場合があります。実
習生が自己の取り組みをさまざまな角度から振り返り、実習の成果について評
価をします。たとえば、介護過程を展開するために、実習生が収集した利用者
情報の妥当性や介護の方向性、支援内容の適否について検討します。その際、
できる限り複数の職員（介護福祉職及び他の専門職）に出席してもらい、意見
を出してもらうことで、実習生が介護過程について学びを深めることができま
す。

（3）多職種で評価を行う

介護実習の期間が終了すると、総合評価をつけることになります。総合評価
とは、実習施設がつける評価と養成校がつける評価などから、総合的に判断し、
介護実習の最後に行う評価です。実習生が、自分の介護実習はどうであったの
か確認し、その後の取り組みや成長の基礎となり、実習生の人生に大きな影響
を与えるものです。実習評価をつけるときには、多職種協働で行うことが望ま
しいでしょう。

たとえば、デイサービス、訪問介護サービス、小規模多機能居宅介護事業所

というように何日か場所を変えて実習が行われることがあります。その際、そこに関わる職員が評価の一翼を担うことによって、自らが責任を持って実習生を指導する意識にもつながるからです。実習を直接指導した職員や他の職種からも意見を聞き、実習受入チームとして評価をすることが望まれます。

　多職種協働で実習を受け入れるということは、さまざまな視点をもって実習を深めることができる頼もしいチームである反面、それぞれの専門性によって、問題の捉え方や価値観に相違が見られることもが多いことから、合意形成が困難になるなどマイナス点があることも忘れてはなりません。

　対立を避けたいという思いや相手の立場への遠慮から、発言や提案をあきらめてしまうことも少なくありません。どこに見解の相違があるのかを見極め、チームの持つ目標（利用者や家族の目標）を全員で再認識することが重要です。多職種協働の実践においては、実習指導者のマネジメント能力が求められます。

≪引用文献≫
1）日本社会福祉士養成施設協会「社会福祉士のための基礎知識Ⅰ」中央法規出版、2006、251頁

≪参考文献≫
日本社会福祉士養成施設協会「社会福祉士のための基礎知識Ⅰ」中央法規出版、2006年、251頁。
公益社団法人日本介護福祉士会「介護福祉士の教育内容の見直しを踏まえた教授方法等に関する調査研究事業報告書」2019年
公益社団法人日本介護福祉士会「介護実習指導者のためにガイドライン」2019年

1　地域とは

　地域とは、岩波国語辞典第7版によれば、「ある観点からみた一体の、かなり広い土地（の範囲）」のことです。介護福祉士が人の生活を支援する観点からみた「ある一定の土地の範囲」とは、その人にとって「なじみの関係がある範囲」と捉えることが一番わかりやすいのではないでしょうか。その人の行きつけの床屋、散歩の途中に寄る神社、食料品などを買いにいくスーパーといった店や場所がある範囲、道ですれ違えばお互いの顔をみて挨拶をする人が住んでいる、回覧板をまわす、困ったときにお互いに助け合える人がいる範囲が考えられます。また、お祭りなどの文化・風習を共にする範囲があります。「なじみの関係がある範囲」は、地域包括ケアシステムのなかでおおよそ定着している中学校区を一つの単位とする日常生活圏域があります。この日常生活圏域を地理的な特徴や高齢化率、世帯類型の傾向、社会的・経済的側面から捉えることは、地域の特性を理解することにつながります。この日常生活圏域には、地域包括支援センターや障害者の相談支援事業所、地域子育て支援拠点、地域に根差した活動を行う社会福祉法人やNPO法人等があります。また、公民館や福祉のまちづくりセンターなど、地域に住んでいる人の学び合い・助け合いや街づくりのための活動拠点があります。その地域の住んでいる利用者や実習施設は、それぞれに独立した人や機関として存在していますが、お互いに影響を及ぼしあっていることを理解しておきましょう。

2　地域における生活支援の意義と目的

　利用者は、福祉サービスを利用しながら自宅に住んでいる人もいれば、いわゆる福祉施設に住んでいる人もいます。しかし、施設か在宅かという考え方は、人々の多様な住まい方や活躍の場を考える時に障壁となることがあります。一つの例をあげると、施設に住んでいる人の生活の場を施設のなかだけに限定しがちになるということがあります。その人の居場所と活躍の場が施設のなかだけになります。これに対し人は地域を基盤にして多様な場所で生活しているという考え方は、利用者が自分の人生を歩んでいく、その人の能力が十分に発揮され活用していく、その人の生活やその場所で展開される介護の継続性の保障につながります。つまり、連続した空間と時間のなかで介護が展開できるとい

うことです。また、地域で生活するなかで、その人の役割や出番を共に見つけていくことは、サービスの「支え手」「受け手」という関係を超えて、利用者の持つ潜在的な力を引き出し、活用することになります。

　そこで、介護実習では、利用者は地域のなかで暮らしていることを理解し、地域と実習施設がどのように支えあっているのかを学びます。そのためには実習施設のある地域の特性やその地域ならではの文化や行事を知ることが重要です。そしてその地域の特性や文化、行事等と利用者の生活を結びつけてみて下さい。そうすれば、その人の今まで培ってきた出番や地域での役割がみえてきます。そして、介護福祉士が地域に関わることで利用者の暮らしがより充実したものになることを、実習を通じて学ぶことができます。

地域における生活支援の実践と実習生への指導

1 実習前の準備

　地域における生活支援の実践には、二つの側面があります。一つは地域で生活する人という視点で利用者を理解するという面、もう１つは地域における社会資源として実習施設の役割を理解するという面があります。実習施設のある地域の特性はさまざまです。また、地域における社会資源としての実習施設の役割もさまざまです。まずは、実習指導者自らが、地域のなかで自分の所属する施設が他とどのようなつながりを持っているのか、理解しておきましょう。施設は、さまざまな専門職が存在し、また、その人の生活を支えるために必要な設備機器等を備えています。この豊かな資源を地域にどのように提供しているのか、外からの資源をどのように活用しているのかを把握しておきます。これらの準備をして、実習生を迎え入れましょう。実習生は、実習施設周辺の地域環境や社会資源、文化や歴史を事前に学習しているはずです。実習指導者は、学生が実習施設のある地域について、どのような事前学習をしているのかを、事前オリエンテーションなどを通じて知っておきましょう。また、養成校が行う実習連絡会（実習懇談会）等を通じて、他の実習施設が何をどのように教えているのかの情報を得ておくと、自施設の特徴の理解や実習生へのより良い指導に役立つでしょう。

2 地域で生活をする人という視点で利用者を理解する

　地域で生活をする人という視点で利用者を理解するには、以下の三つの視点が考えられます。

①これまで地域で生活してきた人として利用者を捉える

　実習生は、利用者の生活歴、地域の風習や文化に基づくこだわり、思い出などを、コミュニケーションや実習施設の記録のなかから集め、その人の理解に役立てていきます。事前の学習が不十分であったり、実習生が利用者と上手く話ができなかったりする時は、指導者が間に入って、その人の思い出を語ってもらいやすい雰囲気をつくっていくとよいでしょう。また、実習の振り返りでは、実習指導者は意識して、地域と利用者の暮らしの関係について学んだこと

を実習生に話してもらい、そのなかで大切なことをフィードバックしていきましょう。実習生は、特に実習の最初の段階では、その人と話ができたかどうか、その人の気持ちを理解できたかどうか、自分の対応がどうだったかといった振り返りが主となります。その時には、コミュニケーションの技法の振り返りもしながら、地域で生活をする人という視点で利用者を理解できるように指導していきます。

②自宅での暮らしに戻る（暮らし続ける）人として利用者を捉える

　介護老人保健施設は、在宅復帰を支援する施設として位置付けられています。また、介護老人福祉施設でも在宅復帰に取り組むところがあります。障害者の制度・施策も、施設から地域に生活の場所を移行できるように、制度設計がなされています。実習生は利用者が施設を退所した後、どのような生活をするのか、地域生活を支えるサービス計画はどのようなものか、本人の願い、周囲の人との関わりなどの説明を受けながら理解していきます。地域に戻るためのサービス担当者会議等に出席できれば、より理解は深まるでしょう。また、地域での生活を見据えて、現在行われている介護をどのように工夫しているのか、学生に説明することも大切です。

③施設に入所していても、地域の一員として利用者を捉える

　実習施設は、地域にひらかれたさまざまな事業・行事を行っています。たとえば、施設で行われる夏祭りはその代表的なものです。利用者やその家族はもちろん、地域住民の方も参加して、お祭りを楽しむ風景は、施設規模の大小を問わず、多くみられる風景です。また、レストランや喫茶店等地域の人に施設が開かれていることもあります。地域の人々は施設のことを身近に感じているか、また身近に感じてもらえるようにどのような工夫を行っているのか、機会があれば行事に参加し、体験できるようにするとよいでしょう。また、地域で開催される行事やイベントに、利用者が役割をもって参加できるように支援し、その場に実習生が同行することで、広い視点での生活支援技術を学ぶ機会がえられます。たとえば、小学生の登校時の見守りをする介護老人福祉施設の利用者がいます。その場に実習生が参加することで、サービスの受け手のみではない利用者像を明確に持つことができます。地域のなかでその人の役割と出番があることが、潜在力を引き出すことにつながると理解できるのです。

　また、利用者の生活や人との交流が、実習施設のなかだけで完結してはいないことも学んでもらいたいことです。たとえば、買い物や外出といった機会をどのように保障しているのか、家族や親族、友人・ボランティア等といった交流、また地域の人が施設に訪れる機会について、その場所に参加してもらいな

がら、学べるように実習のプログラムを工夫するとよいでしょう。施設に入所することで地域とのつながりが途切れないように介護福祉士がどのような役割を担っているか、学ぶ機会をつくります。

3 地域における社会資源としての実習施設の役割を理解する

①施設のある地域の特性や文化を知る

　実習指導者は、デイサービスやショートステイの送迎などの機会を利用し、実習施設周辺の地域環境や資源について説明を行います。昔から住んでいる住民が多い地域、ここ20年ほどの間に宅地造成がされた新しい町、商店街と住宅が混在しそのなかに施設があるなど、さまざまな特徴があると思います。また、水害が昔から多い、中山間地域である、二つの川に挟まれた台地である等、地理的な特徴もあると思います。さらに、その地域に根づいているお祭り等を理解し、人々をつなぐものが、何に基づいているのかを学べるとよいでしょう。また、そこに住む人は自分達の住んでいる地域の魅力をどう捉えているのか知ると、地域の特性がみえてきます。人が多く利用しているさまざまな社会資源やその社会資源と実習施設のつながりを実習生に説明するのもよいでしょう。さらに、地域活動が盛んな地域か、防災活動などで助け合う関係づくりができているかといったことについて理解できると、地域社会における実習施設の役割につなげることができるでしょう。

②地域社会における実習施設の役割を考える

　実習施設が展開しているサービスを理解することが最初です。多くの実習生は事前学習で、その施設がどのようなサービスを展開しているのかを知っていることでしょう。そのサービスの見学・参加を通じて、利用者のどのようなニーズに応えているのか、そのサービスを展開するうえで実習施設の理念は何かを理解します。そのうえで、利用者のより良い地域での生活を支えるために、他の社会資源とのつながりはどうなっているのかを学んでいきます。たとえば、地域の社会福祉施設が一同に集まってお祭り等のイベントを行っている場合があります。このお祭り等を通じて、他の施設と顔のみえる関係がつくられる、地域の人たちに色々なサービスがあることを理解してもらえます。福祉の理念に基づく地域での活動について、考えるよい機会となります。また、この他の社会資源とは、他の福祉サービスや社会福祉関係者だけではなく、たとえば施設近くの商店、小学校、消防署、交番や警察なども含みます。それぞれの社会資源と普段どのような関わりをもっているのか、指導者からの説明等を通じて、

そこから地域社会における役割がみえてきます。

　施設が地域の拠点になるために、介護福祉士が地域の課題にどのように取り組んでいるかを、実習を通じて学ぶ機会が必要です。介護福祉士は、多くの場合、介護保険制度など制度を介して利用者と出会います。しかし、介護を必要とする利用者やその家族のなかには、まだ制度と上手くつながっていない人がいることも考えられます。施設や事業所が、助けてほしいと自分から発信できない人にどうアプローチしているのか、また、地域の福祉ニーズを知るために、どの機関と連携をとっているのか、情報をどのような形で交換・共有しているのかを学生に説明しましょう。そして、施設を地域に開放する、介護福祉士が地域に出向き講座を行う、災害時における避難所など、施設が地域にとっての社会資源であることを学ぶ機会をもちます。実習施設で開催される行事やイベントに地域の方の参加を呼びかけ、企画や運営に実習生も参加する機会をもち、そこで介護福祉士が専門性をどのように発揮しているかを学ぶ機会をもちます。

　さらに、地域への情報発信の意義について学ぶ機会があればと思います。実習施設は、地域に配布しているニュースレターや家族への手紙を通じて、またSNSを活用するなど広報活動を行っています。それらをみながら、実習施設の広報活動の必要性やわかりやすい情報発信について、考える機会にしましょう。

　実習施設は、さまざまな職種の人が働いています。また、生活をするために設備・建築物があり、それらは地域にとっては貴重な財産であると考えます。この貴重な財産を地域の人とどのように共有しているのかを知ることにより、介護福祉士に求められる役割も理解できるようになることを期待します。

　実習指導者一人で地域における生活支援の実践を指導することはとても大変なことです。共通の目標をもち、実習指導チームのなかで役割分担をしつつ、チームで実習生を育てていくことを願います。また、学び方も、利用者に直接関わりながら学んでいく方法と、その場をみてもらいながら（会議等に参加しながら）説明をする、もしくは資料の説明にて学ぶという方法もあります。どの方法が効果的か、学生がなにをどこまで学んでいるのか、実習記録や反省会のなかから探っていく姿勢が求められます。

≪参考文献≫
岩間伸之・原田正樹『地域福祉援助をつかむ』有斐閣、2012年
一般社団法人日本社会福祉士養成校協会実習委員会『相談援助実習・実習指導ガイドラインおよび評価表』平成25年11月20日

介護福祉士養成講座編集委員会編『最新　介護福祉士養成講座10　介護総合演習・介護実習』
　　中央法規、2019年

公益社団法人日本介護福祉士養成施設協会『介護福祉士養成課程における修得度評価基準
　　の策定等に関する調査研究事業報告書』　平成31年3月

松本短期大学介護福祉学科『2019年度　松本短期大学介護福祉学科　介護実習要項』2019
　　年3月

資料編

介護福祉士養成課程新カリキュラム

介護福祉士の教育内容の見直しを踏まえた教授方法等に関する調査研究事業報告書「介護福祉士養成課程新カリキュラム教育方法の手引き」公益社団法人日本介護福祉士養成施設協会、2019年3月

（領域の目的・教育内容のねらい・教育に含むべき事項・留意点・想定される教育内容の例）

1 領域：人間と社会

■想定される教育内容の例 （1）人間の尊厳と自立

領域の目的：人間と社会
1．福祉の理念を理解し、尊厳の保持や権利擁護の視点及び専門職としての基盤となる倫理観を養う。 2．人間関係の形成やチームで働く力を養うための、コミュニケーションやチームマネジメントの基礎的な知識を身につける。 3．対象者の生活を地域の中で支えていく観点から、地域社会における生活とその支援についての基礎的な知識を身につける。 4．介護実践に必要な知識という観点から、社会保障の制度・施策についての基礎的な知識を身につける。 5．介護実践を支える教養を高め、総合的な判断力及び豊かな人間性を養う。

教育内容のねらい：人間の尊厳と自立
人間の理解を基礎として、尊厳の保持と自立について理解し、介護福祉の倫理的課題への対応能力の基礎を養う学習とする。

教育に含むべき事項	留意点	想定される教育内容の例	
①人間の尊厳と人権・福祉理念	人権思想・福祉理念の歴史的変遷を理解し、人間の尊厳・人権尊重及び権利擁護の考え方を養う内容とする。	1) 人間の尊厳と利用者主体	・人間の多面的理解 ・人間の尊厳 ・利用者主体の考え方、利用者主体の実現
		2) 人権・福祉の理念	・人権思想の歴史的展開（偏見、差別、ジェンダー、性など）と人権尊重（生存権、自由権、平等権など） ・福祉理念の変遷（優生思想、保護思想、ノーマライゼーション、IL運動、ソーシャルインクルージョンなど） ・福祉課題の変遷（貧困、障害、子ども、高齢など）
		3) ノーマライゼーション	・ノーマライゼーションの考え方、ノーマライゼーションの実現など
		4) QOL	・QOL（生命・生活・人生の質）の考え方 ・生命倫理（遺伝子診断など、死生観、QOD（死の質）など）
②自立の概念	人間にとっての自立の意味と、本人主体の観点から、尊厳の保持や自己決定の考え方を理解する内容とする。	1) 自立の概念	・自立の考え方 ・身体的・心理的・社会的な自立
		2) 自立生活	・自立生活の理念と意義 ・ライフサイクルに応じた生活の自立 ・自立生活におけるニーズ
		3) 尊厳の保持と自立のあり方	・自己決定、自己選択 ・意思決定 ・インフォームド・コンセント、インフォームド・アセント ・リビング・ウィル ・権利擁護、アドボカシー

■想定される教育内容の例 （2）人間関係とコミュニケーション

領域の目的: 人間と社会

1. 福祉の理念を理解し、尊厳の保持や権利擁護の視点及び専門職としての基盤となる倫理観を養う。
2. 人間関係の形成やチームで働く力を養うための、コミュニケーションやチームマネジメントの基礎的な知識を身につける。
3. 対象者の生活を地域の中で支えていく観点から、地域社会における生活とその支援についての基礎的な知識を身につける。
4. 介護実践に必要な知識という観点から、社会保障の制度・施策についての基礎的な知識を身につける。
5. 介護実践を支える教養を高め、総合的な判断力及び豊かな人間性を養う。

教育内容のねらい: 人間関係とコミュニケーション

(1) 対人援助に必要な人間の関係性を理解し、関係形成に必要なコミュニケーションの基礎的な知識を習得する学習とする。
(2) 介護の質を高めるために必要な、チームマネジメントの基礎的な知識を理解し、チームで働くための能力を養う学習とする。

教育に含むべき事項	留意点	想定される教育内容の例	
①人間関係の形成とコミュニケーションの基礎	人間関係を形成するために必要な心理学的支援を踏まえたコミュニケーションの意義や機能を理解する内容とする。	1) 人間関係と心理	・自己覚知、他者理解、ラポール、自己開示 ・パーソナリティ ・グループダイナミックスの活用
		2) 対人関係とコミュニケーション	・コミュニケーションの意義・目的 ・コミュニケーションの特徴・過程 ・コミュニケーションを促す環境 ・アサーティブネス（自他を尊重した自己表現） ・ポライトネス（相手を尊重する言語的配慮） ・対人関係とストレス
		3) コミュニケーション技法の基礎	・物理的、心理的距離（パーソナルスペース）の理解、相談や意見を述べやすい環境の整備 ・受容、共感、傾聴 ・相談面接の基礎（バイステックの原則、マイクロカウンセリング、感情の転移・逆転移など） ・言語的コミュニケーション ・非言語的コミュニケーション
		4) 組織におけるコミュニケーション	・組織の中におけるコミュニケーションの特徴 ・組織における情報の流れとネットワーク
②チームマネジメント	介護実践をマネジメントするために必要な組織の運営管理、人材の育成や活用等の人材管理、それらに必要なリーダーシップ・フォロワーシップ等、チーム運営の基本を理解する内容とする。	1) 介護サービスの特性と求められるマネジメント	・介護サービスと他サービスとの相違点 　ヒューマンサービスの特徴・特性 　倫理・専門性を持つことの意義
		2) 組織と運営管理	・福祉サービスの組織の機能と役割 　組織とは 　福祉サービスの組織の機能 　法人理念、経営理念 ・組織の構造と管理 　組織の成り立ち・構造 　チームとリーダー 　組織の経営・運営管理の視点 ・コンプライアンスの遵守
		3) チーム運営の基本	・チームの機能と構成 ・リーダーシップ、フォロワーシップ ・リーダーの機能と役割 ・業務課題の発見と解決の過程（PDCAサイクルなど）
		4) 人材の育成と管理	・人材育成の方法系 　教育体系（OJT、Off-JT） 　ティーチング、コーチング 　スーパービジョン、コンサルテーション 　キャリア支援・開発、キャリアデザイン ・モチベーションマネジメント

■想定される教育内容の例 （3）社会の理解

領域の目的: 人間と社会

1. 福祉の理念を理解し、尊厳の保持や権利擁護の視点及び専門職としての基盤となる倫理観を養う。
2. 人間関係の形成やチームで働く力を養うための、コミュニケーションやチームマネジメントの基礎的な知識を身につける。
3. 対象者の生活を地域の中で支えていく観点から、地域社会における生活とその支援についての基礎的な知識を身につける。
4. 介護実践に必要な知識という観点から、社会保障の制度・施策についての基礎的な知識を身につける。
5. 介護実践を支える教養を高め、総合的な判断力及び豊かな人間性を養う。

教育内容のねらい: 社会の理解

(1) 個や集団、社会の単位で人間を理解する視点を養い、生活と社会の関係性を体系的に捉える学習とする。
(2) 対象者の生活の場としての地域という観点から、地域共生社会や地域包括ケアの基礎的な知識を習得する学習とする。
(3) 日本の社会保障の基本的な考え方、しくみについて理解する学習とする。
(4) 高齢者福祉、障害者福祉及び権利擁護等の制度・施策について、介護実践に必要な観点から、基礎的な知識を習得する学習とする。

教育に含むべき事項	留意点	想定される教育内容の例	
①社会と生活のしくみ	個人・家族・地域・社会のしくみと、地域における生活の構造について学び、生活と社会の関わりや自助・互助・共助・公助の展開について理解する内容とする。	1) 生活の基本機能	・生活の概念 ・ライフステージ、ライフサイクル ・ライフコース ・家庭生活の機能（生産・労働、教育・養育、保健・福祉、生殖、安らぎ・交流など）
		2) ライフスタイルの変化	・雇用労働の進行、女性労働の変化、雇用形態の変化 ・少子化、健康寿命の延長 ・余暇時間、ワーク・ライフ・バランス、働き方改革の背景 ・生涯学習、地域活動への参加
		3) 家族	・家族の概念 ・家族の構造と形態 ・家族の機能、役割 ・家族観の多様性 ・家族の変容
		4) 社会、組織	・社会、組織の概念 ・社会、組織の機能、役割 ・ソーシャルネットワーク、ソーシャルキャピタル ・グループ支援、組織化
		5) 地域、地域社会	・地域、地域社会の概念 ・コミュニティの概念 ・地域社会の集団、組織 ・産業化・都市化、過疎化と地域社会の変化
		6) 地域社会における生活支援	・ソーシャルサポート ・福祉の考え方（福祉の制度化、多元化など） ・地域社会の集団、組織による生活支援（フォーマルサービス・インフォーマルサポート） ・自助・互助・共助・公助

教育に含むべき事項	留意点	想定される教育内容の例	
②地域共生社会の実現に向けた制度や施策	地域共生社会や地域包括ケアシステムの基本的な考え方としくみ、その実現のための制度・施策を理解する内容とする。	1) 地域福祉の発展	・地域福祉の理念 ・地域福祉の推進
		2) 地域共生社会	・地域共生社会の理念（ソーシャル・インクルージョンなど） ・多文化社会と多文化共生社会 ・地域共生社会の実現にむけた取り組み
		3) 地域包括ケア	・地域包括ケアの理念 ・地域包括ケアシステム
③社会保障制度	社会保障制度の基本的な考え方としくみを理解するとともに、社会保障の現状と課題を捉える内容とする。	1) 社会保障の基本的な考え方	・社会保障の概念と範囲 ・社会保障の役割と意義 ・社会保障の理念
		2) 日本の社会保障制度の発達	・日本の社会保障制度の基本的な考え方、憲法との関係 ・戦後の緊急援護と社会保障の基盤整備 ・国民皆保険、国民皆年金 ・社会福祉法 ・社会福祉六法 ・社会福祉基礎構造改革
		3) 日本の社会保障制度のしくみの基礎的理解	・社会保障の行政組織 ・社会保障の財源 ・社会保険の特徴・種類、民間保険制度 ・社会扶助、社会福祉、公衆衛生の特徴・種類
		4) 現代社会における社会保障制度の課題	・人口動態の変化、少子高齢化 ・社会保障の給付と負担 ・社会保障費用の適正化・効率化 ・持続可能な社会保障制度 ・地方分権、社会保障構造改革、社会保障と税の一体改革、医療と介護の一体的な改革、子ども・子育て支援の充実
④高齢者福祉と介護保険制度	高齢者福祉制度の基本的な考え方としくみ、介護保険制度の内容を理解し、高齢者福祉の現状と課題を捉える内容とする。	1) 高齢者福祉の動向	・高齢者の現状 ・支援者の状況
		2) 高齢者福祉に関連する法律と制度	・高齢者福祉関連法制の概要（高齢社会対策基本法、老人福祉法、介護保険法、高齢者の医療の確保に関する法律など） ・高齢者福祉法制度の歴史的変遷
		3) 介護保険法	・介護保険法の目的 ・保険者及び国、都道府県の役割 ・被保険者 ・財源と利用者負担 ・要介護認定・要支援認定 ・保険給付サービスの種類・内容・利用手続き ・サービス事業者・施設（居宅サービス、地域密着型サービス、施設サービス） ・地域支援事業、地域包括支援センター、地域ケア会議 ・介護保険制度におけるケアマネジメント（居宅介護支援、介護予防支援、施設介護支援）と介護支援専門員

教育に含むべき事項	留意点	想定される教育内容の例	
⑤障害者福祉と障害者保健福祉制度	障害者福祉制度の基本的な考え方としくみ、障害者総合支援法の内容を理解し、障害者福祉の現状と課題を捉える内容とする。	1) 障害者福祉の動向	・障害者の現状 ・支援者の状況
		2) 障害の法的定義	・障害児・者の法的定義 ・障害別の法的定義
		3) 障害者福祉に関連する法律と制度	・障害福祉関連法制の概要（障害者権利条約、障害者差別解消法、障害者基本法、身体障害者福祉法、知的障害者福祉法、精神保健福祉法、発達障害者支援法、児童福祉法（障害児支援関係）、障害者総合支援法、身体障害者補助犬法、医療観察法など） ・障害者福祉法制度の歴史的変遷
		4) 障害者総合支援法	・障害者総合支援法創設の背景及び目的 ・市町村、都道府県、国の役割 ・自立支援給付と地域生活支援事業 ・財源と利用者負担 ・障害支援区分認定 ・障害福祉サービスの種類・内容・利用手続き ・協議会など地域のネットワーク ・障害者総合支援法におけるケアマネジメント（相談支援）と相談支援専門員
⑥介護実践に関連する諸制度	人間の尊厳と自立に関わる権利擁護や個人情報保護等、介護実践に関連する制度・施策の基本的な考え方としくみを理解する内容とする。	1) 個人の権利を守る制度の概要	・社会福祉法における権利擁護のしくみ ・個人情報保護に関する制度 ・成年後見制度 ・日常生活自立支援事業 ・消費者保護に関する制度 ・児童・障害者・高齢者の虐待防止に関する制度（児童虐待防止法、障害者虐待防止法、高齢者虐待防止法） ・DV防止に関する制度（DV防止法）
		2) 地域生活を支援する制度や施策の概要	・バリアフリー新法 ・高齢者住まい法 ・障害者や高齢者の雇用促進法 ・生活困窮者自立支援法 ・認知症施策 ・災害要援護者対策 ・自殺対策
		3) 保健医療に関する施策の概要	・医療保険制度 ・高齢者保健医療制度と特定健康診査など ・生活習慣病予防、その他健康づくりのための施策 ・難病対策 ・結核・感染症対策 ・HIV／エイズ予防対策 ・薬剤耐性対策
		4) 介護と関連領域との連携に必要な制度	・医療関係法規（医療関係者、医療関係施設） ・行政計画（地域福祉計画、老人福祉計画、障害福祉計画、医療介護総合確保推進法に規定する計画など）の関連性
		5) 生活保護制度の概要	・生活保護法の目的 ・保護の種類と内容 ・保護の実施機関と実施体制

2 領域：介護

■想定される教育内容の例 （4）介護の基本

領域の目的：介護

1. 介護福祉士に求められる役割と機能を理解し、専門職としての態度を養う。
2. 介護を実践する対象、場によらず、様々な場面に必要とされる介護の基礎的な知識・技術を習得する。
3. 本人、家族等との関係性の構築やチームケアを実践するための、コミュニケーションの基礎的な知識・技術を習得する。
4. 対象となる人の能力を引き出し、本人主体の生活を地域で継続するための介護過程を展開できる能力を養う。
5. 介護実践における安全を管理するための基礎的な知識・技術を習得する。
6. 各領域で学んだ知識と技術を統合し、介護実践に必要な観察力・判断力及び思考力を養う。

教育内容のねらい：介護の基本

介護福祉の基本となる理念や、地域を基盤とした生活の継続性を支援するためのしくみを理解し、介護福祉の専門職としての能力と態度を養う学習とする。

教育に含むべき事項	留意点	想定される教育内容の例	
①介護福祉の基本となる理念	複雑化・多様化・高度化する介護ニーズ及び介護福祉を取り巻く状況を社会的な課題として捉え、尊厳の保持や自立支援という介護福祉の基本となる理念を理解する内容とする。	1) 社会の変化と介護福祉の歴史	・制度化以前の介護 ・家族機能の変化 ・地域社会の変化 ・介護需要の増加 ・介護福祉の発展
		2) 介護の社会化	・介護問題の複雑化・多様化 ・介護従事者の多様化 ・地域社会を支える介護
		3) 介護福祉の基本理念	・尊厳を支える介護（ノーマライゼーション、QOL） ・自立を支える介護（自立支援、利用者主体）
②介護福祉士の役割と機能	地域や施設・在宅の場や、介護予防や看取り、災害時等の場面や状況における、介護福祉士の役割と機能を理解する内容とする。	1) 介護福祉士の定義	・社会福祉士及び介護福祉士法（定義、義務、名称独占、登録のしくみ） ・介護福祉士資格取得者の状況
		2) 介護福祉士の機能と役割	・介護福祉士の機能（介護人材の中核となるリーダーとしての役割） ・介護人材のキャリアパス ・教育研修体制、生涯研修（自己研鑽）
		3) 介護福祉士の活動の場と役割	・地域共生社会と介護福祉士の役割 ・介護予防と介護福祉士の役割 ・災害と介護福祉士の役割 ・人生の最終段階と介護福祉士の役割 ・医療的ケアと介護福祉士の役割
		4) 介護福祉士を支える団体	・職能・学術団体の意義 ・日本介護福祉士会 ・日本介護福祉士養成施設協会 ・日本介護福祉学会 ・日本介護福祉教育学会など
③介護福祉士の倫理	介護福祉の専門性と倫理を理解し、介護福祉士に求められる専門職としての態度を形成するための内容とする。	1) 専門職の倫理	・職業倫理の意義 ・法令遵守 ・日本介護福祉士会倫理基準（行動規範）

教育に含むべき事項	留意点	想定される教育内容の例		
④自立に向けた介護	ICF の視点に基づくアセスメントを理解し、エンパワメントの観点から、個々の状態に応じた自立を支援するための環境整備や介護予防、リハビリテーション等の意義や方法を理解する内容とする。	1）介護福祉における自立支援の意義	・自立支援の考え方 ・利用者理解の視点（ICF、エンパワメント、ストレングス） ・意思決定支援	
		2）生活意欲と活動	・社会参加（役割、趣味、レクリエーションなど） ・アクティビティ	
		3）介護予防	・介護予防の意義、考え方（栄養、運動、口腔ケア）	
		4）リハビリテーションと介護福祉	・生活を通したリハビリテーション ・リハビリテーションと介護予防 ・ADL、IADL	
		5）就労支援	・働くことの意義 ・就労支援と介護福祉	
		6）自立と生活支援	・家族、地域との関わり ・生活環境の整備 ・バリアフリーとユニバーサルデザイン ・福祉のまちづくり	
⑤介護を必要とする人の理解	介護を必要とする人の生活の個別性に対応するために、生活の多様性や社会との関わりを理解する内容とする。	1）生活の個別性と多様性	・生活の個別性と多様性の理解（生活史、価値観、生活習慣、生活様式・リズムなど）	
		2）高齢者の生活	・高齢者の生活の個別性と多様性の理解 ・生活を支える基盤（経済・制度・健康など） ・生活ニーズ ・家族、地域との関わり ・働くことの意味と地域活動	
		3）障害者の生活	・障害者の生活の個別性と多様性の理解 ・生活を支える基盤（経済・制度・健康など） ・生活ニーズ ・家族、地域との関わり ・働くことの意味と地域活動	
		4）家族介護者の理解と支援	・家族が介護することの意義 ・家族介護者を支える意義と支援のあり方 ・介護者家族の会の活動	
⑥介護を必要とする人の生活を支えるしくみ	介護を必要とする人の生活を支えるという観点から、介護サービスや地域連携等、フォーマル・インフォーマルな支援を理解する内容とする。	1）介護を必要とする人の生活を支えるしくみ	・地域の理解と連携の意義 ・ケアマネジメントの考え方 ・地域包括ケアシステム	
		2）介護を必要とする人の生活の場とフォーマルな支援の活用	・生活の拠点（住まい） ・介護保険サービスの活用 ・障害福祉サービスの活用	
		3）インフォーマルな支援の活用	・インフォーマルサポートの役割	

254

教育に含むべき事項	留意点	想定される教育内容の例	
⑦協働する多職種の役割と機能	多職種協働による介護を実践するために、保健・医療・福祉に関する他の職種の専門性や役割と機能を理解する内容とする。	1) 多職種の役割と専門性の理解	・医療・保健の役割と専門性 ・福祉職の役割と専門性 ・栄養・調理職の役割と専門性 ・その他の関連職種
		2) 多職種連携の意義と課題	・チームアプローチの意義と目的 ・チームアプローチの具体的展開
⑧介護における安全の確保とリスクマネジメント	介護におけるリスクマネジメントの必要性を理解するとともに、安全の確保のための基礎的な知識や事故への対応を理解する内容とする。	1) 介護における安全の確保	・介護事故と法的責任 ・危険予知と危険回避（観察、正確な技術、予測、分析、対策など） ・介護におけるリスク（住宅内事故、介護事故、災害、社会的リスクなど） ・リスクマネジメントの意義・目的
		2) 事故防止、安全対策	・ヒヤリハット ・防火・防災・減災対策と訓練 ・緊急連絡システム ・利用者の生活の安全（セーフティマネジメント）
		3) 感染対策	・感染予防の意義と目的 ・感染予防の基礎知識と技術 ・感染症対策
		4) 薬剤の取扱いに関する基礎知識と連携	・安全な薬物療法を支える視点（ポリファーマシー） ・薬剤耐性の知識（薬剤耐性対策） ・医師法第17条及び保助看法第31条の解釈（通知）に基づく内容
⑨介護従事者の安全	介護従事者自身が心身ともに健康に、介護を実践するための健康管理や労働環境の管理について理解する内容とする。	1) 介護従事者を守る団体と法制度	・労働基準法と労働安全衛生法
		2) 介護従事者を守る環境の整備	・労働安全と環境整備（育休・介護休暇） ・労働者災害
		3) 介護従事者の心身の健康管理	・心の健康管理（ストレスとストレスマネジメント、燃え尽き症候群、感情労働） ・身体の健康管理（感染予防と対策、腰痛予防と対策、作業環境の整備など） ・労働の環境を改善する視点 ・労働組合

■想定される教育内容の例　（5）コミュニケーション技術

領域の目的: 介護

1. 介護福祉士に求められる役割と機能を理解し、専門職としての態度を養う。
2. 介護を実践する対象、場によらず、様々な場面に必要とされる介護の基礎的な知識・技術を習得する。
3. 本人、家族等との関係性の構築やチームケアを実践するための、コミュニケーションの基礎的な知識・技術を習得する。
4. 対象となる人の能力を引き出し、本人主体の生活を地域で継続するための介護過程を展開できる能力を養う。
5. 介護実践における安全を管理するための基礎的な知識・技術を習得する。
6. 各領域で学んだ知識と技術を統合し、介護実践に必要な観察力・判断力及び思考力を養う。

教育内容のねらい: コミュニケーション技術

対象者との支援関係の構築やチームケアを実践するためのコミュニケーションの意義や技法を学び、介護実践に必要なコミュニケーション能力を養う学習とする。

教育に含むべき事項	留意点	想定される教育内容の例	
①介護を必要とする人とのコミュニケーション	本人の置かれている状況を理解し、支援関係の構築や意志決定を支援するためのコミュニケーションの基本的な技術を習得する内容とする。	1) 介護を必要とする人とのコミュニケーション	・信頼関係の構築 ・介護実践の基盤 ・共感的理解と意思決定支援
		2) コミュニケーションの実際	・話を聴く技術 ・感情を察する技術 ・意欲を引き出す技術 ・意向の表出を支援する技術 ・納得と同意を得る技術
②介護における家族とのコミュニケーション	家族の置かれている状況・場面を理解し、家族への支援やパートナーシップを構築するためのコミュニケーションの基本的な技術を習得する内容とする。	1) 家族とのコミュニケーション	・信頼に基づく協力関係の構築 ・介護実践の基盤 ・家族の意向の表出と気持ちの理解
		2) 家族とのコミュニケーションの実際	・情報共有 ・話を聴く技術 ・本人と家族の意向を調整する技術
③障害の特性に応じたコミュニケーション	障害の特性に応じたコミュニケーションの基本的な技術を習得する内容とする。	1) 障害の特性に応じたコミュニケーションの実際	・視覚障害がある人とのコミュニケーション ・聴覚・言語障害がある人とのコミュニケーション ・認知・知的障害がある人とのコミュニケーション ・精神障害がある人とのコミュニケーション
④介護におけるチームのコミュニケーション	情報を適切にまとめ、発信するために、介護実践における情報の共有化の意義を理解し、その具体的な方法や情報の管理について理解する内容とする。	1) チームのコミュニケーションの意義	・介護職チームのコミュニケーションの意義・目的 ・多職種間のコミュニケーションの意義・目的
		2) チームコミュニケーションの実際	・報告・連絡・相談の実際 ・会議の種類、方法、留意点 ・説明の技術(資料作成、プレゼンテーションなど) ・介護記録の意義・目的、種類、方法、留意点 ・情報の活用と管理(ICT活用・記録の管理の留意点など)

■想定される教育内容の例　（6）生活支援技術

領域の目的: 介護

1. 介護福祉士に求められる役割と機能を理解し、専門職としての態度を養う。
2. 介護を実践する対象、場によらず、様々な場面に必要とされる介護の基礎的な知識・技術を習得する。
3. 本人、家族等との関係性の構築やチームケアを実践するための、コミュニケーションの基礎的な知識・技術を習得する。
4. 対象となる人の能力を引き出し、本人主体の生活を地域で継続するための介護過程を展開できる能力を養う。
5. 介護実践における安全を管理するための基礎的な知識・技術を習得する。
6. 各領域で学んだ知識と技術を統合し、介護実践に必要な観察力・判断力及び思考力を養う。

教育内容のねらい: 生活支援技術

尊厳の保持や自立支援、生活の豊かさの観点から、本人主体の生活が継続できるよう、根拠に基づいた介護実践を行うための知識・技術を習得する学習とする。

教育に含むべき事項	留意点	想定される教育内容の例	
①生活支援の理解	ICF の視点を生活支援に活かすことの意義を理解し、生活の豊かさや心身の活性化のための支援につながる内容とする。	1) 介護福祉士が行う生活支援の意義・目的	・生活支援の考え方 ・継続してきた生活の支援、自己決定の支援、楽しみや生きがいの支援など
		2) 生活支援と介護過程	・生活支援に活かす ICF ・活動・参加すること（生活）の意味と価値 ・根拠に基づく生活支援技術
		3) 生活支援に共通する技術	・説明・同意、観察・準備、評価 ・安全な介護
		4) 多職種との連携	・生活支援とチームアプローチ
②自立に向けた居住環境の整備	住まいの多様性を理解するとともに、生活の豊かさや自立支援のための居住環境の整備について基礎的な知識を理解する内容とする。	1) 居住環境整備の意義と目的	・住まいの役割 ・居住環境整備の社会・文化的、心理的、身体的意義と目的
		2) 自立に向けた居住環境整備の視点	・住み慣れた地域での生活の継続 ・安全で住み心地のよい生活の場 ・快適な室内環境の整備
		3) 居住環境整備の基本となる知識	・住環境の変化の兆しの気づきと対応 ・火災や地震その他の災害に対する備え ・住宅改修 ・住宅のバリアフリー、ユニバーサルデザイン
		4) 対象者の状態・状況に応じた留意点	・感覚機能、運動機能、認知・知的機能が低下している人の留意点 ・疾患、内部障害がある人の留意点 ・集団生活における工夫と留意点 ・在宅生活における工夫と留意点（家族・近隣との関係、多様な暮らし）

教育に含むべき事項	留意点	想定される教育内容の例	
③自立に向けた移動の介護	対象者の能力を活用・発揮し、自立に向けた生活支援の基礎的な知識・技術を習得する。また、実践の根拠について、説明できる能力を身につける内容とする。	1）移動の意義と目的	・移動の心理的、身体的、社会・文化的意義と目的
		2）自立に向けた移動介護の視点	・移動への動機づけ ・自由な移動を支える介護 ・用具の活用と環境整備
		3）移動・移乗の介護の基本となる知識と技術	・変化の兆しの気づきと対応 ・基本動作（寝返り、起き上がり、立ち上がり） ・姿勢の保持（ポジショニング、シーティング） ・歩行の介助 ・車いすの介助 ・その他福祉用具を使用した移動、移乗 ・ノーリフティング ・事故への対応
		4）対象者の状態に応じた留意点	・感覚機能、運動機能、認知・知的機能が低下している人の留意点 ・疾患、内部障害がある人の留意点
④自立に向けた身じたくの介護	対象者の能力を活用・発揮し、自立に向けた生活支援の基礎的な知識・技術を習得する。また、実践の根拠について、説明できる能力を身につける内容とする。	1）身じたくの意義と目的	・身じたくの社会・文化的、心理的、身体的意義と目的
		2）自立に向けた身じたくの介護の視点	・その人らしさ、社会性を支える介護 ・生活習慣と装いの楽しみを支える介護 ・用具の活用と環境整備
		3）身じたくの介護の基本となる知識と技術	・変化の兆しの気づきと対応 ・整容（洗面、スキンケア、整髪、ひげの手入れ、爪・耳の手入れ）、化粧など ・口腔の清潔 ・更衣 ・事故への対応
		4）対象者の状態に応じた留意点	・感覚機能、運動機能、認知・知的機能が低下している人の留意点 ・疾患・内部障害がある人の留意点
⑤自立に向けた食事の介護	対象者の能力を活用・発揮し、自立に向けた生活支援の基礎的な知識・技術を習得する。また、実践の根拠について、説明できる能力を身につける内容とする。	1）食事の意義と目的	・食事の社会・文化的、心理的、身体的意義と目的
		2）自立に向けた食事介護の視点	・おいしく食べることを支える介護 ・用具の活用と環境整備
		3）食事介護の基本となる知識と技術	・変化の兆しの気づきと対応（誤嚥、窒息、脱水など） ・事故への対応 ・感染症への対応
		4）対象者の状態に応じた留意点	・感覚機能、運動機能、認知・知的機能、摂食機能が低下している人の留意点 ・疾患、内部障害がある人の留意点

教育に含むべき事項	留意点	想定される教育内容の例	
⑥自立に向けた入浴・清潔保持の介護	対象者の能力を活用・発揮し、自立に向けた生活支援の基礎的な知識・技術を習得する。また、実践の根拠について、説明できる能力を身につける内容とする。	1）入浴・清潔保持の意義と目的	・入浴・清潔保持の社会・文化的、心理的、身体的意義と目的
		2）自立に向けた入浴・清潔保持の介護の視点	・気持ちよい入浴を支える介護 ・清潔保持を支える介護 ・用具の活用と環境整備
		3）入浴・清潔保持の介護の基本となる知識と技術	・変化の兆しの気づきと対応 ・入浴 ・シャワー浴 ・部分浴（手、足、陰部など） ・清拭 ・洗髪 ・事故への対応 ・感染症への対応
		4）対象者の状態に応じた留意点	・感覚機能、運動機能、認知・知的機能が低下している人の留意点 ・疾患、内部障害がある人の留意点
⑦自立に向けた排泄の介護	対象者の能力を活用・発揮し、自立に向けた生活支援の基礎的な知識・技術を習得する。また、実践の根拠について、説明できる能力を身につける内容とする。	1）排泄の意義と目的	・排泄の社会・文化的、心理的、身体的意義と目的
		2）自立に向けた排泄の介護の視点	・気持ちよい排泄を支える介護 ・気兼ねない排泄を支える介護 ・用具の活用と環境整備
		3）排泄介護の基本となる知識と技術	・変化の兆しの気づきと対応 ・トイレ ・ポータブルトイレ ・採尿器・差し込み便器 ・おむつ ・事故への対応 ・感染症への対応
		4）対象者の状態に応じた留意点	・感覚機能、運動機能、認知・知的機能が低下している人の留意点 ・疾患、内部障害のある人の留意点 ・失禁、便秘・下痢などがある人の留意点 ・医師法第17条及び保助看法第31条の解釈（通知）に基づく内容
⑧自立に向けた家事の介護	生活の継続性を支援する観点から、対象者が個々の状態に応じた家事を自立的に行うことを支援するための、基礎的な知識・技術を習得する内容とする。	1）家事の意義と目的	・家事の社会・文化的、心理的、身体的意義と目的
		2）自立に向けた家事支援の視点	・共に家事をすることを支える介護 ・用具の活用と環境整備
		3）家事支援の基本となる知識と技術	・生活の変化（消費者被害、ごみの溜め込みなど）への気づきと対応 ・家庭経営、家計の管理 ・買い物 ・衣類・寝具の衛生管理（洗濯、補修など） ・調理、献立、食品の保存、衛生管理 ・掃除・ごみ捨て ・事故への対応
		4）対象者の状態に応じた留意点	・感覚機能、運動機能、認知・知的機能が低下している人の留意点 ・疾患、内部障害がある人の留意点

教育に含むべき事項	留意点	想定される教育内容の例	
⑨ 休息・睡眠の介護	健康を保持するための休息や睡眠の重要性を理解し、安眠を促す環境を整える支援につながる内容とする。	1) 休息・睡眠の意義と目的	・休息・睡眠の心理的、身体的、社会・文化的意義と目的
		2) 自立に向けた休息・睡眠の介護の視点	・心地よい眠りを支える介護 ・よい活動に繋がる休息を支える介護 ・休息と睡眠の環境整備
		3) 休息・睡眠の基本となる知識と技術	・変化の兆しの気づきと対応 ・安眠を促す方法（安楽な姿勢、寝具の選択と整え、リラクゼーション） ・事故への対応
		4) 対象者の状態に応じた留意点	・感覚機能、運動機能、認知・知的機能が低下している人の留意点 ・疾患、内部障害がある人の留意点
⑩ 人生の最終段階における介護	人生の最終段階にある人と家族をケアするために、終末期の経過に沿った支援や、チームケアの実践について理解する内容とする。	1) 人生の最終段階とは	・人生の最終段階の社会・文化的、心理的、身体的意義と目的 ・死の準備教育
		2) 人生の最終段階にある人の介護の視点	・尊厳の保持 ・生きることを支える介護 ・意思決定支援（ＡＣＰ【アドバンス・ケア・プランニング】） ・家族や近親者への支援
		3) 人生の最終段階を支えるための基本となる知識と技術	・終末期の経過に沿った生活支援 ・心理的支援、環境の調整 ・安楽の技法 ・急変時の対応 ・臨終時のケア ・死後のケア
		4) 家族・介護職が「死」を受けとめる過程	・グリーフケア ・デスカンファレンス
⑪ 福祉用具の意義と活用	介護ロボットを含め福祉用具を活用する意義やその目的を理解するとともに、対象者の能力に応じた福祉用具を選択・活用する知識・技術を習得する内容とする。	1) 福祉用具活用の意義と目的	・福祉用具活用の意義と目的（社会参加、外出機会の拡大、快適性・効率性、介護者負担の軽減）
		2) 自立に向けた福祉用具活用の視点	・自己実現 ・福祉用具が活用できるための環境整備 ・個人と用具をフィッティングさせる視点 ・福祉機器利用時のリスクとリスクマネジメント
		3) 適切な福祉用具の選択の知識と留意点	・福祉用具の種類と制度（介護保険、障害者総合支援法）の理解 ・情報・コミュニケーション支援機器の活用 ・移動支援機器の活用 ・その他福祉用具・ロボットなど
		4) 今後の福祉機器とICTの広がり	・ICTの活用

■想定される教育内容の例　（7）介護過程

領域の目的：介護

1．介護福祉士に求められる役割と機能を理解し、専門職としての態度を養う。
2．介護を実践する対象、場によらず、様々な場面に必要とされる介護の基礎的な知識・技術を習得する。
3．本人、家族等との関係性の構築やチームケアを実践するための、コミュニケーションの基礎的な知識・技術を習得する。
4．対象となる人の能力を引き出し、本人主体の生活を地域で継続するための介護過程を展開できる能力を養う。
5．介護実践における安全を管理するための基礎的な知識・技術を習得する。
6．各領域で学んだ知識と技術を統合し、介護実践に必要な観察力・判断力及び思考力を養う。

教育内容のねらい：介護過程

本人の望む生活の実現に向けて、生活課題の分析を行い、根拠に基づく介護実践を伴う課題解決の思考過程を習得する学習とする。

教育に含むべき事項	留意点	想定される教育内容の例	
①介護過程の意義と基礎的理解	介護実践における介護過程の意義の理解をふまえ、介護過程を展開するための一連のプロセスと着眼点を理解する内容とする。	1) 介護過程の意義・目的	・本人の望む生活の実現 ・科学的な思考過程に基づく実践
		2) 介護過程を展開するための一連のプロセスと着眼点	・アセスメント（意図的な情報収集・分析、ニーズの明確化・課題の抽出） ・計画立案（目標の共有） ・実施（経過記録） ・評価（評価の視点、再アセスメント・修正） ・介護過程の展開を支える考え方（セルフケア理論、ニーズ論、ICFの視点、ストレングスの視点、ナラティブアプローチなど）
②介護過程とチームアプローチ	介護サービス計画や協働する他の専門職のケア計画と個別介護計画との関係性、チームとして介護過程を展開することの意義や方法を理解する内容とする。	1) 介護福祉職チームと介護過程	・介護福祉職がチームとして介護過程を展開する意義・目的 ・カンファレンスの意義・目的
		2) 介護過程と多職種連携	・多職種連携における介護過程展開の意義 ・介護サービス計画（ケアプラン）と訪問介護計画、サービス等利用計画と個別介護計画の関係 ・サービス担当者会議
③介護過程の展開の理解	個別の事例を通じて、対象者の状態や状況に応じた介護過程の展開につながる内容とする。	1) 対象者の状態・状況に応じた介護過程の展開	・事例による介護過程の展開、事例検討
		2) 事例研究	・実習などにおける実践報告、事例研究

■想定される教育内容の例　（8）介護総合演習

領域の目的: 介護

1. 介護福祉士に求められる役割と機能を理解し、専門職としての態度を養う。
2. 介護を実践する対象、場によらず、様々な場面に必要とされる介護の基礎的な知識・技術を習得する。
3. 本人、家族等との関係性の構築やチームケアを実践するための、コミュニケーションの基礎的な知識・技術を習得する。
4. 対象となる人の能力を引き出し、本人主体の生活を地域で継続するための介護過程を展開できる能力を養う。
5. 介護実践における安全を管理するための基礎的な知識・技術を習得する。
6. 各領域で学んだ知識と技術を統合し、介護実践に必要な観察力・判断力及び思考力を養う。

教育内容のねらい: 介護総合演習

介護実践に必要な知識と技術の統合を行うとともに、介護観を形成し、専門職としての態度を養う学習とする。

教育に含むべき事項	留意点	想定される教育内容の例	
①知識と技術の統合	・実習の教育効果を上げるため、事前に実習施設についての理解を深めるとともに、各領域で学んだ知識と技術を統合し、介護実践につながる内容とする。	1）介護総合演習の意義、目的	・各領域で学んだ知識と技術の統合 ・介護観の形成 ・介護実習の枠組みと全体像の理解（実習施設・事業などⅠ・Ⅱの区分の理解）
	・実習を振り返り、介護の知識や技術を実践と結びつけて統合・深化させるとともに、自己の課題を明確にし専門職としての態度を養う内容とする。	2）実習に関する基礎知識	・介護実習の意義と目的 ・実習施設・事業などの理解 ・実習施設・事業所がある地域の理解、社会資源との関わり ・実習の準備 ・実習目標の設定、実習計画の作成 ・実習記録の意義と目的、方法、留意点 ・個人情報の取り扱い ・健康管理 ・実習におけるスーパービジョン
		3）実習の振り返り	・自己評価と客観的評価 ・実習のまとめ、実習報告会などを通じた学びの共有・深化 ・自己の課題と展望
②介護実践の科学的探求	質の高い介護実践やエビデンスの構築につながる実践研究の意義とその方法を理解する内容とする。	1）介護実践の研究	・研究の意義と目的 ・研究方法の理解（質的研究、量的研究、事例研究など） ・倫理的配慮 ・研究内容の発表

■想定される教育内容の例　（9）介護実習

領域の目的：介護
1．介護福祉士に求められる役割と機能を理解し、専門職としての態度を養う。 2．介護を実践する対象、場によらず、様々な場面に必要とされる介護の基礎的な知識・技術を習得する。 3．本人、家族等との関係性の構築やチームケアを実践するための、コミュニケーションの基礎的な知識・技術を習得する。 4．対象となる人の能力を引き出し、本人主体の生活を地域で継続するための介護過程を展開できる能力を養う。 5．介護実践における安全を管理するための基礎的な知識・技術を習得する。 6．各領域で学んだ知識と技術を統合し、介護実践に必要な観察力・判断力及び思考力を養う。

教育内容のねらい：介護実習
(1) 地域における様々な場において、対象者の生活を理解し、本人や家族とのコミュニケーションや生活支援を行う基礎的な能力を習得する学習とする。 (2) 本人の望む生活の実現に向けて、多職種との協働の中で、介護過程を実践する能力を養う学習とする。

教育に含むべき事項	留意点	想定される教育内容の例	
①介護過程の実践的展開	介護過程の展開を通して対象者を理解し、本人主体の生活と自立を支援するための介護過程を実践的に学ぶ内容とする。	1) 実習を通した介護過程の展開	
②多職種協働の実践	多職種との協働の中で、介護福祉士としての役割を理解するとともに、サービス担当者会議やケースカンファレンス等を通じて、多職種連携やチームケアを体験的に学ぶ内容とする。	1) 実習を通した多職種連携の実践	
③地域における生活支援の実践	対象者の生活と地域との関わりや、地域での生活を支える施設・機関の役割を理解し、地域における生活支援を実践的に学ぶ内容とする。	1) 対象者の生活と地域との関わり 2) 地域拠点としての施設・事業所の役割	

3 領域：こころとからだのしくみ

■想定される教育内容の例 （10）こころとからだのしくみ

領域の目的： こころとからだのしくみ
1．介護実践に必要な根拠となる、心身の構造や機能及び発達段階とその課題について理解し、対象者の生活を支援するという観点から、身体的・心理的・社会的側面を統合的に捉えるための知識を身につける。 2．認知症や障害のある人の生活を支えるという観点から、医療職と連携し支援を行うための、心身の機能及び関連する障害や疾病の基礎的な知識を身につける。 3．認知症や障害のある人の心身の機能が生活に及ぼす影響について理解し、本人と家族が地域で自立した生活を継続するために必要とされる心理・社会的な支援について基礎的な知識を身につける。

教育内容のねらい： こころとからだのしくみ
介護を必要とする人の生活支援を行うため、介護実践の根拠となる人間の心理、人体の構造や機能を理解する学習とする。

教育に含むべき事項	留意点	想定される教育内容の例	
①こころとからだのしくみⅠ ア　こころのしくみの理解	介護実践に必要な観察力、判断力の基盤となる人間の心理、人体の構造と機能の基礎的な知識を理解する内容とする。	1）健康とは	・健康とは何か ・健康を阻害する要因
		2）人間の欲求の基本的理解	・基本的欲求 ・社会的欲求など
		3）自己概念と尊厳	・自己概念・尊厳 ・自己概念に影響する要因 ・自立への意欲と自己概念 ・自己実現と生きがいなど
		4）こころのしくみの理解	・人間のこころの基本的理解 ・こころとは何か ・脳とこころのしくみの関係 ・学習・記憶・思考のしくみ ・感情のしくみ ・意欲・動機づけのしくみ ・適応と適応機制 ・欲求不満 ・ストレス
イ　からだのしくみの理解	介護実践に必要な観察力、判断力の基盤となる人間の心理、人体の構造と機能の基礎的な知識を理解する内容とする。	1）からだのしくみの理解	・からだのつくりの理解（身体各部の名称） ・細胞・組織・器官・器官系 ・人体の構造と機能 　脳・神経系 　骨格系・筋系 　皮膚・感覚器系 　血液・循環器系 　呼吸器系 　消化器系 　腎・泌尿器系 　生殖器系 　内分泌・代謝系 　免疫系
		2）生命を維持するしくみ	・生命を維持するしくみ ・恒常性（ホメオスタシス） ・自律神経系 ・生命を維持する徴候の観察（体温、脈拍、呼吸、血圧など）

教育に含むべき事項	留意点	想定される教育内容の例	
②こころとからだのしくみⅡ ア 移動に関連したこころと からだのしくみ	生活支援を行う際に必要となる基礎的な知識として、生活支援の場面に応じた、こころとからだのしくみ及び機能低下や障害が生活に及ぼす影響について理解する内容とする。	1) 移動に関連したこころとからだのしくみ	・移動の意味 ・基本的な姿勢・体位保持のしくみ ・座位保持のしくみ ・立位保持のしくみ ・歩行のしくみ ・重心移動、バランスなど
		2) 機能の低下・障害が移動に及ぼす影響	・移動に関連する機能の低下・障害の原因（麻痺、骨粗鬆症などや神経疾患などの病的要因、転倒など） ・機能の低下・障害が及ぼす移動への影響（廃用症候群、骨折、褥瘡など）
		3) 移動に関するこころとからだの変化の気づきと医療職などとの連携	・移動に関する観察のポイント ・移動における多職種との連携 ・緊急対応の方法
イ 身じたくに関連したこころとからだのしくみ	生活支援を行う際に必要となる基礎的な知識として、生活支援の場面に応じた、こころとからだのしくみ及び機能低下や障害が生活に及ぼす影響について理解する内容とする。	1) 身じたくに関連したこころとからだのしくみ	・身じたくの意味 ・顔を清潔に保つしくみ ・口腔を清潔に保つしくみ ・毛髪を清潔に保つしくみ ・更衣をするしくみ
		2) 機能の低下・障害が身じたくに及ぼす影響	・身じたく（洗顔、髭剃り、整髪や結髪、更衣）に関連する機能の低下・障害の原因（上肢の機能障害、視覚障害、精神機能低下など） ・機能の低下・障害が及ぼす身じたく（洗顔、髭剃り、整髪や結髪、更衣）への影響 ・口腔を清潔に保つことに関連する機能の低下・障害の原因（上肢の機能障害、視覚障害、精神機能低下、口腔機能の低下・障害など） ・機能の低下・障害が及ぼす口腔を清潔に保つことへの影響（歯周病・むし歯・歯牙欠損・口腔炎・嚥下性肺炎・口臭など）
		3) 身じたくに関するこころとからだの変化の気づきと医療職などとの連携	・身じたくに関する観察のポイント ・身じたくにおける多職種との連携 ・緊急対応の方法

教育に含むべき事項	留意点	想定される教育内容の例		
ウ　食事に関連したこころとからだのしくみ	生活支援を行う際に必要となる基礎的な知識として、生活支援の場面に応じた、こころとからだのしくみ及び機能低下や障害が生活に及ぼす影響について理解する内容とする。	1)　食事に関連したこころとからだのしくみ	・食事の意味 ・からだをつくる栄養素 ・１日に必要な栄養量・水分量 ・ライフステージ別栄養量・身体活動に応じた栄養量 ・食事バランスガイド ・食欲・おいしさを感じるしくみ(空腹、満腹、食欲に影響する因子、視覚・味覚・嗅覚など) ・食べるしくみ(姿勢、摂食動作、咀嚼と嚥下) ・咀嚼と嚥下のしくみ(先行期、準備期、口腔期、咽頭期、食道期) ・消化・吸収のしくみ ・のどが渇くしくみ	
		2)　機能の低下・障害が食事に及ぼす影響	・食事に関連する機能の低下・障害の原因(摂食・嚥下機能の低下・障害、姿勢保持困難、生活リズムの変調、食欲低下、便秘など) ・機能の低下・障害が及ぼす食事への影響(低血糖・高血糖、食欲不振、食事量の低下、低栄養、脱水など)	
		3)　食事に関連したこころとからだの変化の気づきと医療職などとの連携	・食事に関する観察のポイント ・食事における多職種との連携 ・緊急対応の方法	
エ　入浴・清潔保持に関連したこころとからだのしくみ	生活支援を行う際に必要となる基礎的な知識として、生活支援の場面に応じた、こころとからだのしくみ及び機能低下や障害が生活に及ぼす影響について理解する内容とする。	1)　入浴・清潔保持に関連したこころとからだのしくみ	・入浴・清潔保持の意味 ・皮膚の汚れのしくみ（爪を含む） ・頭皮の汚れのしくみ ・発汗のしくみ ・入浴の効果と作用 ・リラックス、爽快感を感じるしくみ	
		2)　機能の低下・障害が入浴・清潔保持に及ぼす影響	・入浴・清潔保持に関連する機能の低下・障害の原因(呼吸器疾患、循環器疾患、全介助状態、認知機能低下、体調不良など) ・機能の低下・障害が及ぼす入浴・清潔の保持への影響(循環器系の変化【血圧の変動、ヒートショック】・呼吸器系の変化【呼吸困難など】、皮膚の状態の悪化など)	
		3)　入浴・清潔保持に関連したこころとからだの変化の気づきと医療職などとの連携	・入浴・清潔保持に関する観察のポイント ・入浴・清潔保持における多職種との連携 ・緊急対応の方法	

266

教育に含むべき事項	留意点	想定される教育内容の例
オ　排泄に関連したこころとからだのしくみ	生活支援を行う際に必要となる基礎的な知識として、生活支援の場面に応じた、こころとからだのしくみ及び機能低下や障害が生活に及ぼす影響について理解する内容とする。	1) 排泄に関連したこころとからだのしくみ ・排泄の意味 ・尿が生成されるしくみ ・排尿のしくみ（尿の性状、量、回数含む） ・便が生成されるしくみ ・排便のしくみ（便の性状・量・回数含む） ・排泄における心理
		2) 機能の低下・障害が排泄に及ぼす影響 ・排尿に関連する機能の低下・障害の原因（運動機能の低下、麻痺や認知機能低下による動作障害、尿路感染症、前立腺肥大症、心理的なものなど） ・機能の低下・障害が排尿に及ぼす影響（尿失禁、頻尿など） ・排便に関連する機能の低下・障害の原因（運動機能の低下、麻痺や認知機能障害による動作障害、消化機能の低下、心理的なものなど） ・機能の低下・障害が排便に及ぼす影響（下痢、便秘、便失禁など）
		3) 生活場面における排泄に関連したこころとからだの変化の気づきと医療職などとの連携 ・排泄に関する観察のポイント ・排泄における多職種との連携 ・緊急対応の方法
カ　休息・睡眠に関連したこころとからだのしくみ	生活支援を行う際に必要となる基礎的な知識として、生活支援の場面に応じた、こころとからだのしくみ及び機能低下や障害が生活に及ぼす影響について理解する内容とする。	1) 休息・睡眠に関連したこころとからだのしくみ ・休息・睡眠の意味 ・睡眠時間の変化 ・サーカディアンリズム（概日リズム） ・レム睡眠とノンレム睡眠 ・睡眠と体温の変化 ・睡眠とホルモン分泌 ・生活習慣と睡眠
		2) 機能の低下・障害が休息・睡眠に及ぼす影響 ・休息・睡眠に関連する機能の低下・障害の原因（加齢による睡眠の変化、活動量の変化、環境の変化、睡眠障害【概日リズム障害、周期性四肢運動麻痺、レストレスレッグス症候群、睡眠時無呼吸症候群など】） ・機能の低下・障害が休息・睡眠に及ぼす影響（生活リズムの変化、活動性の低下、意欲の低下など）
		3) 生活場面における休息・睡眠に関連したこころとからだの変化の気づきと医療職などとの連携 ・休息・睡眠に関する観察のポイント ・休息・睡眠における多職種との連携 ・緊急対応の方法

教育に含むべき事項	留意点	想定される教育内容の例	
キ 人生の最終段階のケアに関連したこころとからだのしくみ	人生の最終段階にある人と家族を支援するため、終末期の心身の変化が生活に及ぼす影響について学び、生活支援を行うために必要となる基礎的な知識を理解する内容とする。	1) 人生の最終段階に関する「死」のとらえ方	・死のとらえ方 ・生物学的な死・法律的な死・臨床的な死 ・尊厳死、安楽死 ・リビングウィル ・意思決定支援（ＡＣＰ【アドバンス・ケア・プランニング】）
		2) 「死」に対するこころの理解	・「死」に対する恐怖・不安 ・「死」を受容する段階 ・家族の「死」を受容する段階
		3) 終末期から危篤状態、死後のからだの理解	・終末期から危篤時の身体機能の低下の特徴（終末期の特徴、危篤時の変化、死の三徴候など） ・死後の身体変化
		4) 終末期における医療職との連携	・終末期から危篤時に行なわれる医療の実際（呼吸困難時、疼痛緩和など） ・終末期から危篤時、臨終期の観察のポイント ・介護の役割と医療との連携 ・その他（死亡診断書・死後の処置など）

■想定される教育内容の例　（11）発達と老化の理解

1. 介護実践に必要な根拠となる、心身の構造や機能及び発達段階とその課題について理解し、対象者の生活を支援するという観点から、身体的・心理的・社会的側面を統合的に捉えるための知識を身につける。
2. 認知症や障害のある人の生活を支えるという観点から、医療職と連携し支援を行うための、心身の機能及び関連する障害や疾病の基礎的な知識を身につける。
3. 認知症や障害のある人の心身の機能が生活に及ぼす影響について理解し、本人と家族が地域で自立した生活を継続するために必要とされる心理・社会的な支援について基礎的な知識を身につける。

教育内容のねらい: 発達と老化の理解

人間の成長と発達の過程における、身体的・心理的・社会的変化及び老化が生活に及ぼす影響を理解し、ライフサイクルの特徴に応じた生活を支援するために必要な基礎的な知識を習得する学習とする。

教育に含むべき事項	留意点	想定される教育内容の例	
①人間の成長と発達の基礎的理解	人間の成長と発達の基本的な考え方を踏まえ、ライフサイクルの各期（乳幼児期・学童期・思春期・青年期・成人期・老年期）における身体的・心理的・社会的特徴と発達課題及び特徴的な疾病について理解する内容とする。	1) 人間の成長と発達の基礎的知識	・成長・発達とは ・成長・発達の原則 ・成長・発達に影響する因子
		2) 人間の発達と発達課題	・発達段階と発達課題 　胎生期 　乳児期 　幼児期 　学童期 　思春期・青年期 　成人期 　老年期 ・発達理論 ・身体的機能の成長と発達 ・心理的機能の発達 ・社会的機能の発達
		3) 発達段階別にみた特徴的な疾病や障害	・発達段階別の特徴的な疾病や障害 　胎生期・乳児期（染色体異常、先天性代謝異常、脳性麻痺、乳幼児突然死症候群など） 　幼児期（知的障害、外傷など） 　学童期（発達障害、外傷、感染症など） 　思春期・青年期（統合失調症、気分障害、摂食障害など） 　成人期（生活習慣病、更年期障害、自殺など）
		4) 老年期の基礎的理解	・老年期の定義 　WHOの定義 　老人福祉法など ・老化とは 　老化の特徴 　加齢と老化 　老化学説 ・老年期の発達課題 　人格と尊厳 　老いの価値 　喪失体験 　セクシュアリティなど ・老年期をめぐる今日的課題

教育に含むべき事項	留意点	想定される教育内容の例	
②老化に伴うこころとからだの変化と生活	老化に伴う身体的・心理的・社会的な変化や、高齢者に多く見られる疾病と生活への影響、健康の維持・増進を含めた生活を支援するための基礎的な知識を理解する内容とする。	1) 老化に伴う身体的・心理的・社会的変化と生活	・老化に伴う心身の変化の特徴（予備力、防衛力、回復力、適応力、恒常性機能、フレイルなど） ・老化に伴う身体的機能の変化と生活への影響（脳・神経系、骨格系・筋系、皮膚・感覚器系、血液・循環器系、呼吸器系、消化器系、腎・泌尿器系、生殖器系、内分泌・代謝系、免疫系、それぞれの機能の変化と生活への影響） ・老化に伴う心理的機能の変化と生活への影響など 　高齢者の心理的理解 　認知機能（記憶、思考、注意など） 　知的機能 　性格 ・老化に伴う社会的機能の変化と日常生活への影響 　家族関係 　対人関係 ・社会生活を営む上での課題
		2) 高齢者と健康	・健康長寿に向けての健康 　高齢者の健康 　健康長寿 　サクセスフルエイジング 　プロダクティブエイジング 　アクティブエイジングなど
		3) 高齢者に多い症状・疾患の特徴と生活上の留意点	・高齢者の症状、疾患の特徴 ・老年症候群 ・高齢者に多い代表的な疾患 　脳・神経系（パーキンソ病、脳血管疾患など） 　骨格系・筋系（骨粗鬆症,変形性関節症、脊椎圧迫骨折、サルコペニアなど） 　皮膚・感覚器系（白内障、緑内障、難聴、皮膚疾患など） 　循環器系（高血圧症、虚血性心疾患、不整脈など） 　呼吸器系（肺炎、結核、喘息など） 　消化器系(消化性潰瘍,逆流性食道炎,肝硬変など) 　腎・泌尿器系(慢性腎臓病、尿路感染症、前立腺疾患など) 　内分泌・代謝系(糖尿病,脂質異常症、痛風など) 　歯・口腔疾患（虫歯、歯周病、ドライマウスなど） 　悪性新生物（胃がん、肺がん、大腸がんなど） 　精神疾患（うつ病、統合失調症など） 　感染症（ウィルス性呼吸器感染症、感染性胃腸炎など） 　その他（熱中症、脱水症など）
		4) 保健医療職との連携	・保健医療職との連携の必要性

■想定される教育内容の例　　（12）認知症の理解

領域の目的: こころとからだのしくみ

1. 介護実践に必要な根拠となる、心身の構造や機能及び発達段階とその課題について理解し、対象者の生活を支援するという観点から、身体的・心理的・社会的側面を統合的に捉えるための知識を身につける。
2. 認知症や障害のある人の生活を支えるという観点から、医療職と連携し支援を行うための、心身の機能及び関連する障害や疾病の基礎的な知識を身につける。
3. 認知症や障害のある人の心身の機能が生活に及ぼす影響について理解し、本人と家族が地域で自立した生活を継続するために必要とされる心理・社会的な支援について基礎的な知識を身につける。

教育内容のねらい: 認知症の理解

認知症の人の心理や身体機能、社会的側面に関する基礎的な知識を習得するとともに、認知症の人を中心に据え、本人や家族、地域の力を活かした認知症ケアについて理解するための基礎的な知識を習得する学習とする。

教育に含むべき事項	留意点	想定される教育内容の例	
①認知症を取り巻く状況	認知症のケアの歴史や理念を含む、認知症を取りまく社会的環境について理解する内容とする。	1) 認知症ケアの歴史	・認知症ケアの歴史 ・諸外国とわが国の歴史的背景
		2) 認知症ケアの理念	・認知症ケアの理念・倫理・権利擁護
		3) 認知症のある高齢者の現状と今後	・認知症のある高齢者の数の推移など
		4) 認知症に関する行政の方針と施策	・認知症のある高齢者への支援対策(認知症施策推進総合戦略、権利擁護対策など)
②認知症の医学的・心理的側面の基礎的理解	医学的・心理的側面から、認知症の原因となる疾病及び段階に応じた心身の変化や心理症状を理解し、生活支援を行うための根拠となる知識を理解する内容とする。	1) 認知症とは何か	・認知症の定義・診断基準（DSM-5） ・認知症の特徴
		2) 脳のしくみ	・脳の構造、機能、症状と認知症との関係 ・老化との関係
		3) 認知症のさまざまな症状	・中核症状の理解 ・BPSD の理解
		4) 認知症の検査・診断	・簡易スクリーニングテスト（HDS-R、MMSE など） ・認知症の重症度の評価(FAST、認知症高齢者の日常生活自立度判定基準など) ・DASC21 の診断基準
		5) 認知症と鑑別すべき症状・疾患	・うつ病、せん妄など
		6) 認知症の原因疾患と症状	・アルツハイマー型認知症 ・血管性認知症 ・レビー小体型認知症 ・前頭側頭型認知症 ・その他（慢性硬膜下血腫、正常圧水頭症、アルコール性認知症など）
		7) 若年性認知症	・若年性認知症（定義、現状、生活上の課題と必要な支援）
		8) 認知症の治療	・薬物療法（薬の作用・副作用）
		9) 認知症の予防	・認知症の危険因子 ・認知症の予防 ・軽度認知機能障害
		10) 認知症の人の心理	・認知症の人の思い（当事者の声） ・認知症が及ぼす心理的影響 ・認知症のある人の特徴的なこころの理解（不安、喪失感、混乱、怯え、孤独感、怒り、悲しみなど）

教育に含むべき事項	留意点	想定される教育内容の例		
③認知症に伴う生活への影響と認知症ケア	認知症の人の生活及び家族や社会との関わりへの影響を理解し、その人の特性を踏まえたアセスメントを行い、本人主体の理念に基づいた認知症ケアの実践につながる内容とする。	1) 認知症に伴う生活への影響	・認知症の人の生活上の障害 ・認知症の人のコミュニケーションの障害 ・認知症の人の社会とのかかわりの障害	
		2) 認知症ケアの実際	・本人主体のケア（意思決定支援） ・パーソンセンタード・ケアとは ・パーソンセンタード・ケアに基づいた実践 ・認知症の特性を踏まえたアセスメント ・認知症の特性を踏まえたアセスメントツール 　（センター方式、ひもときシートなど） ・認知症の人とのコミュニケーション ・認知症の人への生活支援（食事、排泄、入浴・清潔の保持、休息と睡眠、活動など） ・環境への配慮 ・認知症の人の人生の最終段階のケア	
		3) 認知症の人へのさまざまなかかわり	・リアリティ・オリエンテーション（RO）、回想法、音楽療法、バリデーション療法など	
④連携と協働	認知症の人の生活を地域で支えるサポート体制や、多職種連携・協働による支援の基礎的な知識を理解する内容とする。	1) 地域におけるサポート体制	・地域包括支援センターの役割と機能 ・コミュニティ、地域連携、まちづくり ・ボランティアや認知症サポーターの役割 ・認知症疾患医療センター、認知症初期集中支援チーム ・認知症地域支援推進員 ・認知症カフェ	
		2) 多職種連携と協働	・認知症の人が安心して暮らせるためのチームとは ・地域包括ケアシステムからみた多職種連携と協働 ・認知症ケアパス ・認知症ライフサポートモデル	
⑤家族への支援	認知症の人を支える家族の課題について理解し、家族の受容段階や介護力に応じた支援につながる内容とする。	1) 認知症の人を介護する家族の状況	・認知症の人を介護する家族の実態 ・家族の身体的、心理的、社会的負担	
		2) 家族への支援	・家族の認知症の受容の過程での支援 ・家族の介護力の評価 ・家族のレスパイト ・家族会など	

■想定される教育内容の例　（13）障害の理解

> **領域の目的: こころとからだのしくみ**
>
> 1. 介護実践に必要な根拠となる、心身の構造や機能及び発達段階とその課題について理解し、対象者の生活を支援するという観点から、身体的・心理的・社会的側面を統合的に捉えるための知識を身につける。
> 2. 認知症や障害のある人の生活を支えるという観点から、医療職と連携し支援を行うための、心身の機能及び関連する障害や疾病の基礎的な知識を身につける。
> 3. 認知症や障害のある人の心身の機能が生活に及ぼす影響について理解し、本人と家族が地域で自立した生活を継続するために必要とされる心理・社会的な支援について基礎的な知識を身につける。

> **教育内容のねらい: 障害の理解**
>
> 障害のある人の心理や身体機能、社会的側面に関する基礎的な知識を習得するとともに、障害のある人の地域での生活を理解し、本人のみならず家族や地域を含めた周囲の環境への支援を理解するための基礎的な知識を習得する学習とする。

教育に含むべき事項	留意点	想定される教育内容の例	
①障害の基礎的理解	障害のある人の生活を支援するという観点から、障害の概念や、障害の特性に応じた制度の基礎的な知識を理解する内容とする。	1) 障害の概念	・障害の定義（福祉における）障害のとらえ方 ・ICIDH（国際障害分類）からICF（国際生活機能分類）への変遷
		2) 障害者福祉の基本理念	・ノーマライゼーション、リハビリテーション、インクルージョン、IL運動、アドボカシー、エンパワメント、ストレングス、国際障害者年の理念など
		3) 障害者の就労（支援）	・障害者の就労支援 　ジョブコーチ、リワークプログラム ・法律と制度
		4) 障害者福祉の現状と施策	・意思決定支援 ・成年後見制度 　成年後見制度の利用促進法 ・障害に係る制度・サービス、障害者総合支援法、障害者虐待防止法、障害者差別解消法
②障害の医学的・心理的側面の基礎的理解	医学的・心理的側面から、障害による心身への影響や心理的な変化を理解する内容とする。	1) 障害の心理的理解	・障害が及ぼす心理的影響 ・障害の受容の過程 ・適応と適応機制 ・障害のある子どもの心理など
		2) 身体障害の基本的理解	・障害別数の推移 ・身体障害の定義 ・視覚障害の種類、原因と特性 ・聴覚障害・言語機能障害（言語聴覚障害）の種類、原因と特性 ・肢体不自由の種類、原因と特性 ・内部障害の種類、原因と特性（心臓、腎臓、呼吸器、膀胱または直腸、小腸、免疫機能、肝機能、各々の障害） ・高次脳機能障害の原因と特性
		・身体障害者の心理的特徴と支援	・心理的・社会的特徴と支援

教育に含むべき事項	留意点	想定される教育内容の例	
		3) 精神障害の基本的理解	・精神障害別数の推移 ・精神障害の定義 ・精神障害の種類（統合失調症、躁うつ病、不安神経症、てんかんなど）、原因と特性
		・精神障害者の心理的特徴と支援	・心理的・社会的特徴と支援
		4) 発達障害の基本的理解	・発達障害の定義 ・発達障害の種類（自閉症、アスペルガー症候群、広汎性発達障害など）、原因と特性
		・発達障害の心理的特徴と支援	・心理的・社会的特徴と支援
		5) 知的障害の基本的理解	・知的障害の定義 ・知的障害の程度、原因と特性
		・知的障害の心理的特徴と支援	・心理的・社会的特徴と支援
		6) 難病の基本的理解	・難病の定義 ・難病の種類と特性
③障害のある人の生活と障害の特性に応じた支援	障害のある人のライフステージや障害の特性を踏まえ、機能の変化が生活に及ぼす影響を理解し、QOL を高める支援につながる内容とする。	1) 障害に伴う機能の変化と生活への影響の基本的理解	・障害のある人の特性を踏まえたアセスメント（ライフステージ、機能変化、保たれている能力と低下している能力の把握、家族との関係の把握）
		2) 生活と障害	・ライフステージの特性と障害の影響 ・ライフステージごとの支援方法 ・サービスの種類とサービスを受ける方法
		3) 生活上の課題と支援のあり方	・障害の特性を踏まえた生活上の留意点 ・合理的配慮
		4) 障害者をとりまく環境	・バリアフリー、ユニバーサルデザイン
		5) 障害のある人への手帳	・身体障害者手帳、療育手帳、精神障害者保健福祉手帳など
		6) 障害がある人の自立支援	・自立支援とは ・リハビリテーション ・自立を支援する状態把握・アセスメント
		7) QOL を高める支援のための理解	・身体障害による機能の変化が生活に及ぼす影響（肢体不自由、視覚障害、聴覚障害、言語機能障害、内部障害） ・精神障害が生活に及ぼす影響 ・知的障害が生活に及ぼす影響 ・発達障害が生活に及ぼす影響 ・難病による機能の変化が生活に及ぼす影響
		8) 障害のある人の障害の特性に応じた支援の内容	・身体障害のある人の生活理解と支援 ・精神障害のある人の生活理解と支援 ・知的障害のある人の生活理解と支援 ・発達障害のある人の生活理解と支援 ・難病のある人の生活理解と支援

教育に含むべき事項	留意点	想定される教育内容の例	
④連携と協働	障害のある人の生活を地域で支えるためのサポート体制や、多職種連携・協働による支援の基礎的な知識を理解する内容とする。	1) 地域におけるサポート体制	・障害を持つ人の生活を支える地域の体制 　関係機関や行政、医療機関、地域自立支援 　協議会、ボランティアなど
		2) 多職種連携と協働	・障害を持つ人へのチームアプローチ ・他の福祉職との連携と協働 ・保健医療職との連携と協働 ・地域の社会資源との連携と協働 ・生活上の留意点の共有 ・情報共有と情報伝達
⑤家族への支援	障害のある人を支える家族の課題について理解し、家族の受容段階や介護力に応じた支援につながる内容とする。	1) 障害を持つ人の家族の状況	・家族の障害の受容の過程での支援 ・家族の介護力の評価 ・家族のレスパイト
		2) 家族への支援	・家族の介護相談に対する支援 ・家族会、当事者団体

275

4　領域：医療的ケア

■想定される教育内容の例　（14）医療的ケア

領域の目的: 医療的ケア
医療的ケアが必要な人の安全で安楽な生活を支えるという観点から、医療職との連携のもとで医療的ケアを安全・適切に実施できるよう、必要な知識・技術を習得する。

教育内容のねらい: 医療的ケア
医療的ケアを安全・適切に実施するために必要な知識・技術を習得する学習とする。

教育に含むべき事項	留意点	想定される教育内容の例	
①医療的ケア実施の基礎	医療的ケアの実施に関する制度の概要及び医療的ケアと関連づけた「個人の尊厳と自立」、「医療的ケアの倫理上の留意点」、「医療的ケアを実施するための感染予防」、「安全管理体制」等についての基礎的な知識を理解する内容とする。	1）人間と社会	・介護職の専門的役割と医療的ケア ・介護福祉士の倫理と医療の倫理 ・介護福祉士などが喀痰吸引などを行うことに係る制度
		2）保健医療制度とチーム医療	・保健医療に関する制度 ・医療的行為に関係する法律 ・チーム医療と介護職員との連携
		3）安全な療養生活	・痰の吸引や経管栄養（医療的ケア）の安全な実施 ・リスクマネジメント ・救急蘇生法 ・安全管理
		4）清潔保持と感染予防	・療養環境の清潔、消毒法 ・感染管理と予防（スタンダードプリコーション） ・滅菌と消毒 ・職員の感染予防
		5）健康状態の把握	・こころとからだの健康 ・健康状態の把握の必要性 ・健康状態を把握する項目（バイタルサインなど） ・急変状態の把握
②喀痰吸引（基礎的知識・実施手順）	喀痰吸引について根拠に基づく手技が実施できるよう、基礎的な知識、実施手順方法を理解する内容とする。	1）喀痰吸引の基礎的知識	・呼吸のしくみとはたらき ・喀痰吸引が必要な状態と観察のポイント ・喀痰吸引法 ・喀痰吸引実施上の留意点 ・吸引を受ける利用者や家族の気持ちと対応、説明と同意 ・呼吸器系の感染と予防（吸引と関連して） ・喀痰吸引により生じる危険と安全確認 ・急変・事故発生時の対応と連携 ・子どもの喀痰吸引 ・喀痰吸引に伴うケア ・家族支援
		2）喀痰吸引の実施手順	・喀痰吸引で用いる器具・器材とそのしくみ、清潔操作と清潔の保持 ・喀痰吸引の技術と留意点 ・喀痰吸引に必要な根拠に基づくケア ・報告及び記録のポイント

教育に含むべき事項	留意点	想定される教育内容の例		
③経管栄養（基礎的知識・実施手順）	経管栄養について根拠に基づく手技が実施できるよう、基礎的な知識、実施手順方法を理解する内容とする。	1）経管栄養の基礎的知識	・消化器系のしくみとはたらき ・経管栄養が必要な状態と観察のポイント ・経管栄養法 ・経管栄養実施上の留意点 ・経管栄養に関係する感染と予防 ・経管栄養を受ける利用者や家族の気持ちと対応、説明と同意 ・経管栄養により生じる危険と安全確認 ・急変・事故発生時の対応と連携 ・子どもの経管栄養 ・経管栄養に伴うケア ・家族支援	
		2）経管栄養の実施手順	・経管栄養で用いる器具・器材とそのしくみ、清潔操作と清潔の保持 ・経管栄養の技術と留意点 ・経管栄養に必要な根拠に基づくケア ・報告及び記録のポイント	
④演習	安全な喀痰吸引等の実施のため、確実な手技を習得する内容とする。	1）喀痰吸引（法）	・口腔内吸引 ・鼻腔内吸引 ・気管カニューレ内部の吸引	
		2）経管栄養（法）	・経鼻経管栄養 ・胃ろう（腸ろう）による経管栄養	
		3）救急蘇生法	・救急蘇生法	

277

執筆者一覧（執筆順）

石本　淳也　日本介護福祉士会前会長
　　　　　　……………………… 改訂にあたって、第1章第2節3・4

藤野　裕子　厚生労働省社会・援護局福祉基盤課介護人材定着促進専門官
　　　　　　…………………… 第1章学習の内容、第4節4

澤田　信子　神奈川県立保健福祉大学名誉教授
　　　　　　…………… 第1章第1節、第4節1・2・3、第5節

池田　明子　広島国際大学講師………………………… 第1章第2節1

本名　　靖　本庄ひまわり福祉会総合施設長
　　　　　　………… 第1章第2節2、第2章学習の内容、
　　　　　　第3章学習の内容、第4章学習の内容、第4章第1節、
　　　　　　第2節、第5章学習の内容、第5章第1節、第2節1・7・8

白井　幸久　群馬医療福祉大学短期大学部教授
　　　　　　……………………… 第1章第3節1・2

加藤　直英　元目白大学准教授……………… 第1章第3節3・4

小櫃　芳江　聖徳大学教授……………… 第2章第1節、第3章第2節

髙岡　理恵　華頂短期大学教授
　　　　　　……………… 第2章第2節1・2、第6章学習の内容、
　　　　　　第6章第1節・第2節

鈴木知佐子　元東京家政学院大学教授…………… 第2章第2節3・4

松川　春代　特定医療法人社団研精会本部　介護人材育成センター長
　　　　　　…………………………… 第2章第3節

鈴木　幹治　三重県立朝明高等学校教頭………………… 第2章第4節

吉岡　俊昭　トリニティカレッジ広島医療福祉専門学校介護福祉科学科長
　　　　　　…………………………… 第2章第4節

峯尾　武巳　介護の会まつなみ理事長
　　　　　　…………………… 第3章第1節1、第3節、第6節

入野　直子　元あいゆうデイサービス管理者………… 第3章第1節2

柴尾　慶次　介護老人保健施設大阪緑ヶ丘事務長……… 第3章第4節1

岡西　博一　丹沢レジデンシャルホーム施設長………… 第3章第4節2

冨岡　貴生　貴志園園長……………………………… 第3章第4節3

吉田　展章　ふじさわ基幹相談支援センターえぽめいく所長
　　　　　　…………………………… 第3章第4節4

畠山　仁美　信州スポーツ医療福祉専門学校副学科長
　　　　　　…………………………… 第3章第4節5

白仁田敏史　元小規模多機能ホーム・グループホームあんのん代表
　　　　　　…………………………… 第3章第4節6

和田　幸子　元関西医療大学准教授…………………… 第3章第5節

水谷なおみ　日本福祉大学准教授
　　　　　　………… 第5章第2節2・3・4・5・6・9

佐々木　宰　東京YMCA医療福祉専門学校非常勤講師
　　　　　　…………………………… 第5章第2節8

青柳　佳子　関西福祉科学大学准教授………………… 第5章第2節8

吉藤　　郁　中部学院大学短期大学部講師……… 第6章第3節・第4節

（2023年7月末現在）

介護実習指導者テキスト［改訂2版］

発　行	2020年5月29日　改訂2版第1刷発行
	2023年8月31日　改訂2版第3刷発行
編　者	公益社団法人 日本介護福祉士会
発行者	笹尾　勝
発行所	社会福祉法人 全国社会福祉協議会
	〒100-8980　東京都千代田区霞が関3－3－2　新霞が関ビル
	電話　03-3581-9511　振替　00160-5-38440
定　価	2,750円（本体2,500円＋税10%）
印刷所	株式会社丸井工文社

ISBN 978-4-7935-1345-9　C2036　¥2500E　　　　　　　　　　禁複製